최고의 질문

놓치고 있던 질문의 힘

최 고 의 질 문

안 성 우

"답이 틀린 것이 아니라 **질문**이 틀렸다면…
전교 308등이 1등이 되게 했던 **최고의 질문**"

Contents

Contents

매주 가정예배를 드립니다. 처음에는 일방적인 설교였습니다. 아이들은 그저 목사 아빠의 설교 잘 듣는 충성도 높은 신자였죠. 설교에서 대화로 가정예배의 패러다임이 바뀐 계기가 있었는데요. 질문하시는 하나님을 만나면서부터입니다. 그분은 새벽기도 시간에 질문으로 말을 걸어오셨습니다.

"생각하고 있느냐, 생각을?"
"생각하고 있느냐, 죽을힘을 다해?"
"생각하고 있느냐, 올바르게?"
"생각하고 있느냐, 변수를?"
"생각하고 있느냐, 나와 함께 나의 기쁨을?"

지금도 하나님은 선택과 결정의 순간마다 뜻을 여쭙는 저에게 되레 질문하십니다.

"꼭 네가 해야 하는 일이냐?"

"그 방법이 최선이더냐?"

"버릴 것, 통합할 것, 당장 시작할 것, 줄일 것, 늘릴 것은 무엇이냐?"

"본질에 충실한 목회를 하고 있느냐?"

"급한 일 말고, 정말 중요한 일은 무엇이냐?"

"목사라면 누구나 하는 일을 하면서 남들과 다른 결과를 기대하는 것은 아니더냐?"

"일하기 위해 안식하느냐, 내가 주는 안식을 위해 일하느냐?"

하나님께 배운 질문을 가정예배 시간에 아이들에게 적용하기 시작했습니다. 한번은 오병이어 기적에 대해 나누었습니다. 먼저 성경에 기록된 이야기를 들려주었습니다.

"예수님과 제자들의 공동체가 위기를 만난 적이 있었어. 여성과 아이를 빼고 성인 남성들만 오천 명이 모였는데 그들에게 먹일 것이 없었지. 예수님은 빌립에게 많은 사람들을 먹일 수 있는 떡을 어디서 구할 수 있을지 물으셨어. 물론 그가 어떻게 대답할지를 미리 아시고 시험하신거야. 열 두 명의 제자들 중에 예수님은 왜, 하필이면 빌립을 콕 찍어서 시험하셨을까?"

"빌립이 계산을 잘했어요. 아니면 돈이 많았나요?"

큰아이가 대답하지만 즉답을 피하고 질문을 이어갑니다. 아이들의 눈이 경쟁심으로 반짝입니다. 먼저 대답하기 위해 100M 경주 출발선에 선 선수처럼 상체가 앞으로 살짝 나옵니다.

"많은 제자들 가운데 한 사람을 콕 찍어서 시험하면 그 사람 기분은 어땠을까?"

둘째 아이의 스타트가 0.01초 정도 빨랐습니다.
"아빠, 저도 시험 볼 때 기분 나빠요. 그래도 시험은 봐야 하잖아요."

잠시 기다리던 큰녀석이 조금 더 조리 있게 대답합니다.
"빌립에게 문제가 있었겠죠. 아빠!"

"그래 빌립에게 어떤 문제가 있었을까?"
"그걸 우리가 어떻게 알아요. 나는 예수님도 아닌데…"

아이들이 잔뜩 호기심을 갖게 되었을 때 비로소 빌립을 콕 찍어 시험 하신 이유를 덧붙여 설명해 주었습니다.

"빌립이 '각 사람으로 조금씩 받게 할지라도 이백 데나리온의 떡이 부족하겠습니다.' 라고 대답한 것으로 보아 그는 필경 셈이 빠른 사람이었던 것 같아. 하나님의 일을 하는 데 계산이 빠르다고 되는 것은 아니야. '장정'(壯丁)이라는 단어는 남자 어른이라는 뜻인데 5천 명쯤 되었다고 하니, 여자와 어린이를 에둘러 세어보면 1만 5천 명 정도 되었을 거야. 빌립은 그 많은 사람의 수를 한눈에 파악했어. 모여든 사람들에게 돈을 걷는다면 총액이 얼마나 될지도 단번에 계산해 낼 수 있을 만큼 똑똑한 사람이었어. 그런데 똑똑하고 총명한 것이 하나님의 일을 하는 데 최고의 걸림돌이 될 수도 있어. 자기의 생각과 이성, 계산 안에 예수님의 능력을 가둘 수 있거든.

그래서 예수님은 빌립을 시험하신 게 아닐까?"

"예수님과 빌립이 계속해서 이야기하고 있을 때 제자 안드레가 끼어들었어. 안드레 아저씨는 한 아이가 가지고 있던 보리떡 다섯 개와 물고기 두 마리를 예수님께 가져 왔단다. 어른 한 사람 먹기에도 부족한 양이었지만, 예수님은 하나님께 감사와 축복기도를 드리셨어. 자, 어떤 일이 벌어졌을까? 기적이 일어났지. 그곳에 모인 모든 사람들을 배부르게 먹이셨어. 여기서 질문!"

"보리떡 다섯 개와 물고기 두 마리는 예수님께서 기도하신 순간 많아졌을까, 나누어 주는 순간 끊임없이 생겨난 것일까?"

아이들은 별 고민 없이 '나누어 주는 순간'이라고 대답합니다. 심화질문을 이어갔습니다.

"왜 기도하는 순간에 많아진 것이 아니라 나누어 준 순간 기적이 일어났다고 생각해?"

"한꺼번에 많아지면 들고 다니기 힘들잖아요."

"그래 그 생각도 좋은데, 성서가 그 내용을 정확하게 밝히지 않지만 구약 시대 다른 기적이 일어난 경우를 보더라도 나누어 줄 때 많아졌을 가능성이 커 보여."

연결질문을 던집니다.

"사람들이 배부르게 먹고도 열두 광주리가 남았다고 하는데, 예수님께서 열두 광주리를 남기신 이유는 무엇일까?"

이번에도 둘째가 빨랐습니다.

"남겨놔야 사람들이 그 기적을 믿겠죠. 증거가 없으면 그 기적을 말한 사람들이 바보가 될 걸요?"

큰애는 관점이 달랐습니다.
"거기 못 온 사람도 먹이려고요. 아닌가? 그럼 넉넉하게 기적을 행하신 것인가요?"

두 아이가 서로 자신의 답이 옳다고 목소리를 높입니다. 치열한 참여와 공방전이 이어지며 가정예배는 무르익어갑니다. 단지 질문으로 패러다임을 바꾼 것인데 예배태도는 완전 딴판입니다.

"여기 너희들의 큰아빠가 등장하네. 우리와 같은 '안씨' 성을 가진 안드레 아저씨 말이야. 예수님과 빌립의 대화 사이에 '여기 한 아이가 있어 보리떡 다섯 개와 물고기 두 마리를 가지고 있나이다.' 라고 끼어들었는데, 안드레 아저씨는 한 소년이 음식을 가지고 있다는 사실을 어떻게 알았을까?"

초등학교 1학년이던 둘째가 패기 넘치게 외칩니다.
"아빠! 정말 안드레가 우리 큰아빠예요?"

두 살 많은 큰아이가 피식 웃으며 놀립니다.
"야, 이 바보야! 아빠가 장난한 거야. 안드레의 성이 진짜로 안씨라는 게 말이 돼?"

"안드레 아저씨가 그 많은 사람 중에 도시락 가진 한 아이를 어떻게 찾았을까?"

"그 소년에게 도시락은 누가 준비시켜 주었을까? 자기가 직접 준비했을까, 아님 아이 엄마가 준비해 주었을까?"

"너희들이 그 아이라면 도시락을 안드레 아저씨에게 선뜻 내어드릴 수 있겠니?"

질문을 주고받으며 어느새 아이들과 저는 2,000여 년 전 유대 땅의 벳세다 빈들에 계셨던 예수님을 만나고 있었습니다. 빌립이 되기도 했고, 안드레처럼 한 아이를 찾아다녀 보기도 했습니다. 보리떡 다섯 개와 물고기 두 마리를 드린 소년의 자리에 앉기도 했습니다.

지금 두 아이는 대학생이 됐습니다. 그때 던진 마지막 질문이 여전히 아이들 가슴에 숙제로 자리합니다. 답을 준비하며 진중하게 살아가는 모습이 대견합니다. 그들의 삶에서 잊혀진 질문이 될까 싶어 지금도 가끔 질문합니다.

"너희들이 그 아이라면 안드레 아저씨에게 마지막 도시락을 선뜻 내어드릴 수 있겠니?"

오늘날은 일방적 선포와 외침의 시대를 지나 소통하고 교감하는 설득의 시대입니다. 대화, 질문, 설득을 체득하지 못하고 누군가에게 판단과 강요로 대한다면 그 공동체의 미래는 어둡습니다. 명령이나 강요의 환경 속에서 자랐다면 대화법을 훈련받아야 합니다. 최고의 방법은 예수님을 통해 배우는 것인데요. 예수님은 역사상 완전한 사람이요 하나님이시기 때문에 그분의 가르침은 완전합니다. 하나님의 질문은 질문 중의 질문입니다. 아마추어는 자기 멋에 취해 힘쓰고 용쓰며 노래하지만, 프로는 이야기하듯 노래합니다. 질문은 판단이나 강요로 치달을 수 있는 만남이 소통이 되게 합니다. 원하는 것을 얻을 수 있는 지혜로움이 질문 속에 담겨 있습니다. 질문을 하면 대화가 됩니다. 설명을 하면 지시가 되기 십상이지만 질문은 상대방으로부터 잠재된 것을 끌어내 춤추게 합니다. 질문은 처음이요 마지막입니다. 질문은 관계이며 동기부여의 원천이고 인격입니다. 창의성의 시작이요 종결입니다. 남은 생애에도 누군가에게 답을 주기보다 질문을 던지는 자로 살고 싶습니다.

이 책은 마두동 서재에서 2년 넘게 머리에서 가슴을 지나 손끝을 통해 해산한 글 모음입니다. 질문의 중요성과 가치를 담고자 했으며, 성서의 질문을 통한 성서적 가치관을 조명하는 데 뜻을 두었습니다. 질문의 구체적인 적용을 위해 그 동안 읽었던 책을 인용했음을 밝힙니다. 안식년을 마치고 돌아온 2005년부터 10년간 약 1,000권의 책을 읽고 나름 받은 감동과 관점의 전환을 담았습니다. 매주 화요일 새벽 '피플스독서클럽'으로 함께 고민하며 생각을 나눈 이들에게 감사를 전합니다.

특별히 감사합니다. 저자를 발굴하고 저자를 세우고 복음적인 출판문화를 꿈꿀 수 있도록 도움과 용기를 준 BC에이전시 홍순철 대표, 편집과 아이디어에 큰 도움을 준 유윤종 목사, 신성준 목사, 처음부터 날카로운 지성으로 책을 다듬어준 강지희 목사, 교정에 홍준수 목사, 이은림 대표, 표지와 내지 디자인에 노재순 간사께 감사합니다.

사위에게 읽히고 싶다고 출판을 독려한 전 명지대 부총장 이우현 교수, 처음 출판을 생각하게 한 박기종 집사, 응원에 응원을 아끼지 않은 일산 기독실업인회(CBMC), 명동 기독실업인회에도 감사드립니다.

　질서도 조화도 구도도 없이 막 써내려간 초고의 3분의 1을 날선 낫으로 볏단 치듯 쳐 내며 저자를 옥죄었던 아내와 신원 강민에게 고마운 마음을 전합니다. 특히 지난 시간 부족한 목사를 위해 기도와 사랑의 수고를 아끼지 않은 로고스 가족들께 머리 숙여 감사의 인사를 드립니다.

　지금은 하나님의 선물입니다. 모든 영광을 하나님께 올립니다.

서론

왜 질문인가

틀린 질문만 하니 맞는 대답이 나올 리가 없다.
질문은 인격적인 하나님이 인격적으로 사람을 대하신 것,
최고의 질문은 관찰로부터 시작한다.

"평생 설탕물이나 팔며 인생을 허비하겠는가?"
"나와 함께 세상을 바꿔 보겠는가?"

최고의 질문이 최고의 답이다.

인간은 관계적 존재입니다. 대화와 소통을 통해 서로를 배려하고 자신들이 원하는 바를 취득합니다. 자신이 '무엇을 알기 원하는지, 얻고자 하는 것은 무엇인지, 상황은 어떻게 진행되고 있는지' 매순간 질문하고 또 질문해야 합니다. 질문이라고 모두 같은 질문이 아닙니다. 잘못된 질문을 하면서 정답을 구할 때가 있습니다. 정답을 찾기 위한 조급한 마음이 잘못된 질문을 만드는 것이죠. 그렇게 얻은 오답을 정답으로 알고 살아가는 분도 많습니다.

박찬욱 감독의 영화 〈올드보이〉는 이유도 모른 채 감금 상태에 있던 주인공 오대수(최민식 분)가 무려 15년 만에 풀려나는 장면으로 시작합니다. 자신이 감금될 만한 이유를 도무지 짐작할 수 없었던 오대수는 끊임없이 질문합니다.

'누가 나를 가두었던 것일까?'

'도대체 무슨 이유로 나를 감금했을까?'

감금된 원인을 안다고 잃어버린 15년을 보상받을 수는 없겠지만 밝혀내지 않고는 억울함을 해소할 수 없었을 것입니다. 결국 자신을 가둔 사람이 고등학교 동창생인 이우진(유지태 분)이었다는 것을 알게 됩니다. 우진은 오대수를 풀어주는 자리에서 닷새 안에 가둔 이유를 알아내면 스스로 죽어주겠다고 합니다.

마침내 오대수는 여러 힌트들을 조합해서 답을 찾아냅니다. 고등학교 시절 우진은 친누나를 사랑하게 되었고, 넘지 말아야 할 선을 넘고 말았습니다. 그 현장을 우연히 목격한 오대수가 다른 친구에게 말한 것이 소문이 났습니다. 우진의 누나는 그 일로 인해 스스로 목숨을 끊었고, 15년의 감금은 그 일에 대한 복수였습니다.

한편 오대수에게는 다섯 살짜리 딸 '미도'가 있었는데요. 15년의 감금 생활에서 풀려난 대수는 성인이 된 미도가 자신의 딸인 줄도 모르고 사랑에 빠지게 됩니다. 모두가 우진의 철저한 계획 속에 이뤄진 일이었어요. 결국 우진의 복수는 대수를 풀어준 그 순간부터 시작된 셈입니다. 대수로 하여금 자기와 똑같은 죄를 짓게 만들어, 그를 망가뜨렸습니다.

영화는 한 가지 깨달음을 남겼습니다. 질문이 답을 제한한다는 것입니다. '왜 우진은 나를 가두었을까?' 보다는 '왜 15년 만에 갑자기 풀어주었을까?' 라고 질문했어야 합니다. 15년간 감금이 목적이 아니라 15년 만에 풀어주기 위한 감금이었습니다. 15년 만에 풀어준 이유를 먼저 찾았다면 딸을 범하는 오류를 범하지 않았을 것입니다. 대수가 갑자기 풀어준 이유를 먼저 찾기 위해 질문했다면, 영화의 결말은 어떻게 되었을까요? 영화는 우리에게 묻고 있습니다.

　잘못된 질문으로 갈피 잡지 못하던 대수에게 우진은 문제를 어떤 관점에서 바라보아야 할지, 어떤 질문을 던져야 할지 일갈했습니다. 궁금한 것과 알아야 할 것은 다릅니다. 답이 틀린 것이 아니라 질문이 잘못된 것이죠. 과거를 찾는 질문을 먼저 하다가 열려 있는 미래를 망친 것입니다. 갑자기 풀어준 이유를 알았다면 갇힌 이유는 알려하지 않아도 알 수 있었습니다.

　올바른 질문을 찾아야 합니다. 잘못된 질문은 사람과 조직을 망칩니다. 학문적인 성과가 나왔어도 가설이나 접근질문이 잘못되면 헛수고가 되고 맙니다. 올바른 질문을 찾지 못하면 대수처럼 잃어버린 15년뿐 아니라 새로운 기회와 메시지를 놓칩니다.

인격

　사무엘 스마일즈(Samuel Smiles)는 「인격론」에서 '인격이란 변함없는 의무감'이라 했습니다. 마음의 약속은 시간이 지나면 약해질 수 있지만 변함없는 의무감은 개인간의 언약과 공동체를 지탱시켜 주는 힘이 됩니다. 인격은 인간의 내면세계를 구성하는 가장 중요한 요소입니다. 인간이 하나님의 형상을 따라 창조되었다는 말에 가장 근접한 표현은 하나님의 인격에 따라 창조되었다는 말일 것입니다. 혹자는 영성의 유사어가 인격이라고 합니다.

　사람들은 천재를 보며 탄성을 지르지만 그를 따르거나 존경하지는 않습니다. 천재가 평범한 사람들과 달리 탁월한 면이 있는 것은 분명하지만 오랜 시간을 함께 하기는 어렵습니다. 번뜩이는 지식을 줄 수는 있지만 따뜻함을 주지는 못합니다. 사람들이 따르고 장기적인 인간관계를 맺기 위해서는 '존경심'이 필요합니다. 천재성이 지성의 힘에서 비롯된 것이라면, 인격은 후천적이며 영성의 힘에서 비롯된 것입니다. 인격이 훌륭한 사람들 곁에는 그와 닮은 사람들이 있습니다. 구성원을 억지로 따르게 하는 것이 아니라 함께 하고 싶어지게 합니다.

인격적인 사람이 된다는 것은 완전한 인간을 의미하지 않습니다. 완전한 인간이 되기를 포기하지 않고 날마다 온전함을 추구하는 사람입니다. 하나님의 임재를 삶의 매순간 사모하며 동행하는 자입니다. 실수를 할지라도 자신의 과오를 인정하며 날마다 회개하는 자입니다.

인격의 시작은 하나님입니다. 인격의 창조자이신 하나님이 피조물인 인간에게 질문하셨습니다. 이것은 인간을 인격적으로 대하셨다는 의미인데요, 인간은 끊임없이 하나님의 뜻을 어기고 죄를 범하는 존재지만 포기하지 않고 말을 걸어오십니다. 하나님의 말걸음은 우리를 인격적으로 대하셨다는 증거입니다.

하나님은 우리에게 생기를 불어 넣으셨습니다. 사람이 생령이 되었지요. 하나님의 생기는 살리는 영이고, 하나님의 질문은 살리는 말입니다. 강요나 명령을 받는 자는 굴복하게 되지만 질문을 받는 자는 인격적인 대우를 받음으로 더 빨리 성장합니다. 처음에는 명령이나 강요의 힘이 강력해보이지만, 시간이 지날수록 강해지는 것은 강요가 아닌 질문의 힘입니다.

하나님의 음성을 듣는 법을 알고 싶어 공부했습니다. 하나님의 음성을 듣는다는 분들도 만나 보았습니다. 친절하게 하나님의 음성을 들은 경험을 나누어 주었습니다. 큰 도전으로 다가왔습니다. 음성을 듣는다는 괴팍한 분도 만났지만 실망할 필요는 없었습니다. 그분은 그분이니까요. 성서의 말씀과 무관하게 자신만의 '하나님 음성'을 외치는 분도 있었습니다. 공동체성이 결여된 소위 음성을 듣는다는 분을 만나서 홀로 이런 질문을 해보았습니다.

'하나님의 음성이라는 것을 확신할 수 있는 증거는 무엇이며, 검증과정은 충분히 거친 것일까?'
'하나님의 음성을 듣는다는 분들이 그 말씀대로 사는 것일까?'
'대언자를 통해 음성을 들은 자들이 하나님의 음성을 듣고 싶을 때마다 대언자들에게 찾아간다면 말씀하시는 분은 누구의 하나님인가?'
'대언자들이 예외 없이 들었다는 하나님의 음성의 진정성은 어떻게 알 수 있는가?'
'하나님으로부터 듣기 원하는 것은 하나님의 뜻이 아니라 그들이 원하는 답은 아닐까?'
'가끔 올 가을, 내년 봄에 응답할 것이라고 말하는데, 그때가 되어도 응답이 없다면 기도 받은 사람이 준비가 덜 되어서 그렇다고 하며 빠져나가면 되는 것인가?'

하나님의 음성을 들은 자들이 말씀대로 다 살지 않아서 그들이 들었다는 하나님의 음성이 잘못된 것이라고 말하는 것이 아닙니다. 성령 충만한 자들도 타락할 수 있듯이 하나님의 음성을 듣는 자들도 온전하지 않은 삶을 살 수 있다는 것을 인정합니다. 중요한 것은 하나님의 음성 듣기를 기뻐하는 것보다 하나님이 기뻐하는 사람이 되고자 하는 것이 먼저여야 한다는 것입니다.

하나님이 기뻐하는 사람은 하나님과 친밀한 관계를 맺고 있습니다. 관계의 친밀감은 인격적인 결합입니다. 뜻이 다르면 동행할 수 없다고 하셨는데요, 하나님의 뜻을 구하는 것을 넘어 하나님이 기뻐하시는 사람이 되면 하나님은 그와 동행하십니다.

비인격자는 명령을 하고 인격자는 질문을 합니다. 하나님이 기뻐하는 사람은 하나님이 사용하신 질문을 이해합니다. 우리가 구하는 답이 아닌 질문하시는 하나님의 음성을 듣습니다. 그분과 같이 질문하며 강요가 아닌 설득으로 모드 전환이 이루어집니다. 구성원에게 답을 주기보다는 질문을 함으로써 스스로 길을 찾아가며 성장하도록 돕는 것입니다.

동기부여

우리나라 학부모들은 자녀가 학교에서 돌아오면 "무엇을 배웠니?"라고 묻는다고 합니다. 유대인들은 "무엇을 질문했니?"라고 묻습니다. 유대인들은 학습에 있어서 질문을 중요하게 생각합니다. 진정한 배움의 동기는 질문을 통해 시작된다고 생각하기 때문입니다.

최근에 각광 받고 있는 유대인 학습법, '하브루타'는 짝을 지어 질문하고 대화하며 토론하고 논쟁하는 방법인데요, 가르침을 받는 학습법이 아니라 찾는 학습법인 것이죠. 하브루타는 단발적 학습이 아닌 내재화, 내면화 교육입니다. 가정에서 혹은 친구와 질문의 질문을 통해 학습의 동기를 얻게 됩니다.

질문을 하려면 용기가 필요합니다. '잘못된 질문을 하면 어쩌나, 선생님이 귀찮아하지는 않을까' 하는 걱정과 두려움의 한계를 넘어서야 합니다. 수업 중인 선생님은 질문하는 학생에게 반응할 수밖에 없습니다. 훌륭한 교사라면 질문자에게 관심과 주의를 기울입니다. 수업과 연관성 있는 질문이 나오면 신바람이 납니다. 질문이 질문을 낳으면서 구성원을 집중하게 만듭니다. 질문은 일대다수의 관계를 일대일로 만들어 주는 동시에 강력한 학습 동기를 부여합니다. 질문을 통해 학습과 일에 동기부여를 받은 사람은 스스로 답을 찾아갑니다. 질문은 숨어 있는 것을 이끌어 냅니다. 숨어 있는 것을 찾아내면 스스로 자부심과 성취욕을 느낍니다. 학습 욕구가 살아나며 재미를 느끼고 결국 집중력으로 이어져 교육은 큰 성과로 나타납니다.

예수님의 교육방법도 질문식 동기부여가 많았습니다. 예수님께서 정오에 수가성 사마리아 여인을 만났을 때 이렇게 물으셨습니다.

"물 한 잔 마실 수 있겠소?"

그녀는 행실이 좋지 않다고 알려져 동네 사람들이 우물에 오는 시간을 피해 왔습니다. 예수님께 경계심을 내비치며 '유대인은 사마리아 땅을 밟지도 않고 사마리아 사람을 상종하지도 않는다.'고 대답합니다.

"물을 달라고 하는 내가 누구인지 알았더라면 그렇게 대답하지 않았을 것이오."
"당신 남편을 좀 볼 수 있겠습니까?"
"내가 영원히 목마르지 않는 생수를 주겠소."

"당신 남편을 좀 볼 수 있겠습니까?" 접근질문에 이은 이 도전질문에 여인의 방어기재가 발동합니다. 하지만 그리 오랜 시간 예수님께 마음의 빗장을 풀지 않고 버틸 수는 없었습니다. 예수님의 질문이 접근질문, 도전질문, 초청질문, 구체적인 질문, 확인질문, 적용질문으로 이어질 때, 예수님을 알고 만나고 싶은 강력한 동기가 그 여인의 마음에서 살아났습니다.

창의성

세계 인구에서 0.2%를 차지하는 유대인들이 노벨상의 22%를 수상했습니다. 2004-2007년 통계에 따르면 노벨상 수상자 가운데 유대인의 비율이 무려 33%나 됩니다. 이쯤되면 유대인의 유전자가 다른 인종에 비해 탁월하다거나 혹은 두뇌가 가장 명석한 사람들이라고 생각하는 것도 무리는 아닙니다. 2002년 핀란드 헬싱키 대학의 조사에 따르면, 이스라엘 국민들의 평균 IQ가 95(26위)로 한국 106(2위)이나 미국 98(19위)에 비해 낮은 것으로 나타났습니다. 즉, 유대인들의 우수성이 유전자나 생물학적인 우월함 때문이 아니라는 것입니다.

일반적으로 유대인들은 창의성이 뛰어나다고 알려져 있는데요. 노벨상 수상 이유가 명석한 두뇌가 아니면 창의성은 대체 어디에서 오는 것일까요?

앤드류 셔터(Andrew J. Sutter)는 「더 룰」에서 유대인들에게는 '학습광 기질'과 '무제한 사고방식'이 있다고 합니다. 학습광 기질은 배우려는 자세와 노력이라고 할 수 있습니다. 배우려는 사람의 가장 큰 특징 중 하나는 질문이 많다는 것인데요. 궁금한 것이 많고 그만큼 들을 준비가 되어 있다는 뜻이죠. 지적 호기심은 두뇌 활동을 자극합니다. 무제한 사고방식은 창의성의 비밀입니다. 창조론을 믿는 그들은 하나님의 창조의 신비와 비밀을 알고자 연구했습니다. 예를 들어 달을 볼 때 숭배의 대상으로 한정지어 놓으면 다른 것을 볼 수 없습니다. 달에 대하여 무한사고 능력을 갖게 된다면 달을 탐사하는 우주선을 만들 수 있게 합니다. 무제한 사고 방식은 독자적이며 독보적인 사고 능력을 단련합니다.

그 일은 너무도 즐거운 추억이었습니다. 나는 뉴욕 박물관에서 아버지가 끊임없이 설명을 해주었던 것을 기억합니다. 박물관에 들어가면 빙하기의 흔적이 선명하게 남아 있는 큰 바위가 입구에 전시되어 있었습니다. 우리가 처음 박물관에 갔던 날, 아버지는 입구에 전시되어 있던 빙하기 바위 앞에 멈춰 서서 손짓, 발짓으로 빙하기에 대해서 설명을 해주었습니다. 아버지는 생생한 표정으로 무슨 일이 일어났는지 보여주었습니다. 바위를 보여주며, "아! 이것은 빙하기 때 생긴 균열이야!"라는 식으로 일일이 설명을 해주며 나로 하여금 빙하기를 생생하게 느낄 수 있게 해주었습니다. 그리고 아버지는 나에게 "이 지구가 예전에는 빙하에 뒤덮여 있었다는 것을 상상할 수 있겠니?"라고 물었습니다. 이 물음에 뭐라고 대답했는지는 기억나지 않지만 아버지는 "잠깐, 이것을 봐! 이 바위는 뉴욕에 있었던 것 같아. 그렇다면 뉴욕도 틀림없이 빙하에 덮여 있었을 거야."라며 설명해주었습니다.

아버지는 그 사실을 그곳에서 처음 알았던 것입니다. 아버지에게 중요한 것은 사실 자체가 아니라 과정 그리고 모든 사물이 가지고 있는 의미, 어떻게 해서 바위를 발견했는지, 그 발견에서 파생된 것은 무엇인지에 대한 것이었습니다. 아버지는 나에게 너무도 선명하게 빙하에 대해 설명해주었습니다. 혹시 설명이 틀렸을 수도 있습니다. 하지만 아버지는 어쨌든 생생하게 설명하려고 애썼습니다. 그리고 언제나 "어떻게 하면 이러한 발견을 할 수 있겠니?"라고 물었습니다. 물론 방법은 다 알고 계셨겠지만 말입니다. 그래서 나는 자연스럽게 과학에 흥미를 가지게 되었습니다. 그는 정말로 훌륭한 아버지였습니다.

「더 룰」에 등장하는 유대인 가정의 이야기입니다. 아버지는 사실보다 강력한 "어떻게 하면 이런 것을 발견할 수 있겠니?"라는 짧은 질문으로 아들의 상상력에 날개를 달아주었습니다.

고재학은 「부모라면 유대인처럼」에서 이렇게 말합니다.
"유대인들은 자녀들의 창의성을 키워주기 위해 남들처럼 잘하는 것보다 남과 다르게 하도록 격려한다."
"내 아이가 어떤 개성이 있는지, 어떤 것을 좋아하는지 관찰하고 다양한 경험을 하도록 유도한다."

조훈현은 「고수의 생각법」에서 창의성의 넓은 의미를 '남과 다른 생각'이라고 합니다. 창의적인 발견은 질문에서 시작한다고 했습니다.

지혜

질문을 실천한다는 것은 결코 간단한 일이 아닙니다. 관심, 애정, 올바른 관점과 경청하는 사람만이 질문을 할 수 있습니다. 교만하거나 어리석은 자는 편하게 답을 찾으려 하고 쉬운 결론에 도달합니다. 미래는 캐묻는 사람의 것입니다. 일관성 있는 심화질문은 상대를 생각하게 합니다. 유대인들은 지혜를 가장 가치 있게 생각합니다. 성서에서 지혜의 다른 말은 경청입니다. 지혜로움과 경청의 관계는 12장에서 심층적으로 다루겠습니다.

교육을 뜻하는 영어 단어 '에듀케이션'(education)의 어원은 라틴어 '에듀카레'(educare)에서 나왔습니다. 에듀카레는 사람으로부터 '무엇을 끄집어낸다'는 뜻입니다. 진정한 교육이란 학습자가 가지고 있는 훌륭한 품성이나 자질을 끄집어내, 그것을 발휘하도록 도와주는 것을 의미합니다.

우리나라의 교육 시스템은 좋은 대학에 입학하도록, 좋은 직장에 취직하도록 하는 기술적인 내용을 주입시키는 것에 목표를 두어 왔다고 해도 과언이 아닐 텐데요, 인간 존재의 목적과 하나님의 부르심에 대해, 사람이 사는 데 필요한 진리에 대해서는 생각할 시간도 기회도 갖기 어려웠습니다. 잘못된 교육을 바로잡기 위해서는 학습자를 존중하고 잠재되어 있는 지혜를 이끌어내는 질문식 교육이 필요합니다. 그것이 학생의 내면을 살피고 본질을 파악할 수 있는 가장 효과적인 방법이기 때문입니다.

일천번제를 드린 솔로몬에게 하나님이 백지수표를 주셨을 때 그는 이렇게 적어 냈습니다.

'듣는 지혜'

듣기 위해서는 질문을 해야 합니다. 잘 듣기 위해서는 질문을 할 수밖에 없습니다. 질문이 질문을 낳습니다. 단편적인 생각에 불과했던 것들이 이렇듯 지혜로운 질문과 토론의 과정을 통해 방향과 길을 만들어 냅니다. 확인질문은 토론의 결과물을 검증하고 구체화 질문으로 발전시킵니다. 구체화 질문은 '어떻게'를 '어떻게 할지' 이중질문합니다. 성서는 '무엇을' 할지 주의하라고 하지 않고 어떻게 할지를 '자세히 주의'하라고 하셨습니다. 자세히 주의하라는 말씀을 '어떻게'를 '어떻게 할지' 질문해야 하는 것으로 해석했습니다.

그런즉 너희가 어떻게 행할지를 자세히 주의하여 지혜 없는 자 같이 하지 말고 오직 지혜 있는 자 같이 하여(엡 5:15)

지혜로운 자는 일방적인 설득보다 질문을 선택합니다.

지혜로운 자는 진단질문을 통해 현상과 현실을 관찰하고 의도를 알아냅니다.

지혜로운 자는 심화질문을 통해 이면에 숨겨진 욕구를 파악합니다.

지혜로운 자는 연결질문을 통해 하나의 사건이 다른 일들과 어떻게 연관을 맺고 영향을 주고받는지 통합적으로 유추하고 해석합니다.

지혜로운 자는 구체적인 질문을 통해 상대방이 '어떻게' 해야 할지 방법을 찾아내게 하고 행동으로 안내합니다.

지혜로운 자는 확인질문을 통해 결론에 대한 확신을 갖게 하며 서로의 생각이 일치하는지를 점검합니다.

지혜로운 자는 검증질문을 통해 '어떻게'가 다른 길로 가고 있지는 않은지, 처음 생각보다 더 나은 대안이 있는지를 확인합니다.

위대한 사람

짐 콜린스(Jim Collins)는 「좋은 기업을 넘어 위대한 기업」에서 리더의 자질을 다섯 단계로 분류합니다. 능력이 뛰어난 개인이 1단계, 팀원과 합심하는 리더는 2단계, 3단계의 리더는 역량 있는 관리자형입니다. 4단계는 유능한 리더이며 마지막으로 위대한 기업을 일궈내는 리더가 5단계입니다. 단계 5의 리더십은 개인의 야망보다 큰 조직의 목표를 위해 헌신하는 사람이라 합니다.

이 책은 저를 한없이 부끄럽게 했습니다. 생각은 짧았고 저의 수고로 인한 보상을 누군가 가로챌까 늘 두리번거렸습니다. 좋은 교회를 넘어 위대한 교회를 꿈꾸지 못했으며, 그저 좋은 목사와 좋은 교회 울타리에 갇혀 있었습니다. 동역자들에게 잘해 주는 것이 그들을 위한 것이라 생각했지, 설교나 목회, 역량을 위대한 수준으로 끌어올리려 시간이나 재정을 투자하지는 않았습니다. 리더의 수준에 동역자들도 갇혀 있었다는 것을 발견했습니다.

"성공하는 목사가 되기를 소망하는가? 승리하는 목사가 되기를 소망하는가?"

"좋은 목사로 기억되기를 바라는가? 위대한 목사로 기억되기를 바라는가?"

"좋은 설교를 하려 하는가? 위대한 설교를 포기하지는 않았는가?"

"자기의 이름이 아닌 하나님의 이름을 높이는 것에 집중하는가?"

"성공의 보상은 동역자들에게, 실패의 책임은 내가 질 수 있는가?"

"사역은 사자처럼 관계는 비둘기처럼 할 수 있는 분별력과 균형은 있는가?"

1955년생 동갑내기 빌 게이츠(Bill Gates)와 스티브 잡스(Steve Jobs)가
마이크로소프트사와 애플사를 창업한 시기는 각각 20세와 21세 때였습니
다. 생전 스티브 잡스가 펩시콜라 CEO였던 존 스컬리(John Sculley)를 영
입한 일화는 시사하는 바가 큽니다.

"평생 설탕물이나 팔며 인생을 허비하겠는가? 아니면 나와 함께 세상을
바꿔 보겠는가?"

지금도 많은 사람들에게 커다란 도전 정신을 일깨우는 질문입니다. 존
스컬리에게 질문을 던졌을 때 잡스의 나이는 겨우 28세였습니다. 잡스에
대한 이런저런 평가가 있지만 그가 세상을 바꾸고 싶어 했던 것만큼은 분
명합니다. 세상을 이롭게 하고 사람들의 삶을 편안하고 행복하게 해 주고
싶었던 것입니다. 그의 질문을 인용해 자신에게 물어봅니다.

"한 교회만을 위해 최선을 다하는가? 한국교회와 세계 선교를 위해 공
헌할 생각은 있는가?"

교회를 성장시키는 것도 만만한 일이 아닙니다. 충분히 가치 있는 일입
니다. 교회를 제대로 키워내는 것 하나만 이루어도 충분히 감사하고 만족
할 것입니다. 하지만 '세상의 빛과 소금이 되라' 하셨고 '땅 끝까지 내 증
인이 되라' 는 위대한 명을 받았습니다. 그래서 여기에 이대로 멈출 수는
없습니다. 세상을 바꾸는 것은 한 사람으로부터 시작되지만 영향력은 땅
끝까지 가야 합니다.

"나는 위대한 리더로 성장하고 있는가?"

"나는 세상을 바꾸고 아름답게 할 비전을 가지고 있는가?"

"위대한 목사가 되겠다는 것이 나의 명예를 위해서인가, 하나님 나라의 확장을 위해서인가?"

"다른 교회도 건강하게 세워질 수 있도록 영적인 리더를 돕는 일에 참여하고 있는가?"

하나님의 질문을 들으면서 몇몇 교회를 위한 멘토링을 시작했습니다. 목회자들과의 독서클럽도 진행하고 있습니다. 우리 교회 목회자들과 토요일 오전 설교 스터디를 합니다. 부흥회를 다녀온 교회 후배들과 장기적인 관계를 맺고 있습니다. 함께 성장할 수 있는 다음 걸음도 준비하고 있습니다. 위대함을 머금은 질문이 저로 하여금 위대함을 향해 출발하도록 안내했습니다.

위대한 사람들을 보면 자신과 세상을 향해 위대한 질문을 던졌던 자들입니다. 1985년 스티브 잡스는 자신이 만든 회사에서 쫓겨났습니다. 그가 없는 동안 애플의 시장 점유율은 16%에서 4%까지 반의 반 토막이 났습니다. 애플은 잡스를 다시 필요로 했고 12년 만에 전설처럼 복귀했습니다. 1997년 애플사(社) 강당에 임원들이 모였습니다. 정적 속에 반바지와 검은 터틀넥 차림의 잡스가 무대 위에 등장했습니다. 모두가 숨을 죽이며 기다리는데 그의 한 마디는 묵직한 울림이었습니다.

"우리 회사의 문제가 뭔가요?"

분명 뭔가가 잘못되어가는 것이 보이긴 하는데 정작 핵심 요인이 무엇인지 모를 때가 많습니다. 잡스가 애플을 지휘할 때 직원들은 "미치도록 훌륭하게 만들라"라는 핵심가치에 집중하면 됐습니다. 이익의 극대화, 비용 절감, 효과적인 경영 등에 대해서는 신경 쓸 필요가 없었죠. 매킨토시를 개발하고 있을 때, 그는 화이트보드에 다음과 같이 적었다고 합니다.

'최고의 제품을 위해 절대 타협하지 말 것'

이익 극대화를 위해 가장 중요하게 생각해야 할 상품의 본질을 놓쳐버린 직원들을 향한 일침이었습니다. 문제의 핵심을 찌른 질문입니다. 위대한 질문은 상대가치가 아닌 절대가치에서 나옵니다. 절대가치는 개개인들이 가지고 있는 나름의 철학이 아닙니다. 이미 우리에게 주어져 있습니다. 천지창조의 완전함과 위대함, 생육하고 번성해야 함이 우리의 절대가치입니다.

창조의 질서와 아름다움을 회복하기 위해 다른 어떤 가치와도 타협하지 말아야 합니다. 하나님의 위대하심을 닮아가는 것은 의무입니다. 위대함을 추구하는 것은 이미 주어져 있는 지상명령입니다. 위대함과 아름다움을 잃어갈 때 하나님은 우리에게 질문하십니다.

"설탕물이나 팔며 살 것이냐?"
"인류에 공헌하며 살 것이냐?"

하나님은 오늘도 우리에게 물으십니다. 우리를 창조하신 목적이 무엇인지 알고 있는지를 말입니다. 창조를 믿는다는 것은 진화를 믿는 자보다 인생에서 몇 걸음 앞서 출발한 정도가 아닙니다. 위대한 출발입니다. 자부심을 넘어 근본부터 다른 사람입니다. 자신의 인생을 하나님의 목적 있는 삶으로 이해합니다.

하나님은 위대한 분이시기에 그분의 질문은 위대합니다. 그분과 대화하고 교제하는 우리들도 위대할 수 있습니다. 날마다 하나님은 위대한 질문으로 우리 안에 잠자고 있는 위대함을 일깨우십니다.

최고의 답변

하루는 예수님께서 대제사장들과 백성의 장로들에게 질문을 받으셨습니다(마 21:23-27).

"네가 무슨 권위로 이런 일을 하느냐? 또 누가 이 권위를 주었느냐?"
"나도 한 말을 너희에게 물으리니 너희가 대답하면 나도 무슨 권위로 이런 일을 하는지 이르리라. 요한의 세례가 어디로부터 왔느냐? 하늘로부터냐 사람으로부터냐?"

예수님이 질문으로 대답하시자 그들은 답을 의논했습니다. '만일 하늘로부터라 하면 어찌하여 그를 믿지 아니하였느냐 할 것이요, 만일 사람으로부터라 하면 모든 사람이 요한을 선지자로 여기니 백성이 무섭다.' 이런 딜레마에 처하게 되지요. 고민 끝에 그들은 알지 못한다고 대답합니다.

"예수께서 이르시되 나도 무슨 권위로 이런 일을 하는지 너희에게 이르지 아니하리라."

유쾌 통쾌한 장면입니다. 질문의 승리입니다. 그들은 예수님이 무슨 답을 해도 수용하지 않았을 겁니다. 대답에 또 다른 질문으로 몰아세울 사람들, 강퍅한 마음의 소유자, 누구의 말도 인정하지 않을 그들에게 최고의 대답은 질문이었습니다. 예수님의 반전질문 앞에 침묵으로 자신들의 모순을 인정할 수밖에 없었습니다. 예수님은 해답을 구하는 자들에게 답을 주기보다 핵심을 꿰뚫는 질문을 함으로써 그들 스스로 답을 구하도록 하셨습니다. 질문의 의도를 파악하시고 질문으로 응대하셨습니다.

PART 1

본질을 파악하는 질문

이름을 잃은 것은 인생의 길을 잃은 것이다.
정체성이 확립된 사람은 시간을 낭비하지 않는다.
이름의 가치를 아는 것은 과정 중심의 삶의 가치를 아는 것이다.

chapter **1**

네 이름이 무엇이냐

그 사람이 그에게 이르시되
네 이름이 무엇이냐
그가 이르되 야곱이니이다
(창 32:27)

로고스교회에는 예쁘고 멋진 삼남매 은나, 은형, 은하가 있습니다. 첫째 은나의 이름은 지어 주지 못했지만 은형이와 은하의 이름은 지어 주었습니다. 하루는 은형이의 친구인 우진이가 물었습니다.

"목사님! 은형이 이름 목사님이 지어 주셨다면서요?"
"그래, 목사님이 지어 줬단다. 네 이름도 목사님이 지어 주랴?"
"아니요. 전 원래 다른 이름이었는데 우진이로 바꾼 거예요."

저의 질문 역습에 허락할 수도 안할 수도 없어 대략 난감한 표정이었지만, 우진이는 자신의 이름을 자랑스러워했습니다. 더 묻진 않았지만 은형이가 우진이에게 자기 이름과 작명가를 자랑한 것 같았습니다.

집에서도 은형이의 이름 자랑, 자기 이름을 지어준 사람에 대한 자랑이 계속되었나 봅니다. 하루는 은형이 어머니께서 또 다른 이야기를 들려 주섰는데요. 유치원생인 동생 은하가 오빠에게 자기 이름 자랑을 했습니다.

"오빠! 내 이름도 목사님이 지어 줬다."
"그래 네 이름 목사님이 지어 준 것 맞아. 그런데 네 이름은 최웅목사님이 지어 준 것이고 내 이름은 안성우 목사님이 지어 준 거야!"

두 아이 이름 모두 제가 지어 준 것이지만 은형이는 동생 이름은 교구목사인 최웅 목사님이 짓고, 자기 이름만 담임목사인 제가 지어 준 것으로 우겼던 모양입니다. 최 목사와 저의 격이 달라서가 아니라 자기 이름을 지어 준 사람에게 특별한 의미를 부여하고 싶었던 거죠.

이름을 묻다

김남인은 「태도의 차이」에서 하버드 대학 교수 마이클 샌델(Michael J. Sandel)의 특별한 강의법을 소개합니다. 샌델은 강의가 산만해지는 것을 막기 위해 학생들의 이름을 묻습니다.

"당신의 이름이 무엇입니까?"

이름을 묻는다는 것은 상대에 대한 관심과 애정의 표현입니다. '당신이 궁금하다'는 사인이며 상대의 마음을 두드리는 손짓과 같습니다. 그 순간 청중은 집중합니다. 전도 강사 중에 "목구멍이 열려야 귓구멍이 열리고 귓구멍이 열리면 마음이 열린다."고 가르치는 분이 계십니다. 전도할 때 말로만 하지 말고 먹을 것으로 먼저 섬기란 것입니다.

가슴이 열려야 뇌가 깨어납니다. 깨어난 뇌는 지적 쾌락을 탐하며 정보를 수집하려 합니다. 샌델이 세계적인 명성을 얻게 된 여러 가지 이유 중 중요한 한 가지는 "자 여기를 보세요. 집중하고 들으세요. 중요한 이야기입니다. 시험에 나옵니다." 하는 식으로 접근하지 않았다는 것이죠. 만약 그렇게 했다면 오늘날의 명성은 주어지지 않았을 것입니다. 이름을 묻고 관심을 보임으로 그들의 졸고 있는 마음을 깨운 것입니다.

발달심리학자 에릭슨(E. Erickson)은 심리사회적 발달의 단계가 삶의 과정에 영향을 미친다고 말합니다. 인간의 발달 단계를 영아기에서 노년기까지 총 8단계로 나누었는데요. 신생아(0-18개월) 기간에 맞이하는 첫 번째 위기를 '신뢰감 대 불신'의 문제라고 보았습니다. 신생아가 처음으로 맺게 되는 사회적 관계에서 자신의 욕구와 필요가 적절하게 충족되면 돌보는 사람뿐 아니라 그 외의 타인과도 신뢰감을 잘 형성하게 됩니다. 신뢰감 형성은 하나님과 세상에 대한 태도를 건강하게 만드는 데 중요한 역할을 합니다. 예수 그리스도의 십자가의 복음을 받아들일 수 있는 기초적인 생의 태도를 형성하는 것이죠. 반대로 충분한 신뢰와 사랑을 받지 못하고 자라면 복음과 교회를 받아들이기 힘듭니다. 타인과 어울려 살아가는 데도 문제가 생깁니다.

청소년기는 부모로부터 독립을 추구하는 시기이며 제2의 탄생이 이루어지는 시기인데요. '정체감 대 정체감 혼미'가 일어납니다. 과도기적인 시기로 감정의 기복이 심하고 정서적 불안, 흥분, 반항 등이 우발적으로 일어나기도 합니다. 독립적이고 자주적 행동 욕구가 생기면서 부모로부터 벗어나려는 심리적 이탈 현상이 반항의 형태로 드러납니다. '나는 누구인가'를 찾는 실존적 질문을 시작하는 시기이기도 한데요. 에릭슨은 '나는 누구인가', '나는 어디로 갈 것인가'라는 질문은 청소년기의 새로운 정신적 능력의 산물이라고 했습니다. 이 시기에 자아 정체성이 형성되지 않으면 성인이 되어서도 혼란스러운 삶을 살아가며 자신과 주변 사람들을 불행하게 만듭니다.

신뢰감과 정체성의 결여는 사랑의 결여에서 기인합니다. 사람은 누구나 성장기의 한 시기뿐 아니라 전 생애를 통해 지속적인 사랑을 필요로 합니다. 삶의 여정에서 적절하게 공급되어야 할 사랑 결핍으로 성인이 되어서도 성인아이로 살아가는 분들이 많습니다. 성서에서도 극심한 신뢰감과 정체성 혼란을 겪고 있는 사람이 있습니다.

"네 이름이 무엇이냐?"

하나님께서 물으십니다. 이름은 야곱입니다. 하나님께서 그의 이름을 몰라서 물으신 것이 아닙니다. 질문의 의도는 무엇일까요?

내가 나를 모르는데

이름을 알고 있는 분이 이름을 물어온다면 참 황당할 것입니다. 하나님은 야곱에게 "너 지금 뭐하고 있느냐?"라고 묻지 않으셨습니다. 그의 행동에 관심을 두신 것이 아니라 정체성을 질문하신 겁니다. 자신이 누구인지를 돌아보게 한 것이죠. 야곱은 성인이 되어서도 여전히 어린아이의 모습을 하고 있었습니다.

심리학자 아들러(Alfred Adler)에 의하면 동생은 형에 비해 욕심이 많을 수밖에 없다고 합니다. 가만히 있어도 모든 것이 주어지는 맏이와 달리 동생은 무엇이든 형과 나누고 경쟁해야 하는 환경 속에서 자라나기 때문입니다.

이삭의 가정이 아들러 이론의 근거를 제시합니다. 이삭의 아들, 야곱은 형과의 관계보다 복 받는 것이 더 중요했습니다. 사냥에 실패하고 돌아온 형에게 팥죽 한 그릇으로 장자의 명분을 사 들였습니다. 배고픈 형에게 팥죽 한 그릇 무상으로 제공할 수도 있었을 텐데 말이지요. 아버지의 생애 마지막 식탁 앞에서도 거짓말로 장자의 복을 가로챘습니다.

야곱에게는 이미 복이 주어져 있었습니다. 기다리면 되는데 서둘러 욕심을 부린 것이었죠. 결국 야곱은 형 에서의 분노를 사고 도망자의 처지에 놓입니다. 자신의 목적을 우선시 하는 야곱일지언정 하나님은 그의 삶을 외면하지 않으십니다.

야곱은 성경 최고의 사기꾼인데요. 도피처에서 사기꾼 고수를 만났습니다. 바로 외삼촌 라반입니다. 그는 수고에 턱없는 보상을 줍니다. 야곱은 원하는 아내를 얻기 위해, 라반에게 속고 또 당할 것을 알면서 그 길을 갔습니다. 약 21년이 지났습니다. 더 이상 삼촌 집에 머물 수 없었던 야곱은 가족을 이끌고 고향으로 돌아가기로 작정합니다.

고향에는 아직 형이 기다리고 있습니다. 그 동안 야곱이 하나님의 사람으로 변모했다고 단언하기는 쉽지 않습니다. 흔히 '시간이 약이다'라는 말을 하지만 시간이 흐른다고 되는 것은 없습니다. 그 시간을 어떻게 보냈느냐가 중요하죠. 20년 신앙생활 했다고 10년 믿은 사람보다 믿음이 좋을 거라고 단언할 수 없는 것과 마찬가지입니다. 깨어진 관계도 세월이 흐른다고 회복되지는 않습니다. 오히려 더 망가지기 십상이죠.

형은 용사 400여 명을 데리고 야곱을 맞이하러 나옵니다. 400명이란 숫

자는 환영사절단처럼 보이지는 않습니다. 동생이 한 발도 내딛지 못하도록 막기 위해 특공대를 이끌고 나온 것 같습니다. 그날 밤, 야곱은 잠을 이룰 수가 없었습니다.

야곱이 심히 두렵고 답답하여(창 32:7a)

두려움과 답답함이 야곱의 머리와 가슴을 가득 채웁니다. 잠이 오지 않는 밤, 하나님께 기도하며 말씀에 온전히 자신을 내어드렸다면 얼마나 좋았을까요. 잔머리 굴리기가 전공인 야곱은 재산을 두 무리로 나눕니다. 형의 군대가 한 무리를 치면 나머지 한 무리라도 건져 보겠다는 속셈이었죠. 두 아내와 여종, 선물을 다 보내고 혼자 얍복강 건너편에 남습니다.

천사와의 씨름

홀로 남은 그날 밤, 야곱은 하나님의 천사와 치열한 씨름을 벌입니다. 하나님의 천사는 야곱이 매달려 죽어도 놓지 않을것 같자 허벅지 관절을 쳐서 어긋나게 합니다. 여기에서 사용되는 '씨름'이란 단어의 다른 의미는 '싸움'이고 또 다른 의미는 '대적하다'라는 뜻입니다.

지금 이 분위기는 기도하는 야곱의 거룩한 모습으로 이해하기에 앞서 하나님과 인간의 갈등, 혹은 적대적 상황이라고 보는 것이 더 좋을 것 같습니다. 야곱은 지금까지 하나님과 대적하고 있었던 것입니다. 그의 삶에서 축복은 쟁취해야 할 것이지 주어지는 것이 아니었다는 말입니다. 야곱이 천사를 붙잡고 하는 말을 들어 보세요.

야곱이 이르되 당신이 내게 축복하지 아니하면 가게 하지 아니하겠다
(창 32:26b)

야곱은 하나님을 자신에게 항복시켜서라도 목적을 이루려 합니다. 하나님의 사람이라면 먼저 하나님의 절대적 통치 원리를 존중해야 합니다. 복을 주시는 방법, 사람을 세우는 시기, 자연 질서 가운데 운행하시는 하나님의 뜻에 항복해야 합니다.

오롯이 자신의 유익만을 구한 기도였습니다. 교회가 계획한 가을운동회 당일 비가 오지 않게 해달라는 식의 기도는 안했으면 좋겠습니다. 그 시기에 다른 지방의 사람들이 비를 기다리고 있을 수도 있습니다. 타오르는 가뭄에 속 타는 농부의 심정을 헤아려야 합니다. 비가 필요할 때, 비는 천문학적인 경제효과를 가져옵니다. 무상으로 지구에 주시는 하나님의 복입니다. 많은 비로 인한 피해를 막아 달라 기도할 수는 있습니다. 가뭄을 그치고 하늘을 열어 달라는 기도와는 본질적으로 다른 기도입니다. 하늘의 구름을 움직이는 위대한 기도도 필요하지만, 비를 통해서 말씀하시는 하나님의 음성도 들을 수 있어야 합니다. 비를 내리게도, 그치게도 해 달라는 기도는 할 수 있지만 '우리'가 아닌 '나'의 일정에만 집중하는 기도는 하나님을 제한할 수 있습니다. 때를 따라 비를 내리는 하나님의 일하심에 순종해야 합니다.

하나님은 성서뿐 아니라 자연법칙을 통해서도 말씀하십니다. 자연 법칙은 다른 말로 하나님의 세계 경영 매뉴얼입니다. 들여다보면 사기꾼은 고생해야 하고 성실한 자는 복을 받는다는 내용입니다. 대가를 지불하지 않고 얻으려 하는 자와 관계를 무시하는 자는 고통을 당하는 것이 하나님의 섭리입니다.

야곱처럼 하나님의 천사를 붙잡고 늘어지는 행태를 권하고 싶지는 않습니다. 얍복강의 씨름이 있기 전에 하나님께 항복했다면 이런 고통과 장애는 겪지 않아도 되었을 것입니다. 하나님의 통치 원칙을 무시하고 계속 저항했던 결과는 피할 수 없었습니다. 그의 몸에 고통의 흔적이 생기자 야곱에게 엄청난 신앙적 관점의 변화가 일어납니다. 자신이 주장하면서 붙잡고자 했던 것의 포기입니다. 축복은 자신이 쟁취하는 것이 아니라 선물로 주어지는 것임을 깨닫게 된 것이죠. 씨름에서는 야곱이 이겼지만 결국 하나님이 이기신 것입니다. 20년의 세월도 바꾸어 놓지 못한 야곱을 하나님은 하룻밤에 바꾸십니다. 그에게 질문하십니다.

"네 이름이 무엇이냐?"

하나님의 천사가 야곱의 이름을 모를 리 없지요. 이름을 아는데 그의 이름을 묻는다는 것은 특별합니다. 야곱은 지금까지 자기 의지와 방법, 열정으로 부를 축적했습니다. 정작 가장 기본적이고 중요한 문제 즉, 자신이 누구인지에 대한 인식이 없었습니다. 성공만을 바라며 살았던 것입니다.

야곱의 자기이해지능

하버드 대학의 심리학 교수인 하워드 가드너(Howard Gardner)는 25년간의 연구를 결산한 「다중지능」이라는 책을 출간했습니다. 그는 기존의 문화가 지능을 언어, 수리, 추리 등으로 너무 좁게 해석하고 있다고 보았습니다. 지능이란 단일한 능력이 아니라 대인관계지능, 자기이해지능 등 다수의 능력으로 구성되어 있다고 합니다.

「다중지능」에서 중요하게 다루는 것이 자기이해지능인데요. 이것과 밀접하게 관련된 것이 감정조절능력입니다. 자기이해지능이란 자신의 감정 상태에 대해 정확히 인지하는 능력과 더불어 자신의 감정 상태를 원하는 방향으로 조절할 수 있는 능력을 의미합니다. 이런 지능이 높은 사람은 자신의 부족함이 무엇인지 알고 있습니다. 하나님이 천사를 통해 야곱에게 이름을 물은 것은 시쳇말로 '신의 한 수'라 할 수 있습니다.

하워드 가드너의 자기이해지능은 에릭슨의 '정체성'과 동의어로보입니다. 정체성의 혼란은 역할 혼미로 이어지는데요. 자기이해지능이나 정체성 부족은 부모로부터 인정 받지 못하고 사랑이 부족한 환경이나 편애를 받은 자에게 주로 나타납니다. 사춘기 시절에 부모가 자녀를 용납하지 못한 채 상처를 입히면 때로는 죽을 때까지 그 상처를 안고 살아가게 됩니다. 자녀가 자라서 배우자와 부모의 역할을 해야 할 때에도 역할 혼란을 가져옵니다.

정체성 혼란이 열등감과 만나면 '퍼펙트 스톰'처럼 위험성이 폭발적으로 증가합니다. 성서에서는 야곱의 정체성 혼란이 어디에서 기인했는지 그 이유를 완전하게 분석할 수 없습니다만 그의 어머니에 대한 연구를 통해 조금이나마 엿볼 수는 있을 것입니다.

리브가는 둘째 아들 야곱을 편애했습니다. 상상을 초월하는 어머니의 야곱 돕기 프로젝트는 아들의 윤리관에 큰 영향을 미쳤습니다. 어머니의 모습을 통해서 야곱은 바른 길이 아닌 이기는 길을 먼저 배울 수 밖에 없었습니다. 가장의 결정까지 무시하는 어머니의 편애는 가뜩이나 욕심 많은 야곱을 부채질했습니다. 성숙한 부모는 자녀들을 공정하게 대합니다. 아들과 딸도 구별하지 않습니다. 의외로 많은 부모들이 막내에게 관대하고 맏이에게 엄격합니다. 두 아이에게 다 해롭습니다.

자기이해지능이 낮은 사람은 대인관계가 원만할 수 없습니다. 대인관계 지능이 떨어지면 하나님과의 관계인 종교실존지능에도 문제가 생깁니다. 타인들과의 관계가 나쁜데 하나님과의 관계가 좋다고 생각하는 것은 착각 중의 착각입니다. 하나님과의 관계가 좋은 사람은 자기이해지능이 높기 때문에 타인과의 관계가 나쁠 수 없습니다. 타인과의 좋은 관계는 하나님과의 좋은 관계와 일맥상통합니다.

여호와께서 그에게 이르시되 두 국민이 네 태중에 있구나 두 민족이 네 복 중에서부터 나누이리라 이 족속이 저 족속보다 강하겠고 큰 자는 어린 자를 섬기리라 하셨더라(창 25:23)

운명론적으로 이 말씀을 해석할 필요는 없습니다. 이유 없는 축복은 없습니다. 그러나 예언 성취를 위해 리브가가 수단 방법을 가리지 않고 야곱을 세웠다고 볼 수는 없습니다. 큰 자가 어린 자를 섬긴다고 하셨지만, 어린 자가 야비한 방법으로 큰 자의 자리를 차지하는 것을 허락하실 하나님이 아닙니다. 리브가는 남편을 속였습니다. 큰아들도 바보로 만들었습니다. 이런 식으로 야곱에게 복을 주는 것은 모두에게 무의미한 일입니다. 리브가의 모략이 잘못되었다는 것은 다음 고백을 보면 더욱 확실해집니다.

어머니가 그에게 이르되 내 아들아 너의 저주는 내게로 돌리리니 내 말만 따르고 가서 가져오라(창 25:13)

리브가는 자신의 방법이 저주받을 짓임을 알고 있었습니다. 자식이 받을 저주를 어머니가 대신 받고 싶어 한다고 해서 그녀에게 돌아갈 수는 없습니다. 아들은 아들대로, 어머니는 어머니대로 각기 대가를 지불해야 합니다. 죄인들을 심판하실 때 성서가 말하는 고통 중의 하나는 흩어짐인데 야곱은 20년 이상 어머니와 떨어져 지내야 했습니다. 어머니 리브가 역시 생전에 야곱을 더 이상 만날 수는 없었죠.

자식이 잘되기를 바라는 부모의 마음은 다들 같겠지만 문제는 방법입니다. 좋아하는 자식이 수단 방법 가리지 않고 복만 받으면 된다는 비뚤어진 모성애와 무서운 집념이 우리의 가정에서 또 다른 야곱을 만들고 있지는 않은지 생각해 봅니다. 하나님의 말씀과 방법을 떠난 어머니의 열정은 개인과 형제애는 물론 온 가정을 파괴하기 때문입니다. 양육의 대상을 사육한다면 인격, 도덕, 양심이 결여된 괴물을 키우는 겁니다.

승리 대여법

하나님은 얍복강 씨름에서 야곱의 허벅지 관절을 치셨습니다. 하나님의 천사가 가려고 할 때 야곱은 그를 놓지 않았습니다. 자신을 축복하지 않으면 절대 놓지 않겠다고 붙잡은 것이죠. 하나님은 야곱이 원하는 답을 주지 않으셨습니다. 대신 이름을 물으셨죠. 이름을 물으신 또 다른 이유는 새로운 이름을 주기 위해서입니다. 새로운 이름은 제2의 인생을 의미합니다.

자기는 그들 앞에서 나아가되 몸을 일곱 번 땅에 굽히며 그의 형 에서에게 가까이 가니(창 33:3)

야곱의 삶의 자리가 바뀌었습니다. 어머니 뒤에 숨었던 야곱, 20년이 지나서도 여전히 처자식 뒤에 숨었던 야곱이 새 이름을 받고 마침내 그들 앞에 나섭니다.

1940년 12월, 세계 2차 대전 당시 영국은 히틀러에게 밀려 고립무원에 빠졌습니다. 영국 총리 처칠은 미국 프랭클린 루스벨트 대통령에게 애타는 편지를 한 통 보냅니다. "허덕이고 있는 영국을 위해 군수물자와 원자재가 필요합니다. 그러나 선박과 그 밖의 모든 물자에 대해 더 이상 현금으로 지불할 능력은 없습니다. 우리가 넘치게 흘린 피 속에 승리를 얻을 수 있다면 결국 문명은 지켜질 것이고 미국은 어떠한 외세의 침공도 받지 않을 것입니다."

편지를 받은 루스벨트는 두 가지 고민에 빠졌습니다. 첫 번째는 군수물자 지원이 국제 사회에 미국의 참전으로 받아들여진다는 것이었습니다. 하지만 루스벨트는 유럽 대륙이 히틀러의 손에 들어간다면 미국 역시 안전할 수 없다는 이유를 들어 의회와 국민을 설득할 수 있었습니다.

두 번째는 법 조항과 관련된 문제였는데요. 당시 미국에는 1차 세계대전 때 진 빚을 갚지 못한 나라에는 차관 제공을 금지하는 '존슨법'이 시행되고 있었습니다. 게다가 외국과의 군수물자 거래는 현금으로만 가능하다고 못 박은 '중립화법안'까지 버티고 있었죠. 루스벨트는 기막힌 아이디어를 통해 결단을 실행으로 옮깁니다. 의회를 설득해 '무기대여법'을 통과시켜 무기를 판매하는 것이 아니라 빌려줄 수 있게 한 것입니다. 이 법안은 존슨법이나 중립화법안 어디에도 저촉되지 않았습니다. 새로운 무기대여법을 통해 미국은 마음 놓고 영국을 지원할 수 있었고 결국 2차 세계대전의 승리는 연합군 측으로 돌아갔습니다. 유럽에 비해 변방 국가였던 미국은 2차

대전의 승리를 토대로 세계 최고 강대국으로서의 명분과 실리를 모두 얻을
수 있었습니다.

하나님의 천사는 야곱에게 승리를 대여해 주었습니다. 성서는 야곱이
이겼다고 기록하지만 야곱이 변화되었기 때문에 하나님의 승리였습니다.
야곱이 하나님의 사람이 되면 야곱의 승리가 하나님의 승리가 됩니다. 야
곱이 하나님의 사람이 되지 않는다면 야곱의 승리는 하나님의 패배를 의미
합니다. 동일시 개념이 적용되지 않는다면 하나님과 야곱은 승리자와 패배
자로 나뉘게 됩니다. 하나님과 야곱이 하나일 때 하나님의 승리로 야곱도
승리하게 되는 것입니다.

예수님께서 "너희를 영접하는 자는 나를 영접하는 것이요 나를 영접하
는 자는 나를 보내신 이를 영접하는 것이니라"(마 10:40)고 말씀하셨습니
다. 야곱이 새로운 사람이 된 것은 하나님의 승리입니다. 십자가도 승리를
대여해 주었다가 찾아오신 것이기에 '세상이 알 수 없는 지혜'라고 합니
다. 야곱이 하나님을 이길 수는 없습니다. 야곱의 승리가 하나님의 승리가
될 때만 허락하십니다. 한 사람의 승리가 하나님의 승리가 된다면 이보다
더 큰 영광은 없을 겁니다. 이러한 축복은 하나님과 우리가 연합할 때 가능
합니다.

정체성의 묘약

하와이 군도 카우아이 섬은 사방 50km에 3만 명 정도 살고 있는 작은 섬
으로 일 년에 350일 가량 비가 내리는 오지였습니다. 지금은 트래킹 여행자

들이 즐겨 찾는 곳으로 입소문이 나 있지만, 카우아이 섬은 대대로 지독한 가난과 질병에 시달리는 열악하고 빈곤하며 처절한 섬이었습니다. 주민의 대다수는 알코올 중독자 혹은 정신질환자였습니다.

심리학자인 에미 워너(Werner, E. E)는 1954년부터 카우아이 섬을 연구했는데요. 대상자들은 1955년 이 섬에서 태어난 신생아 833명으로 임신 초기부터 18세가 될 때까지 삶의 전반을 조사했습니다. 연구의 주된 목적은 사회부적응을 만드는 요인이 무엇인지를 살펴보는 것으로 아동 청소년기의 열악한 환경이 질병, 성격적 결함, 사회부적응, 무능력, 우울증, 정신질환, 범죄 등을 유발시키는 원인이 되는지를 확인하고 그 대안을 찾고자 했던 것입니다. 부모가 알코올 중독자이거나 10대 미혼모 혹은 이혼한 가정에서 자라났을 때 공격적인 성향이 더 높아지는지, 모유를 먹지 못한 아이의 사회성은 어떤지 등 다양한 환경적 요인이 조사 대상이었습니다.

에미 워너는 그 중 가장 열악한 환경에서 태어난 201명의 아이들을 따로 분류해 조사했는데요. 18년 뒤 어떤 결과가 나타났을까요? 따로 분류된 아이들이 다른 집단의 아이들보다 훨씬 더 불우한 환경 가운데 머물러 있었습니다. 하지만 그녀의 관심을 끈 것은 201명 중 별다른 문제를 일으키지 않은 72명의 청소년들이었습니다. 무엇이 72명을 있게 했을까? 해답은 의외로 단순했습니다. 그들에게는 이모나 할머니 등 전폭적인 사랑을 주는 한 사람이 있었던 것입니다. 좀 싱거운 결론이라 생각될 수도 있겠지만 사랑과 믿음의 효과는 세상 그 무엇보다 강력한 힘을 지녔다는 것을 알 수 있습니다.

야곱이 얍복 강가에 서기 전까지 바르고, 균형 잡히고, 전폭적인 사랑의 사도를 단 한 사람이라도 만났더라면 그의 훈련 시간은 많이 단축되었을 것입니다. 물질만이 최고의 힘이고 성공만이 최고의 보상이라 믿었던 그가 얍복 강가에서 하나님을 만납니다. 져 주시는 하나님, 죽이려고 덤비는 야곱에게 이름을 물으시는 하나님, 지금까지 누구도 자신을 이렇게 인격적으로 대해준 분이 없었습니다. 그분이 하나님이십니다. 어머니의 잘못된 사랑으로 상처 입은 야곱을 변화시킨 것은 하나님의 인격적인 사랑이었습니다.

"너 왜 그리 치사하냐?"
"언제 정신 차릴래?"
"얼마나 더 고생해야 변할래?"
"어디가 더 부러져야 정신 차리겠니?"

하나님은 이렇게 꾸짖지 않으셨습니다. 야곱의 이름을 바꾸어 주시고 인격적으로 대해주셨습니다. 야곱은 하나님으로부터 사랑이라는 신비의 묘약을 먹었습니다. 자신의 철학과 기존 삶의 가치가 깨지고 절뚝거리며 형 앞에 섭니다. 그의 인생에 처음 맞는 정면 대응입니다. 에서와의 정면 대응은 남은 삶에 대한 정면 대응이기도 했습니다.

야곱의 새 이름은 '이스라엘'입니다. '하나님이 보호하신다', '하나님이 지배하신다', '하나님이 통치하신다', '하나님이 투쟁하신다'는 의미입니다. 이름이 바뀌면서 야곱에게 가장 먼저 달라진 것이 있습니다. 평생을 사용해 왔던 야곱의 주어가 바뀝니다. '나'가 아니라 '하나님'이 주어가 됩니다. 이제 하나님께 남은 생을 의탁하겠다는 것으로 해석됩니다. 하나님이 삶의 주인이 되셨습니다.

사랑이 사람을 바꿉니다. 언약적 사랑, 변함없는 사랑이 야곱을 이스라엘로 다시 태어나게 했습니다.

은총을 구하는 자여

그가 천사와 겨루어 이기고 울며 그에게 간구하였으며(호 12:4a)

호세아는 야곱의 변화 속에 은총을 구하는 기도가 있었음을 밝히고 있습니다. 허벅지 관절이 어긋나고 난 후에 야곱은 울며 간구했습니다. 간구했다는 말은 '은총을 구하다' 라는 의미입니다. 변화가 요구되는 신앙적 태도는 '울며 간구함' 입니다. 단지 눈물만을 의미하는 것은 아닙니다. 은총을 구하는 것입니다.

1990년 당진에서 교회를 개척하고 목회할 때의 일입니다. 설교하는 내내 한 분이 눈물을 흘리셨어요. 설교자로서의 첫 경험이었습니다. '나도 위대한 설교가가 될 수 있겠구나.' 생각하며 신바람이 나서 설교했습니다. 예배가 끝나고 인사를 나누는데 그분이 제 손을 와락 잡고,

"목사님 제가 울어서 많이 놀라셨죠. 설교 내내 어제 죽은 우리 집 개가 생각나서 그만…"

하나님의 은총과 무관하게 눈물을 흘릴 수 있습니다. 야곱은 대단히 이성적이고 단단한 사람이었습니다. 그런 그가 천사와 겨루어 이기고 난 뒤에 울었습니다. 패배의 눈물, 분노의 눈물이 아니었습니다. 승리했지만 나머지 삶에는 승리가 아닌 은총이 필요함을 알았습니다. 은총을 구한다는 것은 자신이 큰 죄인임을 인정하는 것입니다. 자신의 삶이 얼마나 무가치한지를 아는 자의 기도요 눈물입니다. 평생을 긴장과 성공 강박증에서 벗

어난 눈물입니다. 야곱은 드디어 은총을 구하는 자가 되었습니다.

영적인 정체성을 확립하는 것은 자신의 이름을 아는 것이 아닙니다. 이름을 바꾸는 것도 아니며 삶의 태도를 바꾸는 것도 아닙니다. 물론 이 모든 것이 다 중요하고 필요하지만 먼저 은총을 구해야 합니다. 은총을 구하는 자는 하나님의 자비와 사랑을 맛볼 수 있습니다. 하나님의 은혜와 사랑이 없이는 누구도 변화되지 않습니다. 변화된다 할지라도 일시적입니다. 야곱은 형 에서로부터의 위험을 피하는 일에 골몰했지만 하나님은 관계 회복에 집중하셨습니다. 하나님과의 관계 회복은 자신과의 관계 회복과 거의 같은 시간에 이루어졌는데요. 자신의 이름을 알고 자신의 이름이 바뀌어야 한다는 것을 아는 것은 자신이 누군지를 알고 어떤 사람이 되어야 하는지를 알게 되었음을 의미합니다.

"네 이름이 무엇이냐?" 질문하시는 하나님께 야곱이라고 대답하지 않았으면 좋겠습니다. 날마다 새로운 이름 "하나님이 나를 지배하십니다."로 대답하고 싶습니다. 야곱의 변화는 하나님과의 만남을 통해 이루어졌는데요. 하나님을 만나고 영적인 정체성이 확립된 사람은 성공이 아닌 성장을 구합니다. 속도 중심의 야곱에서 방향 중심의 이스라엘이 됩니다. 성과보다는 관계를 추구합니다. 성공의 수용소에 갇힌 야곱이 자유를 얻자 또 다른 수용소에 갇힙니다. '하나님의 사랑의 수용소' 안에서 자유를 맛보며 나머지 삶을 향유합니다.

"네 이름이 무엇이냐?"

최고의 질문입니다. 최고의 질문을 배운 사람은 타인은 물론 자기 자신에게도 최고의 질문을 던집니다. 최고의 질문을 배우지 못한 사람은 최악의 질문을 합니다.

"네 과거가 무엇이냐?"
"넌 왜 그렇게 욕심이 많은 것이냐?"

타락은 인간이 있어야 할 자리를 이탈하는 것,
현재 삶의 자리를 모르는 자에게는 미래가 없다.
팬의 자리에 앉아서 제자의 특권을 바라지 말아야 한다.
삶의 자리를 찾은 자에게는 심령의 가난함과 애통함이 있다.

chapter **2**

네가 어디 있느냐

여호와 하나님이 아담을 부르시며
그에게 이르시되
네가 어디 있느냐
(창 3:9)

개 사료를 만드는 회사에서 신제품 출시를 앞두고 최종회의가 열렸습니다. 사장이 회의를 주재하는 자리였죠.

"이번 사료의 포장지 디자인은 어떻습니까?"

"최고입니다."

"이번 사료의 품질은 어떻습니까?"

"최고입니다."

"우리 회사의 영업력은 어떻습니까?"

"어떤 회사에도 뒤떨어지지 않습니다."

"좋습니다. 결정하겠습니다. 그런데 한 가지 물어봅시다. 이렇게 최고인데 우리 회사의 개 사료는 왜 시장 점유율이 7위 밖에 되지 않는 겁니까?"

한 중역이 대답했습니다.

"그게 말입니다. 그놈의 개들이 우리 회사 사료를 먹지 않는단 말입니다."

정말 그럴까요? 사장의 질문에 이렇게 답한다면 앞으로도 개선될 것은 없어 보입니다. 문제의 핵심을 이해하지 못한 대답이기 때문이죠. 개도 제 입맛에 맞는 사료를 좋아할 자유가 있습니다. 잘 팔리는 사료를 만들기 위해서는 올바른 질문을 통해 자신들의 회사가 어디에 서 있는지, 어떻게 나아가야 하는지를 고민해야 합니다.

"개들은 왜 우리 회사의 사료를 좋아하지 않고 다른 회사의 사료를 좋아할까?"
"개를 키우는 사람들은 왜 타 회사의 사료를 구입할까?"
"우리 회사의 사료를 먹게 하려면 무엇을 어떻게 개선하는 것이 좋을까?"
"맛의 문제인가? 성분, 디자인은 충분히 매력적인가? 가격 경쟁력은? 홍보는 시선을 사로 잡을만한 것인가?"
"제품과 우리 회사의 신뢰성은?"
"우리 회사의 수준은 어느 정도이며 앞선 회사의 수준은 어느 정도인가?"

타락과 책임회피

하나님은 천지를 창조하시며 아담과 하와에게 선악과를 제외한 모든 것을 허락하셨는데요. 오직 단 하나만 금하셨기에 그 한 가지를 어기면 전부를 어기게 됩니다. 인류 최초의 타락은 '보는 것'으로부터 시작되었습니다. 여자가 그 나무를 본즉 먹음직도 하고 보암직하며 지혜롭게 할 만큼 탐스럽기도 했습니다. 하와가 먼저 그 열매를 먹고 남편에게 주었습니다. 먹고 나니 두 사람의 눈이 밝아져 자기들이 벗은 줄을 알고 부끄러워하며 무화과나무 잎을 엮어 치마로 삼았습니다.

그들이 그 날 바람이 불 때 동산에 거니시는 여호와 하나님의 소리를 듣고 아담과 그의 아내가 여호와 하나님의 낯을 피하여 동산 나무 사이에 숨은지라 (창 3:8)

죄를 범하여 숨어 있는 그들에게 하나님께서 먼저 찾아오셨지만 그들은 하나님을 환영하지 않습니다. 잘못을 용서받고 돌이킬 수 있는 회개의 기회를 놓친 것이죠. 타락이 무서운 것은 회개할 기회가 와도 보지 못하고 숨게 한다는 것입니다. 일단 숨은 다음 '책임회피 게임'을 하는데, 점점 개선의 가능성이 희박해집니다. 책임 의식이 있는 자는 혹여 죄를 범할지라도 하나님의 경고나 방문 앞에 회개할 가능성이 높습니다.

이스라엘 최고의 왕 다윗은 37인의 고급장교 중 한 사람인 우리야의 아내, 밧세바와 불륜을 저지릅니다. 그녀가 임신을 하자 죄악을 덮기 위해 우리야를 전장에서 급하게 불러들입니다. 남편과 동침하게 해서 밧세바가 잉태한 생명을 우리야의 자식으로 생각하게 하고 싶었던 것이죠. 충성스런 군인 우리야는 전쟁터에서 고생하는 병사들을 생각하며 아내와 밤을 보내지 않습니다. 이렇게 되자 다윗의 죄는 더 발전해 우리야를 최전방에 배치한 후 적들에게 죽임당하도록 만듭니다. 죄가 죄를 낳아 간음에 살인이 더해집니다.

그 후 불륜으로 인해 낳은 아이가 병으로 죽게 되자 다윗은 칠일 동안 금식하며 하나님 앞에 엎드립니다. 하나님은 다윗의 기도를 외면하시고 아이의 생명을 거두셨습니다. 아이가 죽자 금식을 풀고 몸을 씻은 뒤 기름을 바르고 집무에 복귀합니다. 다윗은 하나님이 죄에 대한 책임을 물으셨을 때 수용합니다. 죄에 대한 책임을 물으실 때 그 아픔과 고통 그리고 결과를 수용하는 것이 바로 회개입니다. 회개는 죄의 결과로 인한 고통과 결과를 책임지는 것입니다. 아담에게서는 회개의 참된 모습을 보인 다윗의 모습을 찾아 볼 수 없었습니다.

원인도 모르고

19세기 미국에 고층빌딩 붐이 일었을 때 오티스사(社)는 엘리베이터라는 획기적인 상품을 개발했습니다. 오티스사는 큰 성공을 거두었으나 기대보다 느린 속도 탓에 고객 불만도 많았습니다. 속도를 높이기 위해서는 더 높은 기술력이 필요했기 때문에 회사는 고민에 빠졌습니다. 그런데 특이하게도 딱 하나의 빌딩만 아무런 불만도 제기하지 않았습니다. 조사 결과 그 건물도 불만이 많았으나 엘리베이터 내부에 거울을 부착한 후 없어졌다는 것을 알게 되었습니다. 건물에 근무하는 한 여성의 아이디어였는데요. 이후 오티스사는 엘리베이터에 거울을 붙여 출시함으로써 상당 부분 고객 불만을 해결할 수 있었습니다.

고객의 진짜 불만은 엘리베이터의 '속도'가 아니라 '지루함'이었습니다. 그것을 간파한 한 여성의 재치가 문제를 해결했던 것입니다. 이처럼 문제를 정확하게 파악해야만 해결할 수 있고 회복할 수 있습니다. 고객의 불만을 찾아내는 것은 어렵습니다. 더 어려운 것은 자신의 모순을 찾는 것입니다.

살아가면서 깨우쳐야 할 것들 중 가장 어려운 것은 자신이 얼마든지 진리 안에서 자유로울 수 있다는 것을 인식하는 것입니다. 인간은 누구나 현재보다 더 거룩하고 성결할 수 있습니다.

성결함과 추함의 갈래 길에서 내용면으로는 후자의 삶을 선택하고 있으면서도 자신이 꽤 괜찮은 사람이라는 착각 속에 살고 있는 것은 아닌지 질문해 봅니다. 근거 없이 자신이 바른 지점에 서 있다고 확신하는 것처럼 위험한 일은 없습니다. 죄악은 핑계로 시작해 책임회피, 그리고 '확증편향'으로 가기 때문입니다.

확증편향이란 새로운 정보들이 우리가 기존에 가지고 있는 이론이나 세계관, 확신하고 있는 정보들과 모순되지 않는다고 믿는 것을 의미합니다. 한 마디로 보고 싶은 것만 보고, 믿고 싶은 것만 믿는 것이죠. 올바른 가르침을 받아도 검증하지 않고 나도 그 정도는 알고 있다 생각하며, 자신의 생각을 분별 없이 믿는 것을 의미합니다. 그러면서 자신은 새로운 것을 받아들인다고 생각합니다.

하나님은 말씀과 환경을 통해 확증편향의 모순 속에 살아가는 우리를 구원하고자 하십니다. 타락한 아담에게 찾아가신 것처럼 우리에게도 찾아오십니다. 아담과 하와는 벌거벗은 모습을 부끄러워하면서도 자신들을 부르시는 하나님을 외면했습니다. 하나님의 질문에 정확한 답은 피하고 변명으로 일관합니다. 아담은 하와에게 하와는 다시 뱀에게 책임을 돌립니다.

아담의 모습은 마태복음 25장에 등장하는 한 달란트 받은 종과 잇닿아 있습니다. 그는 주인이 돌아와 셈을 할 때 '주인은 심지 않은 데서 거두는 분'이어서 묻어 두었다고 합니다. 그 종은 주인이 누구인지를 모른 것이 아니라 자신이 무엇을 해야 되는지를 몰랐던 것이죠. 그저 자기의 생각이 전부였습니다.

주인은 일하지 않았던 그의 게으름을 악함으로 보았습니다. 주인이 어떤 분인지 알려 하지 않았다는 것, 자신의 고정관념 속에 주인을 가두어 두었던 것이 악입니다. 자신의 논리에 모순이 있다는 것도 모르고 자기의 옳음을 주장하는 것, 온갖 핑계로 치장하는 그 마음이 악하다는 것이죠. 게으르고 악한 종이 주인에게 했던 얼토당토않은 말은 아담이 "여인이 먹으라고 했을 뿐 제게는 아무런 잘못이 없습니다."라고 말하는 것과 같습니다.

아담아 네가 어디 있느냐

하나님은 타락한 아담에게 질문하셨습니다.

"네가 어디 있느냐?"
"하나님의 소리를 듣고 내가 벗었으므로 두려워하여 숨었나이다."

아담은 하나님으로부터 도망쳤습니다. 하나님과 아담의 관계가 깨어진 것입니다. 하나님과의 관계가 깨어지면 자신과의 관계가 깨어집니다. 양심의 소리를 수용하지 않습니다. '내'가 보는 '자아'와 '자아'가 보는 '내'가 다릅니다. 타인과의 관계도 깨어졌습니다. 금슬 좋던 아담과 하와가 서로 책임을 전가합니다. 마지막으로 인간과 자연의 관계가 깨어졌습니다.

하나님이 정복하고 다스리고 관리하라고 주신 자연으로부터 이제는 수고를 해야만 열매를 얻을 수 있게 되었습니다.

아담을 향한 하나님의 질문에 "에덴동산에 있습니다. 하나님께서 금하신 선악과를 따먹었기에 뵙기 두려워 숨었습니다."라고 대답했다면 얼마나 좋았을까요. 아담은 대신 "제가 벗었으므로 두려워하여 숨었나이다."라고 대답합니다. 벗은 것이 두려운 것이 아니라 선악과를 따먹은 것을 두려워해야 합니다. 아담은 하나님의 방문의 의도를 모릅니다. 정직하게 말하지 못한 것이 아니라 정직하게 보지 못했던 것인데요. 자신의 죄를 냉혹하게 직시하지 않았던 것입니다. 그 결과 하나님이 질문으로 주신 돌이킴의 기회를 잡지 못합니다.

그들이 어디에 있는지 저도 알고 있는데 하나님께서 모르실 리 없습니다. 바로 에덴동산입니다. 이 질문은 장소를 묻는 것이 아니라 삶의 자리를 묻는 질문입니다. 하나님이 원하시는 자리에 있는지를 묻는 것입니다. 하나님 안에 말씀과 관계 있는 자리에 있는지를 물으신 것입니다.

우리의 삶의 자리가 어디인지 알기 위해서는 몇 가지를 보아야 합니다. 첫째, 뒤를 돌아보아야 합니다. 삶의 보편적인 현 주소는 과거의 열매입니다. 삶의 역사가 어디에 있었는지 알아야 미래를 준비할 수 있습니다. 과거와 무관한 내일을 만나기란 쉽지 않기 때문입니다.

"아담아 네가 과거에 어디에 있었느냐?"

둘째, 앞을 보는 것입니다. 내가 어디에 있기를 원하는지 생각해 보세요. 돈 많이 버는 직장, 유명한 회사, 넓은 집과 좋은 차를 미래에 두고 있는지, 다른 무엇을 구하고 있는지 물어야 합니다. 성공과 성장은 다릅니다.

앞에 있는 성공을 쫓는다면 성장은 어려울 수 있습니다. 성장을 추구하면 성공은 전리품처럼 자연스럽게 따라옵니다. 성공이 주어지지 않아도 괜찮습니다.

"아담아, 네가 원하는 미래의 삶의 자리는 어디에 있느냐?"

셋째, 위를 보아야 합니다. 하나님께 지금 내가 어디에 서 있기를 바라시는지 여쭈어야 합니다. 하나님께서 어디를 보고 계시는지, 무엇을 볼 때 마음 아파하고 혹은 기뻐하시는지를 보아야 합니다. 당신을 지금 여기에 있게 하신 하나님의 목적을 물어야 합니다. 말씀과 기도, 깊이 있는 묵상과 환경을 통해 말씀하시는 하나님을 만나야 합니다.

"아담아 너를 통치하는 나와 너의 삶의 자리는 유의미한 것이냐?"

넷째, 주위를 둘러봐야 합니다. 내가 밟는 땅보다 내 주변에 어떤 사람이 있는지를 먼저 보는 것인데요. 그 사람들의 수준이 나의 현 주소입니다. 익숙한 사람과 함께 있기를 기뻐하는 것이 일반적입니다. '이끌림의 법칙'이라고도 하죠. 지난 1년 동안 새로운 만남, 탁월한 사람과의 만남이 시작되지 않았다면 10년 후를 기대할 수 없습니다. 하나님을 사랑하는 경건하고 능력 있는 하나님이 예비해 놓으신 사람을 구하고 찾아야 합니다.

"아담아 네 주위에 누가 있느냐?"

양심에게 묻는 질문

아담은 하나님께서 거니시는 소리를 먼저 들었어요. "거니시는 여호와 하나님의 소리" 하나님의 임재의 소리인지, 대화 소리인지, 통치 소리인지, 움직이시는 소리인지 단언할 수는 없지만 하나님의 소리임에는 분명합니다. 하나님은 선악과를 따먹은 것에 대해 바로 책임을 묻거나 추궁하지 않으셨습니다. 단지 하나님은 거니셨을 뿐인데 아담은 그 소리만 듣고도 숨었습니다.

그들이 그 날 바람이 불 때 동산에 거니시는 여호와 하나님의 소리를 듣고 아담과 그의 아내가 여호와 하나님의 낯을 피하여 동산 나무 사이에 숨은지라 (창 3:8)

하나님의 소리에 숨었다는 것은 그들에게 아직 양심이 살아 있다는 것을 의미합니다. 의인에게는 하나님의 방문이 축복이지만 죄인에게는 두려움이에요. 죄를 범한 자가 숨는 것은 보편적인 현상입니다. 하나님은 인간이 하나님으로부터 멀어지면 두려움을 느끼도록 창조하셨습니다. 잘못된 일을 했을 때 양심에 거리끼는 것은 성령이 그 양심을 통해 말씀하고 계시기 때문입니다. 어리석은 사람은 다양한 방법으로 주어지는 하나님의 사인을 무시해 버리죠. 양심의 소리는 미세하기 때문에 긴장하지 않으면 알아채기도 힘들거니와 무시하기도 쉽습니다. 그러다 보면 양심에 화인을 맞아서 경종소리가 더 이상 들리지 않게 됩니다.

간혹 마음속의 생각이 양심의 소리인지 내가 하는 생각인지 판단하기 어려울 때가 있습니다. 양심의 소리는 어떤 상황에서 처음 들리는 생각지도 못했는데 그냥 주어지는 소리입니다. 하나님은 지금 이 순간에도 우리와 함께 하시며 말씀하고 계십니다. 부드럽고 온유하게 말씀하실 때 반응한다면 회개의 기회를 얻는 것입니다. '죄가 된다, 아니다' 해석의 재해석을 하기 전에 '죄는 모양이라도 버리라'고 하신 말씀에 순종하며 나아가면 됩니다.

가끔 금욕주의자나 신비주의자들은 도피처에서 거룩함을 유지하려 합니다. 예수님은 세상의 빛과 소금이 되라 말씀하셨습니다. 세상만사에 얽혀 있으면 죄악에 노출되기 십상이죠. 거룩하게 살아가려는 우리를 비웃고, 타협안을 제시합니다. 하여, 세상에서 승리해야 합니다. 수도원에서의 승리는 일상에서 검증해야 합니다. 세상이 우리를 유혹하지 않는다면 승리할 필요도 없습니다. 어떤 이유와 핑계에도 굴하지 않고 하나님의 음성을 듣고 거룩함을 유지하도록 나아가야 합니다. 첫 음성, 첫 마음을 지키기 위해 기도해야 합니다. 마음의 근력, 의지의 근력을 키워가며 끊임없이 성령의 도우심을 구해야 합니다.

삶의 자리에 관한 질문

"하나님의 사람으로 살아가고 있느냐?"
"하나님이 허락하신 땅에서 책임을 다하고 있느냐?"

하나님은 우리 안에 거하기 원하십니다. 우리는 하나님이 원하는 사람이 되어야 합니다. 하나님은 아담과 함께 하시기 위해 질문하셨습니다. 또한 우리와 함께 있기를 원하시므로 우리에게도 질문하십니다. 아담과 하와는 나무 사이에 숨을 일이 아니라 하나님 안에 숨었어야 했습니다. 그곳보다 안전하고 복된 곳은 없습니다.

카일 아이들먼(Kyle Idleman)은 「팬인가 제자인가」에서 누군가를 열정적으로 좋아하는 사람을 '팬'이라고 합니다. '팬'은 예수님에 관해 모르는 것이 없지만 개인적으로 그분을 알지 못하는 사람인데요. 우르르 스타디움(교회)으로 몰려와 예수님을 응원하지만 그분을 진정으로 따르는 것은 아닙니다. 그렇다면 제자는 어떤 사람을 말하는 것일까요?

존 스토트(John Stott)는 「제자도」에서 여덟 가지 제자의 자질을 설명합니다. 첫째, 세상에 순응하지 않고 세상과 다르게 사는 불순응입니다. 둘째, 예수 그리스도를 닮아가는 것입니다. 셋째, 말씀 가운데 성숙한 삶을 살아가는 것입니다. 넷째, 맡기신 창조 세계를 돌보는 것이고요. 다섯째, 이웃을 돌보면서 검소하고 단순한 삶을 사는 것입니다. 여섯째는 개인의 신앙과 교회 공동체로서 하나님을 예배하고 증거하는 동시에 순례자이자 시민으로서 균형 잡힌 삶을 사는 것입니다. 일곱째, 자만하지 않고 자신의 나약함을 인정하며 하나님과 이웃에게 의존해야 하며, 마지막으로 죽음으로 참된 제자의 삶을 나타낼 수 있는 자라야 한다고 했습니다.

"네가 어디 있느냐?"는 우리 삶의 자리가 팬의 자리인지 제자의 자리인지를 묻고 계신 질문입니다. 그리스도인들이 하나님으로부터 받을 복은 사모하고 그분을 위해 자기를 부인하며 죽을 수 있는 자리는 거부하고 살아간다면 나무 사이에 숨은 아담과 다를 게 없습니다. 먹고 싶은 것 다 먹고, 자고 싶은 것 다 자고, 가지고 싶은 것 다 가지고 예수님 앞에 설 수는 없습니다. 우리가 서야 할 삶의 자리는 복음을 위해 고난 받고 그 길이 죽음이라 할지라도 순종하며 따르는 제자의 자리입니다.

포기하지 않으시는 하나님

"누가 너의 벗었음을 네게 알렸느냐?"
"내가 네게 먹지 말라 명한 그 나무 열매를 네가 먹었느냐?"

"제가 벗었음을 알게 되었습니다. 네, 제가 먹었습니다."라고 대답했다면 얼마나 좋았을까요. 아담은 포기하지 않으시는 하나님의 두 번째 질문에도 답을 피해 갑니다. 더 나아가 비열한 핑계를 덧붙입니다.

아담이 이르되 하나님이 주셔서 나와 함께 있게 하신 여자 그가 그 나무 열매를 내게 주므로 내가 먹었나이다(창 3:12)

이것은 '의지적 합리화', '인지적 유연성'이라 할 수 있습니다. 하나님께서 질문을 통해 두 번씩이나 기회를 주셨음에도 불구하고 아담은 스스로를 기만했습니다. 그 여자가 권해서, 가정의 평화를 위해 그렇게 한 것으로 인지적 유연성을 가지고 의지적 합리화를 시도합니다. 하나님의 사람은 인지적인 유연성이 허락되지 않습니다. 허락되는 것은 하나님의 말씀에 의한 '인지적 고정성'입니다.

"내가 먹은 건 단지 선악과 하나였고 가정의 평화를 위해 그녀가 주는 것을 먹었을 뿐이에요."라는 대답은 코미디 대사와 같습니다. 아담은 자신의 잘못을 부인하고 책임을 회피하는 것으로도 모자라 '하나님이 주셔서 나와 함께 있게 하신 여자'라는 말로써 하나님께 책임을 전가하고 있습니다. 하나님이 이 여자를 주지 않으셨다면 이런 일이 없었을 것이란 말입니다.

무슨 일을 만나든지 어떤 질문을 듣든지 힘들게 생각해야 합니다. 아담에게선 힘들게 생각한 흔적을 도무지 찾을 수가 없습니다. 계속해서 하나님은 질문하고 계시는데 그 의도조차 바르게 파악하지 못하고 있으니 말이죠. 질문을 계속하시는 하나님의 뜻을 아담은 이해하지 못했습니다. 순간을 모면할 핑계거리와 책임회피를 위한 생각만 가득 차 있습니다.

"하나님이 내게 그 여자를 주지 않으셨다면…"
"그 여자가 그 나무 열매를 내게 주지 않았다면…"

아담을 창조하실 때 명령하셨습니다. '생육하라, 번성하라, 충만하라.' 아담의 행동은 번성할 수 없으며 충만함과도 거리가 멀었습니다. 하나님의 명령을 조금만 더 힘들게 생각하고 선악과를 남겨 두신 의미를 생각했다면 얼마나 좋았을까요! 선악과를 따 먹고 난 후에라도 하나님의 방문과 질문을 힘들게 생각했다면 조금 덜한 고통을 기대해 볼 수도 있었을 것입니다.

실존주의 철학자 야스퍼스(Karl Jaspers)는 인생의 만남에는 두 가지 형태가 있다고 했습니다. 하나는 겉사람과 겉사람끼리의 피상적인 만남이요, 다른 하나는 내면의 인격과 인격끼리의 깊은 실존적 만남입니다. 아담은 하나님을 알고는 있었지만 마음으로 만나지는 못했던 것 같습니다. 만났어도 실존적인 만남의 자리까지 가지 못한 것으로 보입니다. 실존적인 만남의 자리까지 갔다면 이런 죄를 범하지 않았을 것이고, 죄를 범했어도 책임을 회피하지 않았을 것입니다. 하나님의 음성을 듣기 전에 이미 방문하시는 소리에 회개했을 것입니다.

하나님과의 관계의 수준은 아내와의 관계의 수준과 밀접한 관계가 있습니다. 책임회피는 또 다른 책임회피를 낳게 합니다. 아담이 하와에게 책임을 전가하자 하와 역시 방금 배운 대로 책임회피를 합니다.

여호와 하나님이 여자에게 이르시되 네가 어찌하여 이렇게 하였느냐 여자가
이르되 뱀이 나를 꾀므로 내가 먹었나이다(창 3:13)

죄는 이렇게 악순환의 고리를 만들어 갑니다. 누구 하나 책임지는 사람
이 없습니다.

아담에게 이르시되 네가 네 아내의 말을 듣고 내가 네게 먹지말라 한 나무
의 열매를 먹었은즉 땅은 너로 말미암아 저주를 받고 너는 네 평생에 수고하여
야 그 소산을 먹으리라 땅이 네게 가시덤불과 엉겅퀴를 낼 것이라 네가 먹을
것은 밭의 채소인즉 네가 흙으로 돌아갈 때까지 얼굴에 땀을 흘려야 먹을 것을
먹으리니 네가 그것에서 취함을 입었음이라 너는 흙이니 흙으로 돌아갈 것이니
라 하시니라(창 3:17-19)

인생이 고통을 느끼며 살 수밖에 없는 성서적인 이유가 여기에 있습니
다. 죄악 때문이지요. 인생의 모든 고통이 죄의 결과라고 말할 수는 없지만
가장 큰 원인인 것은 누구도 부인할 수 없습니다. 지혜로운 사람은 타인의
죄악이나 심판을 하나님께 맡겨두고 자신이 개선해야 할 것을 먼저 찾습니
다. 삶의 크고 작은 어려운 일에 민감한 영성으로 하나님의 뜻을 찾습니다.
우리가 하나님의 말씀에 순종하기 위한 고통을 포기한다면 심판의 고통
이 따르게 될 것입니다. 하나님이 우리의 양심에 말씀하시는 소리를 듣고
거룩하게 사는 고통을 선택했다면 누군가에게는 고통스런 심판이 우리에
게는 생명과 상을 받는 시상대가 될 것입니다. 더 자세한 고통의 문제는 10
장 "내가 너를 무슨 일로 괴롭게 하였느냐?"에서 다루기로 하겠습니다.

준비해야 할 것

하나님은 지금 이 순간 우리에게 질문하십니다. 아담이 아닌 우리가 대답할 차례입니다.

"주님 저는 죄인입니다."
"제가 하나님으로부터 멀리 와 있습니다."
"오호라 나는 곤고한 자로다. 누가 나를 이 사망의 몸에서 건져내랴, 주님의 십자가밖에 없습니다."
"내게서 주의 얼굴을 거두지 마십시오."
"나를 멀리하지 마십시오."
"내게 정한 마음과 정직한 영을 새롭게 해 주십시오."

성서에 등장하는 어떤 위대한 인물도 죄악으로부터 완전히 자유로운 사람은 없었습니다. 그들이 위대한 하나님의 사람이 된 것은 영적인 탄식과 철저한 회개가 있었기 때문입니다. 영적인 각성과 회개는 새로운 삶으로 안내합니다. 성경 속 그들이 행한 인식과 회개는 지금 우리가 나아가야 할 인식과 회개의 방향을 알려 줍니다. 우리는 영적인 변화를 통해 하나님과 올바른 관계를 형성합니다. 내가 얼마나 악하고 연약한 존재인지를 알고 인정할 때 하나님의 음성이 들립니다. 하나님은 설교, 기도, 환경, 일상, 사람 등 모든 것들을 통해 말씀하십니다.

하나님의 질문을 받은 우리가 첫 번째로 준비해야 할 것은 자발적인 인식과 회개입니다. 가장 빠르지만 가장 어려운 방법이지요. 내가 어디에 서 있는지를 인식하고 죄인임을 고백해야 합니다. 두 번째는 죄를 멀리하려는 의지적인 노력입니다. 의지적인 노력의 다른 말은 영적인 훈련입니다. 주로 언제 죄를 범하게 되는지, 누구와 함께 있을 때 죄를 범하는지, 어디에 있을 때 죄를 범하는지, 잘 파악하고 그런 환경을 만들지 않도록 해야 합니다. 굳은 결심을 하고 노력해도 무너질 때가 있습니다. 그럼에도 계속 결단하고 의지를 갖고 노력하며 나아가야 합니다.

여기서 잠시 한 가지 질문을 하고 싶습니다.
"하나님은 아담이 선악과 따먹을 것을 아셨을까요?"

하나님은 알지도 모르지도 않으셨다고 생각합니다. 인간에게 자유의지를 주셨기 때문이죠. 따먹을 것을 알았어도 선악과를 만드셨을 것이고 몰랐어도 만드셨을 것입니다. 하나님은 인간을 창조하실 때 인간에게 선택의지를 주셨고 그 선택의지로 하나님을 예배하고 순종하길 원하셨습니다. 선택의지가 없는 자의 예배와 순종은 하나님께 어떠한 의미도 없습니다. 하나님은 우리와 인격적인 교제를 나누기 원하셨습니다. 거부할 수 있는 자유를 가진 자의 순종만이 의미가 있습니다. 그렇기에 하나님의 질문을 받은 우리는 의지적으로 순종해야 합니다.

영적인 변화를 위한 마지막 단계는 성령의 능력을 의지하는 것입니다. 사탄이 우리를 유혹해 올 때 "사탄아 물러가라!" 성령의 능력을 선포하는 대적기도를 드려야 합니다. 대적기도를 하기 전에 성령을 환영하고 사모하며 항상 우리 안에 충만하심을 믿는 것이 먼저입니다. 성령의 능력은 선포할 때만 임하는 것이 아닙니다. 대적기도를 드리며 인간의 책임을 생각해 보아야 합니다. 사탄이 우리 안에서 활동하도록 마음을 내어준 책임이 우리에게 있습니다. 사탄이 마음에 들어오지 못하도록 말씀으로 무장해야 합니다. 성령을 사모하는 정결한 마음을 준비하고 정직한 영으로 새롭게 태어나야 합니다.

성령은 살리는 영이고, 위로의 영입니다. 진리의 영이고 말씀이 생각나게 하십니다. 우리에게 분별력을 주시는 분도 성령입니다. 보지 못한 것을 보게 하시고, 듣지 못한 것을 듣게 하시고, 생각지 못한 것을 생각하게 하시는 것이 성령입니다. 성령님은 환영하고 의지하고 믿는 자에게 역사하십니다. 요한 웨슬리(John Wesley)는 '성결은 동기의 순수함'이라는 했는데요. 겉으로 드러나는 행동이 거룩하게 보인다고 해서 마음까지 거룩하다고 할 수는 없습니다. 인격의 가면을 쓰고 사람들 앞에서 얼마든지 거룩함을 위장할 수 있습니다. 하지만 하나님은 우리의 행동보다 마음을 먼저 보신다는 것을 기억하십시오. 거룩한 마음을 준비해야 합니다. 우리가 영원히 서 있어야 할 자리는 '하나님 존전'입니다.

이스라엘의 종교철학자로서 만남의 사상가로 불리는 마르틴 부버(Martin Buber)는 「나, 너, 우리」에서 '나'와 '너'의 관계가 '우리'가 되어야 하는데 '나와 너'를 '나와 그것'으로 만들었다고 말합니다. 서로 존중하는 인격체의 만남이 이루어져야 하는데 소유를 위한 만남으로 전락되어 버렸다는 것이죠. 하나님과의 관계도 하나님의 참 모습이 아닌 하나님의 '그것'을 구하는 기복신앙 수준을 넘어서야 합니다. '하나님과 나'가 아닌 '우리'가 된다는 것은 하나 됨을 의미합니다.

하나님은 타락한 아담에게 찾아와 '하나님과 그것(선악과)'의 관계로 치닫는 아담의 길을 바로잡으려 하셨습니다. 하나님의 질문은 '하나님과 나(아담)'의 만남의 자리로의 초청이었습니다.

하나님은 아담과 하와에게 가죽옷을 지어 입히셨습니다. 하나님은 결코 우리를 떠나지 않으십니다. 우리가 스스로를 포기할 때에도 하나님은 우리를 포기하지 않으십니다. 우리가 의지적으로 하나님을 거부해도 하나님은 기다리십니다. 죄인이 되었다고 해서 회개할 자격까지 상실하는 것은 아닙니다. 가죽옷은 예수 그리스도의 십자가의 표상입니다.

"네가 어디 있느냐?"

최고의 질문입니다. 최고의 질문을 배운 사람은 최고의 질문을 자신과 타인에게 던집니다. 최고의 질문을 배우지 못한 사람은 최악의 질문을 합니다.

"너는 왜 선악과를 따먹었느냐?"
"다 주고 하나만 남겨 놨는데 그것까지 먹었더냐?"

갈등이 있다면 다른 길을 찾기 전에 근본으로 돌아가야 한다.
관계의 갈등이 찾아올 때 존재의 목적을 먼저 찾아야 한다.
나는 죽고 예수로 산다는 것은 시험들 권리도 포기하는 것이다.
기다려야 할 때가 있고 떠나도 되는 때가 있다.

chapter 3

네가 어디서 왔느냐

이르되 사래의 여종 하갈아
네가 어디서 왔으며 어디로 가느냐
그가 이르되
나는 내 여주인 사래를 피하여 도망하나이다
(창 16:8)

다음은 독일 염세주의 철학자 쇼펜하우어(Arthur Schopenhauer)의 인생의 3대 질문입니다.

"인생은 어디에서 왔는가?"
"인생은 무엇을 하며 살아야 하는 것인가?"
"인생은 어디로 가는가?"

인간은 고통 속에 살고 있습니다. 대부분의 사람은 고통의 문제를 싸워서 이기기보다는 그것이 일순간 없어지기를 기대합니다. 과연 갈등과 고통 가운데 있는 인간이 자신의 지성으로 '인생이 어디에서 왔는지'를 묻는 이 질문에 대답할 수 있을까요? 하나님께서는 인생의 기원을 찾는 자에게 질문하십니다. "네가 어디에서 왔느냐?" 하고 말이죠.

이상한 질문

아브라함의 가정에 갈등이 생겼습니다. 아내의 권유로 여종 하갈에게서 아들을 낳았는데 하갈이 변했습니다. 말 타면 종 부리고 싶어 하는 모습이 하갈에게 나타났습니다. 아내 사라는 민감해졌고 두 여인 사이의 갈등은 극에 달했습니다. 하갈이 마침내 제정신이 돌아와 종의 처지임을 깨닫고 갈등을 피해 떠나고자 할 때 하나님께서 질문하십니다.

"네가 어디서 왔느냐?"

"왜 떠나려 하느냐? 어디로 가려 하느냐?" 이렇게 묻는 것이 제가 아는 상식입니다. 상식을 깨고 하나님은 그녀가 '어디서 왔는지'를 먼저 물으셨습니다. 왜 그렇게 물으신 것일까요? 하나님께서 설마 그가 어디서 왔는지를 몰라서 그러셨을까요? 혹은 그녀가 근본을 망각했기 때문일까요? 먼저 자신이 어디에서 왔는지를 알아야 이 갈등이 해결된다는 것일까요?

관계의 뒤틀림

말콤 글래드웰(Malcolm Gladwell)은 「아웃라이어」에서 '10년 법칙'을 말한 바 있습니다. 하루에 3시간씩 10년간 한 분야에 총 1만 시간을 투자한다면 10년 후에는 폭발적인 성장 결과가 나타나고 그 분야에서 최고가 된다는 것인데요. 아브라함이 하나님의 말씀에 따라 가나안을 향한 지 10년이 되었을 때 일입니다. 하나님의 첫 약속은 아브라함으로 하여금 복의 모델이 되게 하겠다는 것이었죠. 하지만 복의 모델이 되기는커녕 자식 한 명도 생기지 않았습니다. 당시 자손의 숫자는 복을 가늠하는 척도였는데요, 하나님은 가나안에 도착한 아브라함에게 10년 동안 자식을 주지 않음은 물론 내세울 만한 어떤 복도 주지 않으셨습니다. 아브라함과 사라는 조급해졌습니다. 하나님의 언약에 대한 신뢰도에 금이 간 부부는 여종 하갈을 통해 복을 '만들려' 합니다. 하나님 몰래 머금었던 불신의 싹이 하갈을 아브라함과 동침하게 합니다. 자식을 얻었지만 가정의 평화와 하나님을 향한 믿음을 잃었습니다. 하나님과의 관계 파괴는 인간관계의 뒤틀림으로 이어집니다. 아브라함의 아이를 가지게 된 하갈이 사라를 멸시하자 화가 난 사라가 남편에게 자신의 신세를 한탄합니다.

사래가 아브람에게 이르되 내가 받는 모욕은 당신이 받아야 옳도다 내가 나의 여종을 당신의 품에 두었거늘 그가 자기의 임신함을 알고 나를 멸시하니 당신과 나 사이에 여호와께서 판단하시기를 원하노라(창 16:5)

몇 년 전 아브라함은 자신의 목숨을 구하고자 애굽에서 아내를 누이라고 속였던 적이 있었는데요. 그때 순종하며 침묵을 지켜 남편을 살리고자 했던 사라의 모습은 어디에서도 찾아 볼 수가 없습니다.

아브람이 사래에게 이르되 당신의 여종은 당신의 수중에 있으니 당신의 눈에 좋을 대로 그에게 행하라(창 16:6a)

남편으로부터 전권을 위임받은 사라는 하갈을 학대합니다. 견딜 수 없었던 하갈은 사라를 피해 도망치려 하지만 하나님이 허락하지 않으십니다. 아브라함의 가정에서 주인과 안방마님, 그리고 하갈에 이르기까지 누구 한 명 자신의 죄악과 부족함을 먼저 깨닫는 사람이 없었습니다. 아브라함과 사라도 미련했지만 하갈은 더욱 어리석었습니다. 고대 이스라엘 문화에서는 여종이 자식을 낳으면 주인의 것입니다. 하갈이 처음부터 이스마엘이 자신의 자식이 아니라는 것을 인정했다면, 그녀도 이스마엘도 훨씬 더 행복했을 것입니다. 아브라함과 사라 역시 갈등의 원인이 자신들로부터 시작되었음을 인정하고 책임지려 했다면 갈등은 지혜롭게 마무리될 수 있었을 것입니다. 아브라함과 사라의 죄악이 하갈의 죄악을 낳고 하갈의 죄악이 다시 아브라함과 사라의 죄악을 낳았습니다. 갈등은 여기서 끝나지 않았죠. 사라가 낳은 이삭과 하갈이 낳은 이스마엘의 갈등으로까지 이어집니다. 죄의 악순환의 고리는 꼬리에 꼬리를 물고 가정을 파멸로 이끌고 갑니다.

사라의 박해를 피해 도망치는 하갈에게 하나님께서 친히 방문하십니다. 언제나 누구에게나 그렇게 하셨던 것처럼 먼저 찾아오셔서 질문하십니다.

네가 어디서 왔느냐

이르되 사래의 여종 하갈아 네가 어디서 왔으며 어디로 가느냐 그가 이르되 나는 내 여주인 사래를 피하여 도망하나이다(창 16:8)

영적인 사춘기가 있습니다. 관계의 갈등, 자신의 한계가 표출되어 죽을 것 같은 순간이 영적인 사춘기인데요. 영적인 사춘기를 영적 성장의 '기회'로 읽으면 좋겠습니다. 신앙의 갈등이 왔다는 것은 자신의 한계에 다다랐다는 것입니다. 한계에 이르렀다는 것은 하나님께서 우리에게 성장을 요구하시는 시간이 되었다는 뜻이기도 합니다.

목사도 교회의 성장과 더불어 한계를 느낄 때가 많습니다. 리더십의 한계, 영성의 한계가 닥칠 때 가장 쉬운 길은 문제로부터 도망가는 것입니다. '도피하는 길'을 하나님이 열어주신 '새로운 길'로 해석하는 오류를 범하는 것이죠. 의식의 왜곡입니다. 물론 하나님께서 새로운 길을 열어주시는 경우도 있습니다. 새로운 길이 하나님이 열어주신 길인지 도피인지 알 수 있는 방법은 그 길의 험난함과 가치를 살펴보아야 합니다. 좁고 어려우며 의미 있는 길이라면 하나님이 주신 길일 것입니다. 쉽고 빠르며 피하고 싶은 길이라면 필경 사망의 길일 가능성이 훨씬 높습니다.

하나님은 사라를 피해 도망치는 하갈을 설득하지 아니하시고 복종을 요구하셨습니다.

여호와의 사자가 그에게 이르되 네 여주인에게로 돌아가서 그 수하에 복종하라(창 16:9)

존 비비어(John Bevere)는 「관계」에서 "만약 누군가가 실제로 부당한 일을 당했다면 마땅히 실족할 권리가 있을지"에 대해 질문합니다. 하갈이 부당한 대우를 받은 것은 사실입니다. 그럼에도 실족할 권리는 없습니다. 그것까지 하나님의 섭리 안에 있기 때문이죠. 하나님을 제외한 그 누구도 우리의 운명을 지배할 수는 없습니다. 사라가 하갈에게 어떻게 대하는지는 하갈이 선택할 수 없었지만 사라에게 어떻게 반응할지는 하갈의 자유였습니다. 시험이 찾아오면 상처가 드러납니다. 내면의 상처가 치유되지 않은 사람이 시험을 당하면 사탄의 함정에 빠지기 쉽습니다. 교회나 직장에서 리더에게 상처받았을 때 어떻게 해야 할까요? 성경만이 우리에게 변하지 않는 답을 제공합니다.

산헤드린 공회에서 자신을 변호하는 바울의 모습을 보십시오. 바울은 당당하고 자신 있게 예수님을 만난 경험을 진술합니다. 바울의 이야기를 듣고 있던 대제사장 아나니아가 바울 곁에 있는 자들에게 바울의 입을 치라 명령합니다. 바울은 자신을 치라고 말한 자가 누구인지도 모르고 강력한 어조를 굽히지 않습니다.

바울이 이르되 회칠한 담이여 하나님이 너를 치시리로다 네가 나를 율법대로 심판한다고 앉아서 율법을 어기고 나를 치라 하느냐 하니(행 23:3)

그때 곁에 선 사람들이 하나님의 대제사장을 욕한다고 바울을 책망합니다. 복음을 전하는 바울에게는 대제사장이 적그리스도의 역할을 행하고 있는 것이었습니다. 대제사장이 바울을 죽이라고 명하자 그제야 그의 지위를 알게 된 바울이 말합니다.

바울이 이르되 형제들아 나는 그가 대제사장인 줄 알지 못하였노라 기록하였으되 너의 백성의 관리를 비방하지 말라 하였느니라 하더라(행 23:5)

바울은 자신의 목숨이 경각에 달린 순간에도 하나님이 세우신 질서를 존중합니다. 하나님이 세우신 대제사장의 권위를 인정했어요. 다윗 역시 자신을 죽이려던 사울 왕에게서 하나님의 기름 부으심을 존중하여 끝까지 복수와 정당방어를 포기했습니다. 다윗은 사울 왕뿐 아니라 하찮은 사람을 대할 때도 그렇게 했습니다.

다윗 왕이 바후림에 이르매 거기서 사울의 친족 한 사람이 나오니 게라의 아들이요 이름은 시므이라 그가 나오면서 계속하여 저주하고 또 다윗과 다윗 왕의 모든 신하들을 향하여 돌을 던지니 그 때에 모든 백성과 용사들은 다 왕의 좌우에 있었더라 시므이가 저주하는 가운데 이와 같이 말하니라 피를 흘린 자여 사악한 자여 가거라 가거라 사울의 족속의 모든 피를 여호와께서 네게로 돌리셨도다 그를 이어서 네가 왕이 되었으나 여호와께서 나라를 네 아들 압살롬의 손에 넘기셨도다 보라 너는 피를 흘린 자이므로 화를 자초하였느니라 하는지라(삼하 16:5-8)

아들 압살롬에게 쫓기고, 신하 므비보셋에게 사기를 당한 다윗에게 누가 겁도 없이 이렇게 말할 수 있을까요? 왕에게 이처럼 함부로 대적하는 사람은 능지처참을 당해도 이상할 것이 없습니다. 보다 못한 그의 참모 아비새가 제안합니다. "죽은 개가 높으신 임금님을 저주하는데 어찌하여 그냥 보고만 계십니까? 제가 목을 베겠습니다." 다윗은 다음과 같이 말합니다.

왕이 이르되 스루야의 아들들아 내가 너희와 무슨 상관이 있느냐 그가 저주하는 것은 여호와께서 그에게 다윗을 저주하라 하심이니 네가 어찌 그리하였느냐 할 자가 누구겠느냐 하고 또 다윗이 아비새와 모든 신하들에게 이르되 내 몸에서 난 아들도 내 생명을 해하려 하거든 하물며 이 베냐민 사람이랴 여호와께서 그에게 명령하신 것이니 그가 저주하게 버려두라 혹시 여호와께서 나의 원통함을 감찰하시리니 오늘 그 저주 때문에 여호와께서 선으로 내게 갚아 주시리라 하고(삼하 16:10-12)

그럼에도 시므이는 하던 짓을 멈추지 않았습니다. 다윗은 이번에도 반응하지 않고 자신의 길을 갔습니다. 그는 시험 들 권리도, 심판할 권리도 포기했습니다. 하나님께서 시므이를 통해 자신을 훈련하고 있음을 알았기 때문입니다. 다윗은 악을 악으로 갚지 않고 오히려 하나님 앞에서 해석하고 하나님의 섭리로 받아들였습니다.

우리도 삶 가운데 하갈과 다윗처럼 심한 상처를 받을 때가 있습니다. 그럴 때마다 분노나 복수의 마음을 품게 하는 사탄의 덫을 조심해야 합니다. 그 모든 상황을 통해 우리를 다듬고 훈련하시는 하나님 앞에 홀로 서야 합니다.

하갈이 종이라는 처지를 그저 운명으로 받아들여야 한다는 것은 아닙니다. 하나님의 섭리로 보아야 하는 것이죠. 하나님 앞에서 하갈과 사라의 가치는 균등합니다. 역할이 다를 뿐입니다. 가치의 균등은 역할의 균등이 아닙니다. 하나님께서 다른 역할로 있게 하셨다는 것을 믿고 순종함으로써 갈등을 이겨내야 합니다. 하갈은 복종하라는 말씀에 순종하며 사라 곁으로 돌아갑니다. 역할의 차이를 인정하고 하나님이 있으라고 한 자리로 돌아간 것이죠. 이제 하나님이 인도해서 여기에 있다면 하나님의 인도가 없이는 움직이지 않겠다고 고백해야 합니다.

로고스교회에도 타 교회에서 상처를 입고 찾아오는 분들이 계십니다. 적응기를 거쳐 정착하신 분들도 계시지만 오랜 시간이 지나지 않아 또다시 상처를 받고 세상에 하나밖에 없는 교회를 찾아 떠나는 분도 계십니다. 떠나시는 분들 중 대다수는 목회자나 리더들과 영적인 코드가 맞지 않기 때문이라고 합니다. 정말 그럴까요? 그렇다면 기도로 교회를 더 섬겨야 합니다. 왜냐하면 영적인 갈등으로 교회를 떠나겠다는 생각 자체가 하나님께서 우리를 그곳에 두시고자 하는 이유이기 때문입니다. 떠나야 할 정당한 이유인지 아닌지 객관화를 거쳐야 합니다. 신뢰할 만한 영적인 멘토에게 상담도 받아야 합니다.

시험을 피해 가면 또 다른 시험이 기다리고 있습니다. 갈등을 이겨내야만 성장이 있고 복을 받을 수 있습니다. 하갈도, 바울도, 다윗도 성경의 그누구도 예외는 없었습니다. 사탄은 우리가 갈등을 이겨내지 못하고 도망가게 만듦으로써 어떠한 성장과 복도 받을 수 없게 합니다. 평생 도망다니며방랑자가 될 뿐입니다. 영적인 유랑생활이 더 자연스러운 사람이 되고 맙니다. 영적인 성장 없이 교회에 불만을 가지고 자신에게 맞는 교회를 찾아다니는 것은 사탄에게 먹이를 주는 것과 같습니다. 세상 어디에도 완전한공동체는 없습니다. 건강한 공동체를 세우기 위해 구성원은 책임을 다해야합니다. 그러기까지 사점(死點)을 통과해야 합니다. 사점을 넘어서면 평안해지고 승리의 시상대에 서게 됩니다.

하나님의 심방

서울시 용산구에 90년 역사의 만리현교회가 있습니다. 중학 시절부터신앙생활을 한 모교회입니다. 성령을 체험하고 한 달을 넘게 기도굴에서잠자며 그분과의 특별한 데이트를 즐겼던 교회입니다. 철없던 신학대학교1학년생인 저를 11월의 어느 날, 교회는 중등부 교육전도사로 세우셨습니다. 지금 생각해 보면 아찔한 일인데요. 원해서 한 일이 아니었지만 피할수도 없었습니다.

다행히 섬겼던 중등부가 1년이 채 안 되어 배로 부흥했습니다. 많은 인원이 수련회를 다녀왔더니 재정이 바닥났습니다. 추가 예산을 요청했더니장로님께서는 다른 부서와의 형평성 때문에 그럴 수 없다 하셨습니다. 자료를 보여드려도 소용이 없었습니다. 받아들이고 다른 길을 찾았어야 했는데 제가 좀 무례했나 봅니다. "야 너…" 하시더니 뒤통수를 툭 치셨습니다. 전 '퍽' 하고 맞은 것 같았습니다. 화도 나고 분하고 창피하기도 해서 집으로 돌아와 눈물 한 줌 훔치고 '사직서'를 써서 교회로 갔습니다. 마침 고등부 때 저를 지도해 주셨던 전도사님이 계셨습니다. 자초지종을 말씀드리고 사직서를 제출했더니 한 주만 더 있다가 내라고 하셨습니다. 그리고 함께 걷자고 하셨습니다.

"야! 성우야 너 오늘 그 일로 그만두고 싶냐?"
"네."
"그럼 그만둬라. 그런데 사직서는 필요 없다. 신학대학 2학년 교육전도사가 사직서는 무슨 사직서냐?"
"교육전도사는 사직서를 쓸 권리도 없나요?"
"청빙서를 받고 부임한 것도 아니고, 출신교회에서 교육전도사 하다가 싫으면 그만둔다고 말하면 그만이지…"
"그래요. 그럼 그렇게 하죠 뭐."

기실 약이 올랐지만 스승 앞에서 감정을 드러낼 수는 없었습니다. 마음을 닫으려는 순간 그분께서 한 번 더 물으셨습니다.

"그런데 하나만 묻자. 너 그 장로님의 전도사니, 중등부 학생들의 전도사니? 그만한 일로 아이들도 생각하지 않고 그만둔다고 하니 정말 그만둬야겠구나. 무슨 일을 하든 어디 가서 사역을 하든지 갈등은 있단다. 그때마다 그만둔다는 말 100번 하고 그만둔다고 나와 약속할 수 있겠니? 네가 여기서 승리하면 어디서든지 승리할 수 있단다. 여기서 이 어려움을 극복하고 나면 하나님은 만리현교회를 통해 네게 복을 주실 것이다."

스승님의 말씀이 옳았습니다. 그때 저를 '툭' 치셨던 장로님은 제가 당진 합덕으로 교회를 개척하러 갔을 때 지속적이고 통 큰 도움을 주셨습니다. 뿐만 아니라 지금까지 든든한 멘토요 후원자로 곁에 계십니다. 이 모든 것들이 하나님께로부터 온 것입니다. 어느 자리든 우리는 하나님의 종으로서 있습니다. 갈등이 생기면 어디에서 왔는지, 누구로부터, 누구를 위해 왔는지를 잊어버리기 십상입니다. 하지만 그것을 기억해야 승리하는 삶을 살 수 있습니다. 지금 이 자리는 하나님께서 오게 하신 자리입니다.

누구를 위해 왔느냐

"나는 어디에서 왔는가? 누구를 위해 왔는가?"

「목적이 이끄는 삶」의 저자 릭 워렌(Rick Warren)은 인생은 시험이라 했는데요. 인생은 유한하며 또한 자신의 것이 아니라 위탁 받은 것이라고도 했습니다. 우리의 삶에서 어떤 갈등 구조 속에 있든지 인생이 유한하다는 것을 알면 지금의 고통 역시 유한하다는 것을 알게 됩니다. 인생이 위탁 받은 것임을 알면 소유뿐 아니라 고통도 하나님의 위탁 속에 있음을 알게 되는 것이죠. 모든 것이 하나님의 섭리 속에 있는 시험이라는 것을 알면 고통을 대하는 우리의 태도 역시 달라질 수 있습니다.

교회가 직분자를 세울 때 홍역을 치르는 경우가 종종 있습니다. 모든 교회는 나름대로 인사 원칙을 가지고 있습니다. 보편적으로 그 원칙은 모두에게 공정하게 적용됩니다. 교단마다 약간의 차이는 있지만 장로를 세울 때 당회에서 투표로 3분의 2의 찬성을 얻고 나면 세례교인들의 대의를 묻습니다. 절차를 밟는 과정 중에 한 곳에서라도 동의를 얻지 못하면 안 됩니다. 정상적인 절차를 통해 직분을 받지 못한 경우에, 그 화살 끝이 담임목사를 향할 때가 있습니다. 화살을 피하고 싶은 생각은 없습니다. 하지만 선택 받지 못했다면 먼저 자신의 부족한 부분을 먼저 생각해야 한다는 겁니다.

장로가 되지 못해 교회를 옮기는 분들이 있습니다. 장로가 되어서는 안될 이유를 스스로 증명하는 것만 같습니다. 장로가 되고 싶었으나 선택 받지 못했다면 그 이유가 무엇인지 하나님께 여쭈어야 합니다. 무엇이 부족한지 무엇을 더 준비해야 하는지 말입니다. 교회의 입장에서 자신을 살펴보십시오. 그래도 답을 모르겠다면 목사에게 물어보았으면 좋겠습니다.

"목사님의 눈에 제가 어떤 면이 부족한가요?"
"교인들의 눈에 저는 어떤 신앙인일까요?"

교회는 교회를 위해 일꾼을 세웁니다. 교회가 필요를 느끼지 않아 세우지 않았다면 그것으로 된 것입니다. 준비가 덜 되어서 하나님이 사람을 통해 자신을 세우지 아니하셨음을 깨달았으면 좋습니다. 무엇을 위한 임직인지도 생각해야 하죠. 임직은 자신을 위한 것이 아니라 하나님 나라를 위한 것입니다. 임직자는 자리나 계급이나 권력이 아닌 섬김의 종이 되는 것입니다.

하나님은 천사를 통해 말씀하십니다. 날개 달고 하늘을 날아다니는 그런 천사가 아니라 가족, 친구, 스승, 후배 등 다양한 사람들을 통해서입니다. 대의와 공동체를 통해 말씀하기도 하십니다. 준비가 된 것인지 아닌지, 적합한지 아닌지 말입니다. 공동체 안에서 갈등이 있을 때마다, 부당한 대우를 받았다고 생각할 때마다 어디에서 왔으며 누구를 위해 왔는지 하나님은 물으십니다.

자기를 부인하라

복음주의 신학의 거목 달라스 윌라드(Dallas Willard)는 「잊혀진 제자도」에서 '뱀파이어 크리스천'이라는 신조어를 소개하는데요. 구원을 받기 위해 필요한 그리스도의 피에만 관심이 있고, 그리스도인으로서 순종하고 제자가 되어 합당한 삶을 사는 것에는 전혀 관심이 없는 크리스천을 지칭하는 말입니다.

인자가 많은 고난을 받고 장로들과 대제사장들과 서기관들에게 버린 바 되어 죽임을 당하고 사흘 만에 살아나야 할 것을 비로소 그들에게 가르치시되(막 8:31)

하루는 예수님께서 제자들에게 자신의 죽음과 부활에 대해 말씀하셨습니다. 베드로는 모든 것을 버리고 예수님의 제자가 된 사람입니다. 어쩌면 그는 이스라엘의 독립을 주님을 통한 승리를 기대했을지도 모릅니다. 성경을 통해 베드로의 성격을 추론해 보았을 때, 그의 충격은 무척이나 컸을 것입니다. 드러내놓고 자신의 죽음을 말씀하시니 베드로가 예수님을 붙들고 항변했습니다. 이것은 엄청난 저항의 표현입니다. '항변'이란 헬라어로

'에피티만' (επιτιμαν)인데요. 논박만이 아니라 예수님을 무가치한 자라고 책망 또는 비난하는 것을 의미합니다. 예수님께서 자신을 붙들고 항변하는 건방진 베드로에게 말씀하십니다.

무리와 제자들을 불러 이르시되 누구든지 나를 따라오려거든 자기를 부인하고 자기 십자가를 지고 나를 따를 것이니라(막 8:34)

자기를 부인한다는 것은 어떤 의미일까요? '단번에 결단성 있게 부인' 하는 것을 의미합니다. 이 동사 '부인하다' 는 '부정하다, 무시하다, 버리다' 라는 뜻을 가집니다. 여기서의 자기 부인은 생각, 육체, 욕구 등을 버리는 것에서 그치지 않습니다. 자기 자신을 예수님께 내던지는 것, 그 이상을 요구합니다. 자기를 부인하기 위해서는 의지, 생각이 죽어야 합니다. 끊임없이 죽어야 합니다. 완전한 죽음입니다. '나는 죽고 예수로 사는 삶' 입니다.

내가 그리스도와 함께 십자가에 못 박혔나니 그런즉 이제는 내가 사는 것이 아니요 오직 내 안에 그리스도께서 사시는 것이라 이제 내가 육체 가운데 사는 것은 나를 사랑하사 나를 위하여 자기 자신을 버리신 하나님의 아들을 믿는 믿음 안에서 사는 것이라(갈 2:20)

그의 항변에 예수님은 무서운 책망을 하십니다.

예수께서 돌이키사 제자들을 보시며 베드로를 꾸짖어 이르시되 사탄아 내 뒤로 물러가라 네가 하나님의 일을 생각하지 아니하고 도리어 사람의 일을 생각하는도다 하시고(막 8:33)

다행히 '너는 사탄이다.' 라는 말을 듣고도 베드로는 두 번째 항변을 하지 않았습니다. "뭐라고요? 제가 사탄이라고요? 이거 너무 심한 말씀 아닌가요? 저를 그만 보시겠다는 거죠. 제가 못 떠날 줄 아십니까?"라고 하지 않았습니다. 첫 번째 자기 부인은 실패했지만 두 번째 자기 부인은 성공했습니다. 짧은 시간이었지만 예수님의 꾸짖으심에 침묵으로 답합니다. 시험에 들지 않았습니다. 제자 그룹에서도 이탈하지 않았습니다. 시험 들 권리를 포기한 것이지요. 가장 확실한 자기 부인을 한 것입니다.

단번에 이루어진 베드로의 자기 부인을 보편화해서 해석하고 싶지는 않습니다. 앞으로도 베드로가 완전하게 자기를 부인하지 못할 것이라는 사실이, 자신의 연약함에 의기소침해진 우리에게 위로가 되기 때문입니다. 베드로와 마찬가지로 완전하게 자기 부인을 하기는 어렵겠지만 포기할 수 없습니다. 이번에 실패해도 다음에 가능할 것을 믿습니다. 이번에 성공해도 다음번에 넘어질 가능성이 있음을 인정하고 겸손히 기도해야 합니다. 끊임없이 도전해야 합니다. 매일 매순간 자기를 부인해야 합니다. 우리의 의지적인 결단과 성령의 기름 부으심을 구해야 합니다.

"네가 어디서 왔느냐?"

우리가 어디서 왔는지를 안다는 것은 무엇을 할 것인지를 안다는 것입니다. 하나님은 우리에게 최선의 길을 예비해 놓으셨습니다. 지금은 그 길이 고난이요 갈등이요 박해의 길일 수도 있습니다. 우리에게 상처를 입히고 여전히 동일한 태도로 우리를 대하는 그래서 용서하기 힘든 사람이 곁에 있어서 괴로울 수도 있습니다. 그러나 하나님께서 우리 인생에 어떤 일을 하시든지 혹은 하지 않으시든지 그것이 우리에게 최선임을 믿을 때, 우리는 온전히 자신을 내어드릴 수 있습니다. 기꺼이 주를 위해 모든 것을 목숨까지 내어놓는 사람이 될 수 있습니다.

우리의 삶이 우리의 것이 아님을 알게 되면 시험에 들 이유가 없습니다. 자기를 부인하고 모든 것이 하나님으로부터 왔음을 인지하고 살아갈 때, 하나님께서는 우리에게 놀라운 위로와 축복을 선물해 주십니다. 자기를 부인하지 않고서는 어디에서 왔는지 무엇을 위해 보내셨는지, 그 목적을 다 이해할 수 없습니다. 힘들고 고통스러운 순간에 말씀에 순종하고 자기를 부인한다면 예수님은 분명 우리에게 더 좋은 새로운 길을 열어주실 것입니다. 우리가 끝이라고 생각할 때 우리의 절망에서 하나님은 시작하십니다. 어디서 왔는지, 어떻게 왔는지를 알면 하나님의 음성과 질문에 자신을 온전히 드릴 수 있습니다.

종의 순종

힘든 일을 겪는 사건 자체는 첫 번째 화살을 맞는 것과 같습니다. 관계의 갈등으로 인해 상처 입힌 사람을 용서하지 못하면 두 번째 화살을 맞게 됩니다. 사는 동안 첫 번째 화살을 피할 수는 없지만 두 번째 화살은 피할 수 있습니다. 첫 번째 화살이 가슴 깊숙이 박혀 아프지만 하나님께서 그러한 일을 허락하신 이유가 있음을 생각해야 합니다. 하나님의 얼굴 앞에 그 화살을 들고 서야 합니다. 참새 한 마리도 하나님께서 허락하지 아니하시면 땅에 떨어지지 않는다는 것을 믿고, 하나님의 섭리 속에서 해석의 재해석을 해야 합니다. 영적 성장의 계기로 삼는다면 어떤 일이든 감사하게 받아들일 수 있습니다.

하나님께서 사라에게 상처를 입은 하갈의 고통을 모르시는 것이 아닙니다. 하갈이 사라의 종이기에 무조건 주인에게 순종해야만 한다는 것도 아닙니다. 사라에 대한 하갈의 태도를 보셨습니다. 하나님은 우리가 형제로부터 아무리 큰 상처를 입거나 실족했을지라도 형제의 죄를 용서하지 않는 자에게 똑같이 죄를 물으십니다. 이미 우리는 주님의 십자가의 사랑에 빚진 자이기 때문입니다.

나를 고통스럽게 만드는 온갖 일들이 닥쳐올 때마다 이미 와 있는 영광을 잡으십시오. 고통을 이기는 영광이 아니라 고통 위의 영광을 잡는 것입니다. 영광은 이미 와 있습니다. 말씀에 순종하여 가정으로 돌아갔을 때 사라의 박해가 계속된다 할지라도 하갈은 복수나 도피를 선택하지 않음으로써 사라를 이기고 승리할 수 있습니다. 사라의 박해도 억울한데 사라의 박해를 이겨내지 못해 벌을 받는다면 더 불쌍한 인생이 됩니다. 우리는 끊임없이 사람이 아닌 하나님을 신뢰하는 자리로 나아가야 합니다. 하나님은 우리가 시험과 시련을 담대히 맞서 영적 훈련으로 삼고, 결국 그 사람을 사랑하기를 원하십니다.

우리는 하나님의 종으로 이 땅에 왔습니다. 사라의 종이 아닌 하나님의 종입니다. 하나님께서 우리를 이 땅에 머물게 하셨습니다. 힘든 상황 속으로 인도하신 분도 하나님이라 믿는 진정한 믿음의 종이 되어야 합니다. 종은 순종할 자유만 있습니다. 주인의 의도와 목적을 아는 것보다 순종이 중요합니다. 이해하지 못해도 순종하는 것이 종입니다. 종이 '종의 순종'을 바칠 때 하나님의 위대한 역사는 그 종을 통해 계속됩니다. 모든 문제와 갈등을 통해 우리는 하나님으로부터 왔음을 인지해야 합니다. 하나님만이 우리의 기원입니다. 종의 자리에 선 자는 양자의 자리로 초청 받아 하나님을

'아빠 아버지' 라 부를 권리와 자유를 얻게 됩니다.

"네가 어디서 왔느냐?"

최고의 질문입니다. 최고의 질문을 배운 사람은 최고의 질문을 자신과 타인에게 던집니다. 최고의 질문을 배우지 못한 사람은 최악의 질문을 합니다.

"네가 뭔데 힘들어 하느냐?"
"너는 왜 사람의 근본도 모르느냐?"

좋은 사람과 나쁜 사람이 있는 것이 아니라
다른 사람을 세워주는 사람과
그 사람들에게 기대는 두 종류의 사람만 있다.
희생이 없는 길은 길이 아니다.
원하는 것을 얻지 못했다면 지불해야 할 희생이 더 남은 것이다.
오늘 두 갈래 길 앞에서의 선택이 내일이다.

chapter **4**

어느 길로 가느냐

그들의 아버지가 그들에게 이르되
그가 어느 길로 가더냐 하니
그의 아들들이 유다에서부터 온
하나님의 사람의 간 길을 보았음이라
(왕상 13:12)

톨스토이(Lev Nikolayevich Tolstoy)의 단편 「사람은 무엇으로 사는가」
에 가난한 구두 수선공 시몬과 아내 마트료나가 등장합니다. 그들은 서로
의 옷을 번갈아 입을 정도로 지독히 가난했습니다. 어느 날 남편이 길에서
얼어 죽어가는 미하일을 발견하고는 집에 데려옵니다.

　미하일은 하나님의 명령을 어긴 벌로 땅에 내려온 천사였는데요. 그가
하늘나라로 되돌아가기 위해서는 하나님으로부터 받은 세 가지 질문에 대
한 답을 찾아야만 했습니다.

　"사람의 마음에는 무엇이 있는가?"
　"사람에게 주어지지 않은 것은 무엇인가?"
　"사람은 무엇으로 사는가?"

　시몬의 집에 처음 왔던 날, 찢어지게 가난한 형편에도 불구하고 마트료

나는 미하일을 위해 식사를 준비해 줍니다. "사람의 마음에는 무엇이 있는가?" 그녀를 보면서 미하일은 사람의 마음에 사랑이 있음을 알게 됩니다.

어느 날, 한 건장한 부자가 1년이 지나도 절대 해지지 않을 튼실한 구두를 주문합니다. 그 부자에게 곧 죽음이 닥칠 것을 예견한 미하일은 구두 대신에 망자(亡者)를 위한 가죽 슬리퍼를 만듭니다. 아니나 다를까, 건장하던 부자가 갑자기 죽자 하인이 와서 슬리퍼를 가져갑니다. 단 하루 앞의 일도 알 수 없기에 인간은 정말로 자신에게 필요한 게 무엇인지를 모르고 살아갑니다.

"사람에게 주어지지 않은 것은 무엇인가?" 미하일은 두 번째 질문에 대한 답 즉, 사람은 자신에게 무엇이 필요한가를 아는 지혜가 없다는 것을 알게 되죠. 며칠이면 죽을 사람이 해지지 않을 구두를 주문하고 영원히 살 것처럼 행동합니다. 어리석은 사람들은 허락되지 않은 것들을 알기 위해 아등바등합니다. 정작 알아야 할 것은 주어진 시간이 유한하고 지나간 시간은 다시 오지 않는다는 것인데 말이죠.

6년의 시간이 흘러 시몬의 집에 한 부인이 쌍둥이를 데리고 신발을 맞추러 옵니다. 사실 미하일은 그 쌍둥이 친모의 영혼을 거두어 오라는 임무를 받고 지상에 내려온 천사였습니다. 그는 남겨질 쌍둥이가 걱정되어 그만 명령을 어겨 지상에 떨어졌던 것입니다. 결국 쌍둥이는 어머니의 죽음 뒤, 이웃집 착한 여인에 의해 보살펴지고 있었습니다. 미하일은 쌍둥이의 양어머니를 보면서 세 번째 질문의 해답을 찾습니다.

"사람은 무엇으로 사는가?" 사랑입니다. 우리들에게 주어진 가장 큰 선물은 바로 함께 살아가는 사람들입니다. 마음속에 품은 사랑으로 서로 사랑하면서 살아가야 할 사람들입니다. 어떤 사람들은 세상에는 진정한 사랑이 없고 점점 각박해져 간다고 말하기도 합니다. 그런 사람들은 사랑의 길을 걷는 것이 아니라 사랑 없는 길을 걷기 때문입니다.

"괜찮니?"
"그럼요."
"우리가 어디 있는지 알겠니?"
"아니요."
"집에 가는 길은?"
"몰라요."
"그런데 걱정되지도 않니?"

아이는 발걸음을 조금도 늦추지 않고 내 손을 꼭 잡은 채 전진하면서 이렇게 말했습니다.

"난 집에 가는 길을 몰라도 돼요. 아빠가 이미 알고 있는 걸요."

맥스 루케이도(Max Lucado)의 「내게 남은 날이 일주일밖에 없다면」에서

길을 잃은 인생

이스라엘이 길을 잃었습니다. 북이스라엘의 왕 여로보암은 스스로 분향제를 지낼 만큼 타락했기에 하나님은 선지자를 보내 경고하셨습니다. 무명(無名)의 선지자는 여로보암에게 벧엘 성소의 부패와 종교적인 타락을 비판하며 하나님의 말씀을 전합니다. 말씀을 듣고 화가 난 여로보암이 선지

자를 가리키며 '체포하라'는 명령을 내리자 갑자기 그의 손이 마비가 되고 맙니다. 그제야 여로보암은 그가 하나님의 사람임을 깨닫고 자기의 오그라진 손을 펴달라고 애걸합니다. 선지자가 기도를 하자 여로보암의 굳어진 손이 회복되었습니다. 왕은 남쪽 선지자를 식사자리로 초대하며 후한 선물을 약속합니다. 사실 선지자를 통해 하나님의 말씀을 들으려 하기보다 그의 신비한 능력을 계속 보고 싶었던 겁니다. 그의 힘을 통치에 이용하려고 했을 수도 있고요. 여로보암은 그런 신비한 치료를 경험하고 난 뒤에도 삶은 변화되지 않았습니다. 자신의 죄를 회개하지도 하나님을 예배하지도 않았습니다. 하나님이 기뻐하는 사람이 되는 것은 뒤로하고 신비스런 능력만 쫓는 어리석은 인간의 모습이 보입니다.

무명의 선지자가 여로보암의 초대 의도를 알아 차렸는지의 여부에 대해서 성서는 침묵합니다. 그가 왕의 초청을 거절한 직접적인 이유는 북왕국으로 갈 때 하나님께서 주신 말씀 때문이었습니다.

하나님의 사람이 왕께 대답하되 왕께서 왕의 집 절반을 내게 준다 할지라도 나는 왕과 함께 들어가지도 아니하고 이 곳에서는 떡도 먹지 아니하고 물도 마시지 아니하리니 이는 곧 여호와의 말씀이 내게 명령하여 이르시기를 떡도 먹지 말며 물도 마시지 말고 왔던 길로 되돌아가지 말라 하셨음이니이다 하고 이에 다른 길로 가고 자기가 벧엘에 오던 길로 되돌아가지도 아니하니라(왕상 13:8-10)

하나님은 선지자에게 북쪽에서 물도 마시지 말고 식사도 하지 말라 하셨습니다. 기적을 행한 이후에 여로보암으로부터 유혹이 있을 것을 아셨기 때문입니다. 함께 하지 말아야 할 사람과 함께 하면 물들게 되어 있습니다. 되돌아올 때도 처음 갔던 길이 아닌 다른 길로 돌아오라 명하셨습니다. 왕이 집요하게 추적해 올 수도 있고, 초청을 거절한 것에 대한 분노의 화살이 날아올 수도 있기 때문입니다. 선지자는 일을 마치자마자 북쪽에 머물기를 거절하고 남쪽으로 향합니다. 그때 벧엘에 살고 있는 한 늙은 선지자가 아들로부터 사건의 전모를 전해 듣고 묻습니다.

"그 사람 어느 길로 가더냐?"

늙은 선지자가 나귀를 타고 남유다에서 내려온 무명의 선지자를 쫓아갑니다. 마침내 느티나무 아래에서 그를 만납니다. 그리고 자신의 집으로 초대합니다.

그가 그 사람에게 이르되 나와 함께 집으로 가서 떡을 먹으라 대답하되 나는 그대와 함께 돌아가지도 못하겠고 그대와 함께 들어가지도 못하겠으며 내가 이 곳에서 그대와 함께 떡도 먹지 아니하고 물도 마시지 아니하리니 이는 여호와의 말씀이 내게 이르시기를 네가 거기서 떡도 먹지 말고 물도 마시지 말며 또 네가 오던 길로 되돌아가지도 말라 하셨음이로다 그가 그 사람에게 이르되 나도 그대와 같은 선지라 천사가 여호와의 말씀으로 내게 이르기를 그를 네 집으로 데리고 돌아가서 그에게 떡을 먹이고 물을 마시게 하라 하였느니라 하니 이는 그 사람을 속임이라(왕상 13:15-18)

남쪽 선지자는 여로보암에게 응했던 것처럼 거절 의사를 밝힙니다. 북쪽 늙은 선지자는 하나님이 자기에게 천사를 보내어 식사와 물을 대접할 것을 명하셨다며 2차 회유를 시작합니다. 속은 것일까요, 속아준 것일까요? 남쪽의 선지자는 가던 길을 되돌려 그의 집으로 갑니다. 도착해서 먹고 마시며 쉬고 있을 때에 하나님의 말씀이 임했습니다.

그들이 상 앞에 앉아 있을 때에 여호와의 말씀이 그 사람을 데려온 선지자에게 임하니 그가 유다에서부터 온 하나님의 사람을 향하여 외쳐 이르되 여호와의 말씀에 네가 여호와의 말씀을 어기며 네 하나님 여호와께서 네게 내리신 명령을 지키지 아니하고 돌아와서 여호와가 너더러 떡도 먹지 말고 물도 마시지 말라 하신 곳에서 떡을 먹고 물을 마셨으니 네 시체가 네 조상들의 묘실에 들어가지 못하리라 하셨느니라 하니라(왕상 13:20-22)

죽음을 통보받은 것입니다. 하나님으로부터 사망통보를 받은 남쪽 선지자는 하나님께 변명하지 않습니다. 저 선지자가 '하나님의 사람으로서 말씀을 받았다'고 하기에 따랐을 뿐이라고 하는 정당한 변명도 포기합니다. 북쪽 선지자에게도 어떤 항의도 하지 않습니다. 마치 결과를 예상하고 있었던 것처럼 말이죠.

북쪽 선지자가 들었다는 하나님의 음성을 검증하지 않은 대가는 혹독했습니다. 하나님께서 남쪽 선지자가 길을 잘 못 간 것 때문에 죽을 것이라고 말씀하셨지만, 그는 묵묵히 그 길을 갑니다. 죽음의 길을 갑니다. 잘못된 선택으로 가지 말아야 할 길을 갔지만 자신의 잘못에 대한 하나님의 심판의 길은 순종하며 침묵으로 걸어갑니다.

그리고 자기가 데리고 온 선지자가 떡을 먹고 물을 마신 후에 그를 위하여 나귀에 안장을 지우니라 이에 그 사람이 가더니 사자가 길에서 그를 만나 물어 죽이매 그의 시체가 길에 버린바 되니 나귀는 그 곁에 서 있고 사자도 그 시체 곁에 서 있더라(왕상 13:23-24)

죽음의 길을 나선 남쪽 선지자에게 북쪽 선지자는 미안함도 사과할 마음도 없어 보입니다. 속였던 북쪽 선지자의 태도가 지금까지는 바뀌지 않았습니다. 사과는 고사하고 나귀에 안장까지 얹어 주며 길을 재촉합니다. 죽음의 길로 내몹니다. 이 대목에서 주님의 십자가의 길이 생각납니다. 세상 모든 죄를 짊어지고 침묵 속에서 그 길을 가신 모습 말입니다.

그는 굴욕을 당하고 고문을 당하였으나, 아무 말도 하지 않았다. 마치 도살장으로 끌려가는 어린 양처럼, 마치 털 깎는 사람 앞에서 잠잠한 암양처럼, 끌려가기만 할 뿐, 아무 말도 하지 않았다. (사 53:7, 새번역)

그 민족 길을 잃다

1979년 53세의 영국 하원의원 마거릿 대처(Margaret H. T)는 보수당 당수로 선거에 출마하면서 간결한 슬로건 하나를 내걸었습니다. "영국은 길을 잃었습니다." 그녀는 이 짤막한 한 마디로 영국민의 마음 깊숙한 곳에 숨겨진 패배의식을 흔들어 깨웠습니다.

영국은 한때 세계를 호령하던 맹주국에서 2차 세계대전 이후 급격한 쇠락의 길을 걷고 있었는데요. 그 사이 미국은 이미 세계의 중심에 우뚝 서 있었습니다. 주변국 독일 역시 점점 막강해지고 있었습니다. 이런 상황에서 대처는 자신이 총리가 되면 새로운 길을 열어 모든 것을 바꿔놓겠다는 공약을 이 한 마디에 담았던 것입니다. 영리하고 강인한 대처는 그런 메시지를 전하기에 안성맞춤이었습니다. '철의 여왕' 대처는 영국을 다시 세계가 주목하는 나라로 만들기 시작했습니다. 2013년 4월, 우리는 그녀가 세상을 떠날 때까지 영국을 어떤 길로 인도했는지 잘 알고 있습니다.

남쪽 선지자가 북쪽 선지자에게 속아 그가 되돌아가야 할 길을 잃었습니다. 소위 선지자라고 하는 사람들끼리 속이고 속는 모습은 두 나라의 영적인 상태가 얼마나 심각하게 타락했는지를 보여줍니다. 하나님은 북왕국의 통치자 여로보암에게 경고할 때 북쪽 선지자를 사용하지 않으시고 남쪽 선지자를 보내셨습니다. 북쪽에 선지자가 있었으나 선지자가 아닌 것이죠. 비록 첫 번째 길은 잃었지만 두 번째 길은 잃지 않았던 남쪽 선지자를 봅니다. 묵묵히 죽음의 길을 가는 그의 죽음은 메시지가 되었습니다.

화해의 제물이 되다

남쪽 선지자는 자신의 고향으로 돌아가던 길에 사자 한 마리에 의해 물려 죽습니다. 북쪽 선지자가 그 소식을 들었다면 기뻐해야 마땅하겠죠. 속였고 곤경으로 몰아넣으려 한 작전이 성공했기 때문입니다. 북쪽 선지자는 그가 노상에서 죽었다는 소식을 듣고 시신을 수습하러 갑니다. 그의 태도를 한번 보십시오.

그가 가서 본즉 그의 시체가 길에 버린 바 되었고 나귀와 사자는 그 시체 곁에 서 있는데 사자가 시체를 먹지도 아니하였고 나귀를 찢지도 아니하였더라 늙은 선지자가 하나님의 사람의 시체를 들어 나귀에 실어 가지고 돌아와 자기 성읍으로 들어가서 슬피 울며 장사하되 곧 그의 시체를 자기의 묘실에 두고 오호라 내 형제여 하며 그를 위하여 슬피우니라(왕상 13:28-30)

북쪽 선지자가 진심으로 그의 죽음을 아파했다는 것을 29절과 30절은 두 번이나 반복해 기록하고 있습니다. "내 형제여, 내 형제여!" 이 얼마나 아름다운 고백인가요. 통곡을 넘어선 화해가 이루어집니다. 비록 두 사람의 화해이지만 상징하는 바 그 의미는 참으로 깊고도 넓습니다. 화해가 잠시의 감정적인 변화로만 끝나지 않고 적극적이고 구체적인 열매로 이어지고 있습니다.

그 사람을 장사한 후에 그가 그 아들들에게 말하여 이르되 내가 죽거든 하나님의 사람을 장사한 묘실에 나를 장사하되 내 뼈를 그의 뼈 곁에 두라(왕상 13:31)

미안함의 눈물을 넘어 마치 오랜 친구 같은 모습입니다. 만일, 남쪽 선지자가 자신을 속였던 것에 대해 화를 내고 책임을 물었다면 북쪽 선지자는 미안함을 느끼고 통곡의 눈물을 흘리는 것으로 충분했을 텐데요. 그의 마음과 행동에 커다란 변화가 일어났습니다. "나 죽거든 나의 뼈를 그의 뼈 곁에 두라." 분명한 것은 남쪽 선지자의 죽음이 메시지가 되고 그의 마음을 움직이는 계기가 되었다는 것입니다. 일이 복잡하게 얽혀서 도무지 방법이 없을 때는 누군가가 죽어야 해결된다는 말이 있습니다. 죽음보다 더 무서운 메시지는 없습니다. 두 선지자의 이야기는 진정한 화해란 죽음으로만 가능하다는 메시지를 우리에게 전해줍니다.

역사적인 인물들 가운데도 상반된 평가를 받는 경우가 있습니다. 명성황후의 경우에 사치와 낭비벽이 있었고, 또 친정인 민씨 일가가 조선에 남긴 폐단이 크다는 점에서 혹평을 받기도 합니다. 그러나 선교사 언더우드의 부인(Lillias H. Underwood)은 명성황후에 대해 다음과 같이 말합니다.

"그녀의 지식은 주로 중국에서 얻은 것이었지만 세계 강대국과 그 정부에 대해 잘 알고 있었다. 그녀는 나에게 많은 질문을 던졌고 자기가 들은 것을 모두 기억하고 있었다. 섬세한 감각을 가진 유능한 외교관이었고 반대세력의 허를 찌르는 데 능했다. (중략) 그녀는 일본을 반대했고 애국적이었으며 조선의 이익을 위해 몸을 바치고 있었다. (중략) 그녀는 아시아의 그 어떤 왕후보다 그 수준을 훨씬 뛰어넘는 여인이었다."

광해군에 대해서도 상반되는 평가가 있는 것처럼, 명성황후에 대해서도 그랬습니다. 역사적인 인물의 옳고 그름을 말하려는 것이 아닙니다. 좋은 사람도 나쁜 점이 있고 나쁜 사람도 좋은 점이 있습니다. 우리가 오랫동안 기억하는 사람들, 그들 대부분은 소신을 꺾지 않고 자신보다 공동체를 위해 죽음까지 두려워하지 않고 그 길을 갔던 사람들입니다. 영화〈명성황후〉삽입곡은 그녀에 대해 슬퍼도 살았고, 슬퍼서 살아야 했던 여인으로 노래합니다.

시인 엘라 휠러 윌콕스(Ella W. W)는 다음과 같이 노래했습니다.

오늘날 지구상에는 두 종류의 사람만이 있다.
좋은 사람과 나쁜 사람이 아니다.
좋은 사람도 반은 나쁘고, 나쁜 사람도 반은 좋다.
내가 말하는 지구상의 두 종류의 좋은 사람이란
다른 사람을 세워주는 사람과
그 사람들에게 기대는 사람이다.

"내가 죽거든 하나님의 사람을 장사한 묘실에 나를 장사하되 내 뼈를 그의 뼈 곁에 두라." 누군가 죽어야 화해가 이루어진다면 기꺼이 그 길을 가겠다고 고백할 용기를 구하고 있습니다.

선택의 착각

어떤 길을 가야 할지 선택해야 하는 과정 중, 하나님께서는 우리가 걸어갈 길을 미리 정해놓고 몰아가지 않으십니다. 어느 길로 가느냐고 물으시고 우리의 선택을 존중해 주십니다. 사람이 마음으로 그 길을 계획해도 걸음을 인도하는 분은 하나님이신데요. 특별계시를 통해 또렷하게 길을 인도하기도 하시지만 보편적으로는 우리가 말씀에 순종하며 좁은 길을 가도록 하십니다.

살아가다 보면 너무 슬프고 힘들어서 그만 포기하고 싶을 때가 있습니다. 왔던 길을 되돌아가고 싶을 때도 있습니다. 남쪽 선지자의 길을 망친 북쪽 선지자처럼 삶을 방해하고 길을 훼방하는 이들을 만날 때도 있습니다. 바른 길을 가다가 장애물을 만나고 사기꾼을 만나서 힘들어 항변할 때 하나님은 물으십니다.

"북쪽 선지자 같은 사기꾼에게 속아 넘어간 어리석음은 없었느냐?"
"빨리 가려고 했던 너의 욕심으로 인해 고통의 열매를 해산한 일은 없었느냐?"

우리는 이 시대의 선지자로 부름 받았습니다. 남과 북, 동과 서, 있는 자와 없는 자, 진보와 보수로 분단된 조국에서 화해를 위한 선지자의 역할을 요구하십니다. 가정에서, 교회에서, 국가와 세계 평화를 위해서 그 어느 때보다 선지자가 필요한 시기입니다.

남쪽 선지자가 죽고 난 후에 북왕국 이스라엘에서 비로소 선지자가 제 역할을 시작합니다. 잠자고 있던 북쪽 선지자가 하나님의 말씀을 대언하기 시작한 것이죠. 남쪽 선지자는 죽었지만 살아 있습니다. 살아서 남쪽으로 돌아가지는 못했지만 북쪽 선지자를 통해서 살아 있습니다. 북쪽 선지자의 남은 사역은 죽음으로 깨우침을 준 남쪽 선지자를 대신한 삶이었어요.

결과가 괜찮아졌다고 해서 하나님의 말씀을 따르지 못한 남쪽 선지자의 선택을 지지할 수는 없습니다만, 잘못을 저지른 후 그의 책임 있는 태도를 높이 사는 것입니다.

사회심리학자 이엔거(S. Iyengar)와 레퍼(M. Lapper)는 몇 곳의 슈퍼마켓에서 실험을 진행했습니다. 슈퍼마켓 한쪽 가판대에는 24가지 쨈을 전시해 놓았고, 다른 가판대에는 6가지의 쨈을 전시해 놓고 팔았습니다. 그 외다른 조건은 동일하게 한 채로 소비자들의 관심도와 구매 행동을 분석했습니다. 절반이 넘는 60%의 소비자들은 24개의 쨈이 전시되어 있는 가판대를 찾았습니다. 그러나 쨈을 사간 사람의 비율은 달랐습니다. 24가지 쨈이 전시된 곳에서는 3%만이 쨈을 사 갔지만, 6가지 쨈이 전시된 가판대에서는 30%의 소비자가 쨈을 사갔습니다.

연구 결과는 사람이 선택 상황에서 '무엇을 가질까' 보다 '무엇을 버릴까' 에 더 영향을 받는다는 것을 보여줍니다. 가질 것에 대한 인간의 의식은 전체 정신 능력의 25만 분의 1정도밖에 되지 않는다고 합니다. 나머지는 버릴 것을 고민하는 데 쓰입니다. 버려야 할 것이 너무 많은 상황에서는 버리기가 힘들어집니다. 24가지 쨈 중에서 23가지를 버리는 것보다, 5가지 쨈을 버리고 한 가지 쨈을 선택하는 게 쉽다는 얘기죠. 우리들 또한 인생의 갈림길에서 선택의 폭이 넓은 쪽을 서성이고 둘러보지만, 그쪽이 나은 결과를 가져온다는 것은 장담할 수 없는 일입니다.

하나님의 뜻을 구별하기 어렵다면 선택을 보류하는 지혜가 필요합니다. 결론을 잠시 유보하고 객관적으로 바라보면 선택의 착각에서 빠져나올 수 있습니다. 성서는 쉬운 길이 아닌 어려운 길을, 어려운 길을 넘어 고난의 길을 보여줍니다. 고난의 길은 유쾌하고 행복한 길은 아닙니다. 고난의 길이 우리를 창조하신 하나님의 목적을 이루는 길이라면 기꺼이 순종하는 것이 복된 길을 가는 지혜일 것입니다.

질문하시는 하나님을 만난다면 타인의 길을 평가할 시간이 없습니다. 작은 아픔과 기회 앞에서도 어느 길로 갈 것인지 선택해야 합니다. 올바른 길로 가려면 반드시 지불해야 할 대가가 있습니다. 바른 길을 찾기 어려우면 버릴 길을 하나씩 지워가는 것도 좋습니다. 지금 하나님은 우리에게 물으십니다.

"네가 어느 길로 가느냐?"

희생의 사과

2006년 12월 일본 NHK 다큐 프로그램 〈프로페셔널:프로의 방식〉이 방영된 후, 일본 열도가 '사과'로 들끓었습니다. 온라인 판매 개시 3분 만에 품절될 정도로 사과는 엄청난 인기를 끌었습니다. 이 사과의 당도는 일반 사과와 비교할 수 없을 정도로 높았습니다. 반으로 갈라놓아도 2년이 넘게 썩지 않고 오히려 달콤한 향을 내는 희한한 사과였는데요. 무서운 태풍이 불어 다른 과수원의 사과가 90%이상 떨어질 때에도 80% 이상이 나무에 단단히 붙어 있었다고 합니다. 겉으로는 지극히 평범해 보이지만, 믿기지 않을 정도의 맛을 선사하는 사과의 비밀은 궁금함을 자아냈습니다.

무엇이 이처럼 놀라운 기적의 사과를 만들어 냈을까요? 비결은 '무농약 무비료 농법'에 있었는데요. 기무라 아키노리 씨는 사과를 재배하던 평범한 농부였습니다. 방제 달력에 맞추어 1년에 13번씩 농약 살포를 했습니다. 어느 날 과수원에 농약을 뿌리고 난 아내가 일주일 넘게 앓는 모습을 보고는, 사람에게 해로운 농약이 사과에게 좋을 리 없다는 고민에 빠지게 됩니다.

이 무렵 우연히 접하게 된 책이 후쿠오카 마사노부의 「자연농법」이었습니다. '아무 것도 안 하는, 농약도 비료도 안 쓰는 농업'이라는 문구에 매료되어 도전해 보기로 결심합니다. 농약을 치지 않자 벌레가 생기고 잎은 병들어 떨어지기 시작했습니다. 고집스럽게 자연농법을 시도했던 기무라 씨를 향해 사람들은 '미친 사람' '파산자'라는 별명을 붙여주었습니다.

6년이라는 시간이 흘러갔고 '포기'라는 단어와 함께 스스로에게 실망한 그는 밧줄 하나를 가지고 숲에 올라갑니다. 자살하기 위해 밧줄을 나무에 걸려고 던지는 순간 빛나는 사과나무 하나가 눈에 띄었습니다. 가까이 다가가보니 사과 열매라고 착각할 만큼 탐스럽게 열매를 맺은 '도토리나무'였는데요. 여기서 올바른 진단질문을 던집니다.

"산속에 있는 도토리나무는 비료를 주거나 농약을 치지 않는데, 어떻게 이렇게 엄청나게 탐스러운 열매를 맺을 수 있는 걸까?"

죽으려고 올라간 산에서 '흙의 생명력'에 해답이 있다는 것을 발견합니다. 정신없이 뛰어 내려와 도토리나무 밑에 있던 흙과 사과밭의 흙을 비교합니다. 사과밭의 흙에는 생명력이 없었습니다. 눈에 보이는 사과나무를 위해 열심히 일하고 신경 썼지만 해답은 눈에 보이지 않는 곳, 바로 흙과 뿌리에 있었습니다. 사과나무의 뿌리가 숨 쉬는 흙의 생명력을 회복하기까지 걸린 시간이 꼬박 3년, 무농약, 무비료 농법을 시작한 지 9년 만에 마침내 탁구공만한 크기의 사과들이 하나 둘 열리기 시작했습니다.

농부의 마음이라면 이루지 못할 일이 없습니다. 농약 중독으로 병든 아내에 대한 사랑과 농부의 정성어린 마음이 9년간의 눈물의 길, 희생의 길을 갈 수 있게 했습니다. 사람들은 '기적의 사과'라고 쓰지만 '희생의 사과'라고 읽습니다.

지인 중에 중장으로 예편한 분이 계십니다. 예편한 선배들이 어느 길로 갔는지를 물었더니 쉬운 길, 보편적인 길, 좋아 보이는 길도 있다고 했습니다. 좋아 보이는 길은 회사의 고문으로 들어가서 하루 이틀 출근하며 고액의 연봉을 받는 일인 것을 눈치챘습니다. 말이 고문이지 로비스트인 것이죠. 그분은 넓은 길이 아닌 좁은 길, 돈이 아닌 하나님을 섬기는 길을 찾고 있다고 했습니다. '돈에 영혼을 팔지 않을 것'이라고 단호하게 말씀하셨습니다.

인생의 목적지까지는 여러 가지 길이 있습니다. 그때마다 어느 길로 갈 것인지 하나님께 여쭈어야 합니다. 하나님의 음성을 들었다면 확신을 가지기까지 세 가지 요건이 충족되어야 합니다. 먼저 말씀의 거울에 비추어야 합니다. 말씀을 받고 해석하고 적용하는 것이지요. 다음으로 성령의 감동이 있어야 합니다. 진정 하나님의 뜻이라면 평안함과 내적인 확신이 주어집니다. 마지막으로 주변의 환경이 갖춰져서 흐르는 강물처럼 하나님의 인도하심을 받아야 합니다.

하나님이 기뻐하시는 길은 자연스럽게 환경이 열리게 되어 있습니다. 세 가지 중 하나라도 결여된 확신은 위험합니다. 확신이 서지 않는다면 일상의 기반 위에서 주어진 삶을 충실하게 살아가야 합니다. 하나님의 뜻을 알기 전까지 아무 일도 하지 않겠다는 것은 위험한 발상입니다. 지금 여기에서 삶을 인도하시는 분이 하나님이시라는 사실을 믿고 올바르고 충성스럽게 살아야 합니다. 하나님은 특별한 경우에만 인도하시는 분이 아닙니다. 우리의 일상적인 삶 속에 늘 역사하시고 우리를 인도하고 계십니다.

올바른 선택이 주는 기쁨

하나님은 사람을 통해 일하십니다. 하나님이 완벽한 사람만 쓰실 수 없는 것은 완벽한 사람은 어디에도 없기 때문입니다. 쓰임 받았던 사람들에게도 허물과 연약함이 있었습니다. 죄악도 판단 착오도 있었습니다. 하나님은 부족한 사람을 고쳐서 쓰셨습니다. 길을 잘못 가면 질문을 통해 바로잡아 주셨습니다.

"그 사람 어느 길로 가더냐?"

모든 사람의 길을 따를 필요는 없지만 배울 수는 있습니다. 먼저 간 선배의 바른 길은 그 발자국만 밟아도 좋습니다. 윌리엄 보든(William Borden)은 1800년대 말, 오늘날로 치면 수십억 달러의 가치를 지닌 낙농 회사의 상속자로 태어났습니다. 예일 대학과 프린스턴 대학원에서 학위를 취득할 정도로 지성까지 갖추었습니다. 하지만 모든 것을 포기하고 오직 그리스도의 제자가 되기를 결단했습니다.

"복음이 닿지 않은 곳을 찾아가라!"

그는 예수님을 전하는 데 모든 삶을 바치겠다는 짧은 편지를 부모님께 보냅니다. 성경책에는 "남김없이"(No Reserves)라 기록합니다. 예수님을 따르려면 온전한 헌신이 필요하다는 것을 알았기 때문입니다.

윌리엄이 아버지의 강권으로 예일 대학에 들어간 첫 해, 친구들과 함께 아침마다 성경을 읽고 기도하는 모임을 가졌습니다. 윌리엄이 4학년이 되자 그런 모임이 1,000여 개에 달했습니다. 일기장에 "늘 자신을 부인하고 예수님께 순종하리라."고 기록하며 부르심의 때를 기다렸습니다. 뉴헤이븐 거리의 노숙자를 돕기도 하고, 마약이나 알코올 중독자들의 갱생을 돕는 일도 했습니다. 예일호프미션(Yale Hope Mission)이라는 단체를 세워 복음 전하는 일을 멈추지 않았습니다. 재학 중 아버지의 사망으로 막대한 재산을 물려받았지만 그의 삶은 달라진 것이 없었습니다. 졸업 후, 성경책 뒷면에 다시 하나의 문장을 추가합니다. "후퇴 없이"(No Retreats).

중국 선교를 준비하던 윌리엄은 아랍어를 배우고 이슬람 지역 선교를 준비하기 위해 갔던 이집트에서 척수막염으로 25세의 안타까운 나이로 생을 마칩니다. 그가 남긴 마지막 문장은 "후회 없이"(No Regrets) 입니다.

그의 짧은 생애를 안타까워하는 분들이 많습니다. 복음 전파를 위해 가족, 재산, 미래까지 내려놓았지만 결국 선교지 땅도 밟지 못했으니 말이죠. 하지만 그는 지금도 살아 있습니다. 예일 대학의 영적 부흥과 수천 명의 선교 헌신자를 통해서 말입니다. 윌리엄은 죽었지만 영향력은 살아 있습니다.

하나님을 가까이 하면 하나님도 우리를 가까이 하십니다. 하나님이 주실 상을 바라보는 자는 선택의 순간에 하나님의 말씀을 의지합니다. 고난의 길이어도 씩씩하게 갑니다. 예수님은 산상설교에서 하나님을 가까이 하는 길이 험난하고 핍박 받는 길이라 해도 기뻐하고 즐거워하라고 말씀하셨습니다.

사람이 보기에 좋아 보여도 하나님 보시기에 사망의 길이 있습니다. 의를 위하여 핍박받는 삶은 예수님을 위하여 핍박받는 삶입니다. '남김없이, 후퇴 없이' 그 길을 간다면, 그 사람은 '후회 없이' 살았다고 말할 수 있을 것입니다.

단풍 든 숲에 두 갈래 길이 있었습니다.
몸이 하나니 두 길을 가지 못하는 것을
안타까워하며, 한참을 서서
낮은 수풀로 꺾여 내려가는 한쪽 길을
멀리 끝까지 바라보았습니다.

그리고 다른 길을 택했습니다.
똑같이 아름답고,
아마 더 걸어야 될 길이라 생각했지요.
풀이 무성하고 발길을 부르는 듯했으니까요.
그 길도 걷다보면 지나간 자취가
두 길을 거의 같도록 하겠지만요.
그날 아침 두 길은 똑같이 놓여 있었고

낙엽 위로는 아무런 발자국도 없었습니다.
아, 나는 한쪽 길은 훗날을 위해 남겨 놓았습니다.
길이란 이어져 있어 계속 가야만 한다는 걸 알기에
다시 돌아올 수 없을 거라 여기면서요.

오랜 세월이 지난 후 어디에선가
나는 한숨지으며 이야기할 것입니다.
숲 속에 두 갈래 길이 있었고,
나는 사람들이 적게 간 길을 택했다고
그리고 그것이 내 모든 것을 바꿔놓았다고.

로버트 프로스트(Robert Frost)의 〈가지 않은 길〉에서

하나님은 오늘도 우리와 함께 길을 개척해 가기를 원하며 창조하고 계십니다. 인격적인 교제를 통해 함께 하시기를 원합니다. 이것을 하나님과 사람의 협동이라 합니다. 하나님이 만들어 놓은 길이 아닌 하나님과 함께 만들어 갈 길이기에 더욱 기대합니다. 하나님은 그분을 사랑하는 사람을 통해 길을 내십니다. 누구도 가보지 않은 길을 개척한 자에게 세상은 박수를 보냅니다. 그 박수가 마지막 날까지 지속되게 하는 것은 그의 책임입니다.

그분과 그 길을 함께 한다는 것, 그 자체가 보상입니다.

"어느 길로 가느냐?"

최고의 질문입니다. 최고의 질문을 배운 사람은 최고의 질문을 자신과
타인에게 던집니다. 최고의 질문을 배우지 못한 사람은 최악의 질문을
합니다.

"왜 가지 말라고 한 길로 가느냐?"
"길 잃은 인생이 얼마나 비참한지 아느냐?"

PART 2

관계를 묻는 질문

무슨 일이 벌어지는지 선택할 수 없어도,
그 일에 어떻게 반응할지는 선택할 수 있다.
두려움 앞에 직면하지 않았다는 것은 어떤 미래도 기대할 수 없다는 것!
선택이 두려운 것인가 결과가 두려운 것인가?
어떤 무엇보다 하나님을 선택하면 소망을 이루신다.
기회가 오기 전에 준비를 마쳐야 한다.

chapter **5**

어느 때까지 둘 사이에서 머뭇거리려 하느냐

엘리야가 모든 백성에게 가까이 나아가 이르되
너희가 어느 때까지 둘 사이에서 머뭇머뭇 하려느냐
여호와가 만일 하나님이면 그를 따르고
바알이 만일 하나님이면 그를 따를지니라 하니
백성이 말 한 마디도 대답하지 아니하는지라
(왕상 18:21)

1972년 10월 13일 금요일 오후, 우루과이 대학의 럭비팀을 태운 항공기가 칠레 도착 직전 안데스 산맥에 추락합니다. 45명의 탑승객 중 16명은 그 자리에서 목숨을 잃었으나 기적적으로 19살 의대생 로베르토 카네사(Roberto Canessa)를 포함한 29명은 살아 남았습니다. 해발 3,500미터, 살을 에는 눈 폭풍우 가운데 구조대가 오기만을 기다리던 그들에게 열흘 만에 라디오를 통해 들려오는 소식은 구조를 포기한다는 절망적인 뉴스였습니다.

추위와 굶주림, 사고로 인한 질병으로 사람들이 죽어나가기 시작합니다. 이대로 가다간 모두가 죽을 것이라는 위기감 속에서 로베르토는 시신을 먹어서라도 산 사람은 살아야 한다고 설득하기 시작했습니다.

"미친 짓 아니냐! 차라리 그냥 죽고 말겠다."

반대하는 이들도 있었지만, 끝내 동료들의 동의를 이끌어 냈습니다. 인육을 먹으며 기약 없는 기다림 속에 약 2개월 동안 생존자는 16명으로 줄어들었습니다. 막연히 구조를 기다리며 죽어가느냐, 아니면 또 다른 결정을 내려야 하느냐, 두 번째 선택의 순간이 다가 왔습니다. 로베르토는 구조를 요청하기 위해 험한 산을 내려가기로 결정합니다. 죽음을 넘나드는 사투 끝에 마침내 칠레의 한 마을에 도착합니다. 1972년 12월 23일 '안데스 산맥의 기적' 이야기입니다.

「고 포인트」(go point)의 저자 마이클 유심(Michael Useem)은 '안데스 산맥의 기적'이 가능했던 것은 로베르토 카네사라는 위대한 리더 때문이라고 말합니다. 적절한 시점에 주저 없이 '고 포인트'를 넘었기 때문인데요. '고 포인트'는 단어 그대로 결정이 필요한 순간, 그러니까 'Yes' 혹은 'No'의 선택이 이루어지는 바로 그 타이밍, 생각이 행동으로 옮겨지는 그 순간을 의미합니다.

선택의 순간이 오다

삶은 날마다 선택의 연속입니다. 사춘기 자녀의 거친 말 한 마디에 어떻게 반응할 것인지를 선택해야 합니다. 약속을 어긴 지인에게 혹은 무리한 요구를 해 오는 무뢰한에게 어떻게 반응해야 할지 선택해야 합니다. 어쩌면 목숨을 담보로 하는 극단적인 상황 앞에 설 때도 있을 것입니다.

극단적인 상황이 아니더라도 우리는 날마다 크고 작은 선택의 순간을 만납니다. 선택의 순간에 하나님께서 구체적으로 말씀해 주시면 참 좋겠습니다. 가령, 자녀들이 대학 수시 원서를 쓸 때 세미한 음성으로 합격할 수 있는 대학을 찍어 주신다거나, 집을 사거나 팔아야 할 시점을 알려 주신다면 좋겠죠. 직장생활을 그만두고 사업을 시작해도 되는지, 또 그 성공 여부를 말씀해 주신다면 정말 좋겠습니다.

하나님의 음성을 듣고 싶어 하는 것은, 그 음성을 들으면 성공할 수 있다고 믿기 때문입니다. 하나님의 음성을 들을 수 있다면 우주선이라도 탈기세입니다. 더 필요한 것은 하나님의 음성을 듣는 것보다 하나님의 말씀에 순종하는 것입니다. 하나님의 뜻을 아는 것보다 하나님이 기뻐하는 사람이 되는 것이죠. 하나님의 뜻으로서의 결과를 아는 것보다 선택의 순간과 과정에서 하나님과 함께 한다면 원하지 않는 결과도 의미 있습니다. 원하는 결과면 더 좋고요.

엘리야 시대의 북왕국 이스라엘 백성들이 하나님과 바알 사이에서 흔들렸습니다. 다수의 바알 지도자들에게 마음을 빼앗기고 우상을 숭배했습니다. 영적인 상태는 바닥이었지요. 이스라엘을 통치하던 아합 왕과 왕비 이세벨은 악의 최고점에 도달한 사람으로 묘사되고 있습니다.

오므리의 아들 아합이 그의 이전의 모든 사람보다 여호와 보시기에 악을 더욱 행하여(왕상 16:30)

왕비 이세벨은 더욱 심했습니다. 바알 숭배에 광적으로 매달리며 하나님의 제단을 파괴하고 우상의 처소로 바꾸었습니다. 바알과 아세라 선지자들을 초대해서 식탁을 나누고 그들에게 특혜를 주는 반면, 하나님을 섬기는 이들은 쉽게 죽었습니다. 하나님께서는 엘리야를 통해 그 땅에 비가 내리지 않을 것을 예언하셨습니다. 영적인 기근은 경제적인 기근으로 이어졌습니다. 가뭄으로 인해 땅이 피폐해지자 백성들은 더욱 바알을 맹신하며 기근의 책임을 엘리야에게 묻습니다.

아합 왕은 저주를 내뱉은 사람을 죽이면 저주가 그칠 것이라는 잘못된 믿음을 가지고 있었습니다. 그는 현상금을 걸어 엘리야를 수배했습니다. 하나님께서 엘리야에게 아합 왕과의 정면 대결을 명하십니다. 엘리야는 하나님의 사람 오바댜의 중재로 아합 왕을 만납니다.

오바댜가 가서 아합을 만나 그에게 말하매 아합이 엘리야를 만나러 가다가 엘리야를 볼 때에 아합이 그에게 이르되 이스라엘을 괴롭게 하는 자여 너냐 그가 대답하되 내가 이스라엘을 괴롭게 한 것이 아니라 당신과 당신의 아버지의 집이 괴롭게 하였으니 이는 여호와의 명령을 버렸고 당신이 바알들을 따랐음이라(왕상 18:16-18)

가뭄의 책임을 엘리야에게 떠넘기는 아합 왕을 향해 엘리야는 이 일의 모든 원인이 여호와를 버린 잘못된 선택에 있다고 강렬하게 선포합니다.

갈멜산의 담판

바알과 아세라를 섬기는 850명 선지자들과의 피할 수 없는 결전의 날이 다가왔습니다. 구경꾼들이 사방에서 몰려왔는데요. 850대 1이 아니라 거대한 북왕국 이스라엘과 엘리야의 싸움입니다. 이쯤되면 선지자의 길을 포기하고 군중에 섞이고 싶은 유혹도 있었을 텐데요. 어떤 길에 서야 하는지 알고 있었지만 그 길을 가는 것은 쉬운 일이 아닙니다. 선택의 결과 목숨을 내놓아야 할 수도 있었기에 '도망치고 싶은' 내면의 소리가 점점 커져왔을 것입니다.

유혹만큼 우리를 집요하게 괴롭히는 것은 없습니다. 유혹이 우리를 찾아올 때마다 유혹을 따를 것인지, 하나님을 따를 것인지 담판을 지어야 합니다. 하나님께 귀하게 쓰임 받으려면 반드시 넘어야 할 몇 개의 산이 있습니다.

첫째, 감정의 산입니다. 고수들은 감정에 흔들리지 않고 감정을 관리합니다. 지나치게 뜨거워지거나 차가워질 때 감정 조절기를 작동시켜 적정 온도를 유지할 줄 압니다. 둘째, 자존심의 산을 넘어야 합니다. "자존심 상해서 못해먹겠네."라고 말하기 쉽습니다. 자존심이 상한다는 것은 삶의 주인이 하나님이 아니라 자신이라는 것인데요. 이 산을 넘지 못하면 배울 수도 없고 깨져야 할 것이 깨지지 않으므로 재창조도 어려워집니다. 셋째, 평판의 산입니다. 평판을 무시해서는 안 되지만 평판에 지나치게 민감할 필요는 없습니다. 사람들의 가십 거리가 되는 것을 넘어서지 못한다면 많은 사람들 앞에 설 준비가 안 된 것입니다. 타인의 시선이 두려우면 아무 것도 할 수 없습니다. 비판받을 용기와 겸손한 수용과 지혜로운 걸러냄도 능력입니다. 하나님의 평가에 집중하면 사람의 평가를 이겨낼 수 있습니다. 좋은 평판은 하루아침에 만들어지지 않습니다. 넷째, 죽음의 산도 넘어야 합니다. 순교를 하더라도 하나님의 말씀에 순종하겠노라는 고백과 선택이 필요합니다. 생명을 걸지 않고 얻을 수 있는 승리는 없습니다. 작은 승리도 대가를 지불해야 합니다.

엘리야가 모든 백성에게 가까이 나아가 이르되 너희가 어느 때까지 둘 사이

에서 머뭇머뭇 하려느냐(왕상 18:21a)

엘리야는 하나님의 능력을 믿고 바알과 아세라를 섬기는 선지자 850명 앞에 섰습니다. 자신의 눈에 비친 850명의 모습 속에서 엘리야는 하나님을 보았습니다. 더 이상 엘리야는 혼자가 아니었죠. 이 전쟁에서 승리를 확신하고 있었습니다. 더 나아가 전쟁의 승리보다 중요한 하나님의 사람을 찾고 싶었던 것입니다.

모든 역사 속에는 하나님의 '숨겨 놓은 자'가 있습니다. 엘리야는 하나님의 이름으로 군중들에게 질문합니다. 이것은 둘 중 하나, 어느 편에 설 것인가를 선택하는 것이 아니라 하나님을 선택하는 순간 죽음까지 불사해야 하는 문제였습니다.

결정공포증

두려움과 공포, 갈등과 번민이 엘리야에게만 있는 것은 아닙니다. 엘리야의 질문을 받은 군중들에게도 역시 선택의 순간이 다가왔습니다. '결정공포증'(decidophobia)이라는 심리학 용어가 있는데요. 너무 완전한 지식과 완전한 확신을 추구하다가 결정의 기회를 놓치게 되는 것을 의미합니다. 수많은 이스라엘 백성들은 하나님을 선택하지 못했습니다. 대세의 논리가 무서워 올바른 길을 가지 못한 것입니다.

존 스토트는 제자의 특징 중 하나가 단순함이라 했습니다. 죄가 되지 않는 일은 도전해야 합니다. 해도 되고 안 해도 되는 일은 하는 것이 좋습니다. 많은 이유와 거추장스러운 논리는 필요 없습니다. 순종이냐 아니냐 하는 단순한 선택만이 중요합니다.

하나님의 공동체를 섬겨달라는 부탁을 드릴 때 결정공포증에 시달리는 분들을 종종 봅니다. 하나님의 응답이나 확신이 있어야 결정하겠다는 분도 있고요, 기도해 보겠다고 말하기도 합니다. 우리에게 주신 은사는 도전과 경험 속에서 확인할 수 있습니다. 하나님은 우리의 실수까지 쓰십니다. 선택의 두려움을 이길 믿음이 필요합니다. 선택의 순간이 도래하기 전에 예상하고, 올바른 선택을 위한 준비기도가 있다면 하나님은 그를 리더의 자리에 세우십니다.

죄악이 큰 곳에 은혜가 큽니다. 큰 은혜를 경험하려면 죄악도 괜찮다는 말이 아닙니다. 사탄은 우리의 선택의 순간에 기가 막힌 타협안을 제시하죠. 하나님의 뜻이라는 확신이 들 때까지 결정하지 말고 미루라고 합니다. 실수하거나 실패하면 안 된다는 핑계는 완벽주의를 가장한 사탄의 시험입니다.

믿음은 마음의 위안이나 감정적인 확신이 아닌 실행으로부터 시작합니다. 섬길 자를 지금 여기에서 선택하는 것입니다. 복잡하게 계산하고 늘어놓는 것이 아니라 하나님의 음성을 듣고 하나님께서 삶을 이끄시도록 하기 위해 단순하게 사는 것입니다.

로고스교회가 세워진 지 약 7년 만에 1년간 안식년을 다녀왔습니다. 그동안 교회는 마이너스 성장을 했습니다. 돌아와서 나름 열심히 사역했지만 3년이 지난 2007년까지 큰 변화가 없었습니다. 너무 여린 공동체를 오랫동안 떼어 놓았던 것입니다. 1년간 사역을 쉬고 나니 많은 것이 어색했습니다. 새로운 마음으로 독서량을 늘리고 비생산적인 모임은 자제했습니다. 외부 사역을 멈추고 건설적이고 배울 수 있는 모임을 찾아 다녔습니다.

2010년은 행복한 한 해였습니다. 교회는 침체를 벗어나 안식년을 떠날 때보다 더 성장했습니다. 어린이, 청소년, 장년에 이르기까지 예배 장소가 부족해 교육시설 100여 평을 확장했습니다. 본당에는 보조의자를 놓아야만 예배드릴 수 있었습니다. 자연스럽게 예배당 건축 얘기가 나왔는데요, 마음이 없었습니다. 건축이 싫은 것이 아니라 개척 후 처음 맛보는 안정감을 깨뜨리고 싶지 않았습니다. 새 예배당이 싫은 것이 아니라 고생이 싫었습니다.

그 해 선교사를 다섯 가정 파송하고 방과후 스쿨을 개설하여 지역사회 어린이 100여 명에게 무상으로 영어 공부를 시켜 주었습니다. 절기헌금으로 어려움을 겪는 성도의 빚을 갚아주기도 했고요. 건축하면 또 몇 년은 고생해야 했기에 이대로 쭉 가는 것도 괜찮다 싶었습니다. 예배당은 2013년에나 짓자고 말했습니다. 그런데 하나님의 생각은 다르셨나 봅니다. 그 해 6월경 목회자로서 신비한 경험을 하게 됩니다.

"하나님이 우리 교회를 향해 오고 계십니다."

설교 중에 생각지도 않은 말이 선포되었습니다. 30여 년 목회 여정 중 이전에도 이후에도 없었던 일입니다. 선포된 말씀은 구체화되고 있었습니다. 그 해 10월 말, 일산 기독실업인회 조찬 모임이 끝나고 한소망교회가 파주에 새 예배당을 건축하고 현 건물을 매각하려 한다는 소식이 화두가 되었습니다. 혹시 일산으로 교회를 이전할 생각이 없냐고 묻는 분이 있었습니다. 일산으로 교회를 이전한다는 것은 타이밍이 늦었다고 생각했습니다. 이미 정착된 도시라 성장이 어렵겠다는 생각도 들었고 약 15분 거리로 교회를 옮긴다는 것 역시 부담스러운 일이었습니다. 더 큰 이유는 교회 인근 삼송신도시가 2013년부터 입주할 예정이었기에 거기에 마음이 있었습니다. 일산에서 이삭을 줍는 것보다는 삼송지구 입주 타이밍을 잘 맞추면 시원스럽게 추수를 할 수 있을 것이라는 생각이 들었습니다.

하나님의 생각은 달랐습니다. '사람이 마음으로 그 길을 계획할지라도 걸음을 인도하시는 분은 하나님'이라 하신 말씀대로 포기했을 때 주셨습니다. 한소망교회를 인수하여 새로운 출발의 터전으로 삼게 되었던 것입니다. 일산에는 유명하고 경쟁력 있는 교회가 너무 많아 두렵기도 했고, 대단위로 입주 할 삼송지구에 대한 미련도 컸습니다. 교회 이전 후 성장을 멈추면 하나님의 영광을 가리고, 지금까지 쌓아 놓은 모든 것이 무너질 수도 있다는 두려움이 찾아왔습니다. 그때 주신 말씀이 있었습니다.

또 여호와를 기뻐하라 그가 네 마음의 소원을 네게 이루어 주시리로다(시 37:4)

말씀에 대한 확신을 가졌을 때 환경이 열리기 시작했습니다. 성도들의 적극적인 지지가 있었고, 사정상 일산까지 함께 할 수 없는 분들도 동의해 주었습니다. 교회 이전은 하나님이 주신 소원과 마음, 말씀과 공동체의 동의가 어우러진 작품이었습니다.

영적인 성장은 계단형으로 이루어진다고 생각합니다. 한 단계씩 올라설 때마다 두려운 상황에 직면합니다. 1990년 당진에 있는 시골 마을로 개척하러 내려갈 때에도 두려웠습니다. 혼자였고 예배당도 없었으며 성도 한 명 없었습니다. 생활 대책 역시 없었죠. 1997년 고양시 덕양구 행신동에 로고스교회 개척자로 부르심을 받고, 개척 3년 만에 314평 대지 위에 340평 예배당을 지을 때는 도저히 못하겠노라고 울면서 기도했습니다. 차라리 개척을 한 번 더 하라시면 하겠지만 건축은 못하겠다고 했습니다. 성도들이 교회에 나오는 것만으로도 감사한 일인데, 헌금의 부담을 지웠다가 상처를 입고 떠나는 것을 지켜 볼 자신이 없었습니다. 개척은 저와 가족이 고생하면 될 일이지만 건축은 온 성도가 함께 걸어야 하는 일이었습니다.

하나님은 그때에도 사람을 통해 이끌어 가셨습니다. 2000년 봄, 한 분이 "제가 5,000만 원 헌금하면 예배당 건축이 시작될 수 있겠습니까?"라고 물어왔습니다. 교인들의 의견을 묻고 결정하려고 회의를 소집했는데요. 만장일치로 가결되었습니다. 비용과 기간이 절감되는 조립식 공법으로 7개월 만에 새 예배당에 입당했습니다. 1990년 당진 합덕에서의 첫 번째 개척 후 10년 만인 2000년의 일입니다. 그리고 만 10년이 지난 2010년 일산으로 이전할 때는 두려움이 더 컸습니다. 이번 일로 더 위대하고 크신 하나님을 경험하고 나니, 이젠 기대합니다. 10년 법칙, 2020년에는 무슨 일을 이루실지 설렘으로 오늘도 준비합니다. 어떤 선택 앞에 설지 심히 기대되는 떨림입니다.

3년을 숨어 있던 엘리야에게도, 하나님의 백성들에게도, 바알을 따르던 사람들에게도 하나님은 질문하십니다. 그리고 지금 제게도 묻고 계십니다.

"하나님이냐 바알이냐?"

선택 타이밍

선택과 결정의 순간에 직면하는 두려움과 절망도 무서운 병이지만 거짓 희망도 주의해야 합니다. 거짓 희망인지 하나님의 인도하심인지를 구별하는 것은 리더의 확신만 가지고는 위험합니다. 주시는 말씀, 내적 확신, 공동체의 동의, 가용 자원까지 점검해야 합니다. 마지막으로 하나님은 환경을 조성해 주십니다. 중요한 것은 말씀을 통한 검증과 순종입니다. 하나님의 일이 아닌 하나님의 얼굴, 하나님을 선택하면 됩니다.

하나님께서는 우리를 인도하실 때 특별한 계시를 사용하십니다. 꿈으로, 음성으로, 환상으로, 향기로 말씀하십니다. 특별 인도는 성서적입니다. 그러나 특별 인도에만 의존하는 것은 성서적이지 않습니다. 느헤미야가 예루살렘 성벽을 재건하려 할 때 직접 하나님의 음성을 들었다는 기록은 없습니다. 역사와 사람을 통해 말씀하시는 하나님의 음성을 들었습니다. 하나님의 타이밍을 알았습니다. 이것을 지혜 인도라고 합니다. 하나님은 우리에게 통찰력과 자유의지를 주셨습니다. 자유의지는 선택의지라고도 합니다. 하나님은 우리의 삶을 자연 법칙을 통해 매일 매순간 인도하십니다. 이것이 전인적 인도입니다. 마지막으로 도덕적 인도입니다. 우리가 도덕을 지키며 정직하게 사는 것, 양심과 법에 따라 사는 것이 하나님의 인도입니다. 하나님 나라의 윤리는 정직입니다.

지혜와 통찰력을 주신 분은 하나님입니다. 우리는 선택의 순간에 직면했고 망설일 수 있습니다. 그런데 그 일이 하나님의 일이고 그 일을 감당할 믿음이 있다면 머뭇거릴 필요가 없습니다. 아무 것도 선택하지 않는 것이 최악의 선택입니다. 선택의 순간을 즐기는 자가 아니라 선택의 고통이 죽음이어도 두려워하지 않는다면, 하나님의 역사의 중심부에 설 수 있습니다.

로마 철학자 세네카(L. A. Seneca)는 "행운은 준비가 기회를 만났을 때 찾아온다."고 했는데요. 선택의 타이밍을 놓치는 첫 번째 이유는 준비 부족입니다. 이세벨 여왕의 위협 앞에서 하나님을 선택해야 할 때 시간이 그리 넉넉하게 주어졌던 것은 아닙니다. 망설이는 순간 사탄이 틈을 탑니다. 선택의 순간에 기도해 보겠다는 말은 선택을 위한 준비가 안 되었다는 말과 같습니다. 우리가 어떤 상황과 사람 앞에 서게 될 것인지 예상하고 기도해야 합니다. 예상을 해도 선택의 순간은 부지중에 찾아옵니다. 선택의 순간은 준비된 자만이 알 수 있습니다.

하버드 윌리엄 하인리히(H. W. Heinrich)는 미군 해군 장교를 거쳐 보험회사에서 산업재해 담당관으로 근무했습니다. 노동재해 5천 건을 분석한 결과, 한 건의 중상자가 나오기까지 같은 사건으로 경상자 29명, 잠재적 상해자 300여 명이 있다는 것을 발견했습니다. 이를 '하인리히 법칙'이라 부릅니다. 하인리히 법칙을 이해하면 부지중에 생기는 큰 재해를 피할 수 있고, 피할 수 없다 해도 피해는 줄일 수 있습니다. 준비된 자에게는 그 길이 보입니다. 선택의 타이밍을 놓치면 하나님이 주신 기회를 잃습니다.

선택의 타이밍을 놓치는 두 번째 이유는 두려움 때문입니다. 아내를 구하는 청년이 지하철을 탔는데 마음이 끌리고 감동이 오는 한 처녀를 만났습니다. 하나님께 이 자매가 맞는지 눈을 감고 기도하며 묻습니다.

"하나님 이 자매입니까?"
"하나님이 준비한 사람이라면 확신을 주십시오."
"용기를 주십시오."

하나님은 침묵하셨습니다. 청년은 망설입니다.

"그래 차 한 잔 하자고 말을 꺼내보자. 아님 말고. 한번 창피당하고 말지, 뭐."

눈을 떴을 때, 그 자매는 이미 내리고 없었습니다. 타이밍을 놓친 것입니다. 거절당함에 대한 두려움은 누구에게나 있습니다. 거절을 유쾌한 경험으로 받아들일 필요는 없지만, 하나님의 허락하지 아니하심으로 해석할 수는 있습니다. 두려움을 넘어서지 못하고 망설이다 기회를 놓치는 사람을 많이 보았습니다. 거절이 두려워서 감동이 올 때 도전할 수 없다면 평생 홀로 사는 것이 좋습니다. 거절당함도 하나님의 섭리로 받아들인다면 두려워할 필요가 없습니다. 하나님은 믿음의 도전자를 사용하십니다.

선택의 타이밍을 놓치는 세 번째 이유는 상처 때문입니다. 하나님의 말씀이 사람들의 생각과 충돌을 일으킬 때 선택을 유보하는 분들이 있습니다. 사람의 뜻을 거절하면 그 사람을 잃을 것이라 생각하기 때문입니다. '내가 거절하면 저 사람이 싫어 할 텐데.' 이렇게 자신의 감정이나 선택을 타인에게 의존하게 됩니다. 의존반응형 사람이 된다는 것은 성장 배경의 영향이 큽니다. 할머니나 아버지로부터 비인격적인 대우를 받는 어머니를 불쌍히 여겨 사춘기때도 어머니에게 불만을 표하지 못하고 성장했다면 의존반응형이 될 수 있습니다. 어머니에게 착한 아들이라고 해서 건강한 인격체가 되었다고 정의할 수는 없습니다. 하나님의 말씀에 올바르게 반응하기 위해서는 포기해야 할 것들이 있습니다.

마지막으로 선택의 타이밍을 놓치는 이유는 영적 훈련의 부족입니다. 유혹이 없는 삶은 없습니다. 유혹은 영적으로 잘 훈련된 고수들에게도 나타납니다. 선택의 순간이 다가오면 힘들기는 다 마찬가지입니다. 하나님의 말씀에 순종하며 살아가기 위해서는 한순간도 성령과 무관하게 살 수 없습니다. 성령의 인도하심을 따라 더욱 그분을 의지하고 선택해야 합니다. 말씀을 듣고, 묵상하고, 이해하고 순종하는 훈련이 계속되어야 합니다.

저속하고 헛된 꾸며낸 이야기들을 물리치십시오. 경건함에 이르도록 몸을 훈련하십시오. 몸의 훈련은 약간의 유익이 있으나, 경건 훈련은 모든 면에 유익하니, 이 세상과 장차 올 세상의 생명을 약속해 줍니다. (딤전 4:7-8, 새번역)

예수님이 승천하시고 나서 제자들 공동체는 수많은 선택의 기로에 섰습니다.

"가룟 유다의 공석은 어떻게 채워야 하나?"
"복음전파를 위해 아시아로 갈 것이냐, 유럽으로 갈 것이냐?"
"다음 사역을 위해 한 번의 배교는 가능한가? 순교만이 답인가?"

예수님은 제자 훈련의 중요한 과목 중 하나로 선택의 기술을 가르치셨습니다. 하나님의 뜻과 사람의 야망이 섞여서 구별하기 힘들어집니다. 주님이 보이지 않을 수도 있습니다. 영적인 훈련은 한 번도 예외 없이 모든 상황과 선택의 순간에 주님을 찾는 훈련입니다.

선택권 이양

아브라함은 조카 롯과의 관계에서 갈등을 겪습니다. 두 사람의 종들 사이에서 다툼이 일어났습니다. 나이로 보나, 관계로 보나, 은혜를 입은 것으로 보나 조카 롯이 양보하는 것이 마땅해 보이지만 그렇게 하지 않았습니다. 아브라함이 양보합니다. 아브라함은 롯에게 "네가 좌하면 나는 우하겠고 네가 우하면 나는 좌하리라."고 합니다.

아브라함의 아들 이삭도 그가 판 우물을 여러 차례 양보합니다. 양보는 쉬운 일이 아닙니다. 물질적인 손실이 예상될 때는 참 고민이 많아집니다. 선택권을 이양하지 않으면 다툼이 벌어집니다. 다툼이 벌어지면 소송까지 가게 되고 더 많은 것을 잃을 수 있습니다. 선택의 순간에 양보하는 것도 믿음입니다. 나에게 복 주실 분은 하나님이시라는 사실을 믿으면 다른 것들을 포기할 수 있습니다.

「권리포기」의 저자 김원호는 권리를 포기하는 것이 처음에는 '잃어버린다'는 생각이 들기 때문에 어렵다고 했습니다. 그럼에도 그는 세 가지를 포기하라고 말합니다.

첫째, 사회적 안정감을 포기하라. 아브라함은 본토 친척 아비 집을 떠나라는 하나님의 말씀에 순종하였다. 아브라함은 하나님의 말씀 앞에 신을 벗고, 사회적인 안정감과 정체성을 보장받을 수 있는 자신의 모든 권리를 포기하였다.

둘째, 더 큰 축복의 약속을 위해 포기하라. 하나님께서 아브라함에게 이삭을 바치라고 하셨을 때, 아브라함은 그대로 순종하였다. 도저히 포기할 수 없는 소중한 것이라 할지라도 하나님의 말씀을 들은 후에는 그대로 따랐다. 약속의 자손을 데려가신 후 반드시 회복시키실 하나님을 신뢰한 것이다.

셋째, 스스로 되갚음 하는 것을 포기하라. 다윗은 사울에게 충성을 다했지만, 다윗을 시기한 사울은 오히려 그를 죽이려고 했다. 쫓기는 생활 중에 다윗은 사울에게 복수할 기회가 두 번이나 있었지만, 하나님 말씀 앞에 신을 벗고 복수할 권리를 포기하고 말씀에 순종하였다. 복수할 권리를 포기한 다윗에게는 사울이 원수로 보이지 않고 오직 '여호와의 기름 부음 받은 자'로만 보인다. 이런 다윗의 혈통을 통해 메시야이신 예수 그리스도의 탄생이라는 엄청난 축복이 임하였다.

무엇을 할 것인지 기도하는 것은 중요합니다. 은사를 발견했다면 어떻게 할 것인지 더 많은 기도를 해야 합니다. 봉사를 하다보면 어려움이 생길 수 있습니다. 그러나 그 어려움을 이겨내고 장기적인 사역을 할 수 있는 인내를 구해야 합니다. 선택의 순간에 그 일이 죄악 된 일이 아니고 하나님께서 기뻐하시는 일이라면 먼저 도전하십시오. 선택권과 결과도 하나님께 위탁하면 좋겠습니다. 단지 좋은 종의 일에 최선을 다하면 됩니다.

두 번의 개척교회 목사보다 개척교회 목사의 아내로 사는 것은 열 배나 힘든 일입니다. 어느 날부터 '아내가 반대하는 일은 하지 않으리라.'고 다짐했습니다. 하나님께서 제 마음을 이해는 하셨겠지만 위험한 생각이었습니다. 선택권을 하나님께 이양했어야 했는데 아내에게 했던 것입니다. 제자가 된다는 것은 끊임없이 권리를 그분께 이양하는 일입니다. 아니 처음부터 우리에게 권리는 없었습니다. 아브라함이 본토 친척 아버지의 집을 버렸고, 베드로가 그물과 배를 버렸고, 사마리아 여인이 물동이를 버렸습니다. 제가 버려야 할 것은 '두 번의 개척으로 이 정도 고생했으면 됐지.'

하는 생각이었습니다. 이것은 이제 좀 안정적으로 살고 싶은 위험한 욕구였습니다.

아브라함 매슬로우(Abraham Maslow)는 욕구 계층구조를 연구했습니다. 사람에게는 생리적인 욕구, 안정의 욕구, 소속감의 욕구, 존경의 욕구, 자기 정체성의 욕구가 단계적으로 자리한다고 합니다. 하위 욕구가 채워지면 상위 욕구로 발전합니다. 하나님께서 욕구를 창조하셨지만 우리의 욕구에 하나님의 목적이 빠진다면 그것은 욕망으로 변질됩니다. 그렇습니다. 우리 삶의 주어가 하나님이 되지 않으면 욕구는 죄악이 됩니다. 인생은 안정의 욕구라는 시험에 맞닥뜨리게 됩니다. 하나님의 영광을 위해서는 안정적으로 살고 싶은 나의 욕구를 버리고 주의 고난에 동참해야 합니다. 하등의 욕구에서 고등의 욕구로 나아가 성결한 사람이 되기까지 끊임없이 권리를 포기해야 합니다. 성결한 사람이 되어서도 마찬가지입니다.

의의 병기로 드리라

엘리야는 갈멜산에서 하나님의 선지자의 길을 포기하고 군중 속에 섞이고 싶은 유혹을 이겨냈습니다. 엘리야와 같은 영적인 전투가 언제 우리 앞에 닥칠지 모르지만 크고 작은 선택의 순간이 있을 텐데요. 숨고 싶고, 평범하게 살고 싶은 것도 유혹입니다. 은퇴해서 안정적으로 살고 싶다는 생각도 보통 사람의 꿈이 아니라 유혹입니다. 하나님의 사람에게 은퇴는 없습니다.

100세 시대를 준비하는 것은 연금만이 아니라 나머지 30년입니다. 70년을 잘 지낸 것보다 나머지 30년을 어떻게 보낼 것인지 준비해야 합니다. 끝까지 하나님의 병기로 쓰임 받는 것보다 더 큰 영광은 없을 것입니다.

사람이 감당할 시험 밖에는 너희가 당한 것이 없나니 오직 하나님은 미쁘사 너희가 감당하지 못할 시험 당함을 허락하지 아니하시고 시험 당할 즈음에 또 한 피할 길을 내사 너희로 능히 감당하게 하시느니라(고전 10:13)

엘리야는 갈멜산에, 아브라함은 모리아산에, 모세는 시내산과 느보산에 홀로 섰습니다. 시험을 받는 사람마다 개인차는 있습니다. 과목이 다르고, 내용도 장소도 달랐지만 목적은 같습니다. 어떤 상황에서도 하나님을 선택하고 아낌없이 내어드릴 수 있게 하는 것입니다.

누구도 자신의 시험이 다른 사람이 겪는 것보다 더 힘들고 어려운 것이라고 말할 수 없습니다. 모든 시험에는 목적과 의미가 있습니다. 하나님은 각기 감당할 만한 시험을 하십니다. 피할 길도 미리 준비해 놓으시지만 그 길을 처음부터 보여주시지는 않지요. 피할 길을 바르게 찾고 능력 있게 든든히 설 때까지 기다리십니다. 하나님이 주시는 시험 가운데 엘리야가 받은 선택의 시험은 다음과 같은 단계를 거쳤습니다.

1단계: 출현(시험거리 이세벨의 등장)
2단계: 갈등(이세벨과의 적당한 타협 속에서 하나님과 이세벨 모두를
　　　　다 포기하지 않고 싶은 갈등이 생긴다)
3단계: 선택(말씀에 근거해서 하나님의 뜻을 선택한다)
4단계: 희생(선택에 따른 책임과 대가를 지불한다)
5단계: 승리(하나님이 주시는 영광스러운 상급과 교만의 가능성 앞에
　　　　선다)

3단계에서 잘못된 선택을 하면 4단계에서 희생대신 일시적인 기쁨을 맛볼 수 있지만 5단계의 최종적인 승리를 맛볼 수 없습니다. 쉬운 길을 선택할 때 주어지는 잠시의 기쁨은 희생이란 대가를 지불하고 얻을 의미 있는 기쁨과 비교할 수 없습니다. 최종적인 승리를 했다면 다시 무릎을 꿇어야 합니다. 그렇게 하지 않으면 승리는 또 다른 시험이 됩니다. 짐 콜린스(Jim Collins)는 「위대한 기업은 다 어디로 갔을까」에서 망하는 기업의 5단계 과정 중에 1단계를 '성공'이라 합니다. 성공한 사람은 자신을 과대평가하고 자만하기 시작하는 순간 몰락의 초기에 진입했다고 봅니다. 그 스스로 무조건 성공할 것이라는 지나친 낙관 가운데 머무는 것이 망하는 첫 단계라는 겁니다. 승리 앞에서도 절망 앞에서도 무릎 꿇어야 합니다. 영적인 긴장을 늦추는 순간 멸망의 길에 들어선 것입니다. 흔히 일시적인 쾌락을 영원한 쾌락이라 생각하는 의식의 왜곡 속에 빠지게 됩니다. 사탄은 잘못된 선택의 열매인 장기적인 고통을 보여주지 않고 이 잠깐의 쾌락이 영원할 것처럼 속삭입니다.

또한 너희 지체를 불의의 무기로 죄에게 내주지 말고 오직 너희 자신을 죽은 자 가운데서 다시 살아난 자 같이 하나님께 드리며 너희 지체를 의의 무기로 하나님께 드리라(롬 6:13)

의로운, 거룩한 동참에 초청하면 준비가 덜 되었다고 말하는 분이 계십니다. 거룩하고 의로운 일에 참여하는 것이 준비하는 것입니다. 준비해서 거룩하고 의로운 일에 참여하는 것이 아니라 먼저 거룩하고 의로운 일에 몸을 드리는 것입니다.

리처드 와이즈먼(Richard Wiseman)은 「립잇업」에서, "작은 행동이 생각과 인생을 바꿀 수 있다."고 했습니다. 사람은 어떤 행동을 시작하면 자기 행동을 해석해서 신념화 하는 경향이 있습니다. '거울 보며 연설하기' 실험에서 피실험자에게 거울에서 자신의 모습을 바라보며 자신이 반대하는 정당을 옹호하는 짧은 연설을 시킵니다. 이 실험 후 놀랍게도 반대 정당에 대한 피실험자들의 반감이 훨씬 누그러지는 결과가 나왔습니다. 누군가 일단 행동을 시작하면 그 다음은 뇌가 알아서 한다는 것을 보여줍니다.

수고하고 무거운 짐 진 자들아 다 내게로 오라 내가 너희를 쉬게 하리라 나는 마음이 온유하고 겸손하니 나의 멍에를 메고 내게 배우라 그리하면 너희 마음이 쉼을 얻으리니 이는 내 멍에는 쉽고 내 짐은 가벼움이라 하시니라(마 11:28-30)

이 말씀을 처음 읽을 때 '수고하고 무거운 짐 진 자를 초청하고 쉽게 하신다더니 멍에를 메라는 건 또 무슨 상황이야?' 하는 생각이 들었습니다. 그러나 그렇잖아도 '짐'이 무거워 힘겹게 사는 자에게 '멍에'를 메라 하셨다면 그만한 이유가 있을 것입니다. '짐'은 그야말로 '짐'이었습니다. 인생을 살아가며 져야 할 책임 같은 것입니다. 자녀 교육, 시부모님, 배우자, 가족 생계와 같은 것들입니다. '멍에'는 '거룩한 부담감' 같은 것인데요. 가난한 자를 돌보는 일, 교회에서 새 가족을 섬기는 일, 난민들을 돌보는 일 등이 이에 해당됩니다.

더 깊이 묵상하다 보니 모순이 있었습니다. '성(거룩)'과 '속(세상)'에 대한 이분법적 사고로 '짐'은 세상이고 '멍에'는 영적인 것으로 보고 있었습니다. 신학의 옷을 입고 다시 보고 또 보았습니다. 조금씩 다르게 보이기 시작했는데요. 일상이 '짐'이 될 수도 '멍에'가 될 수도 있습니다. 주재권의 문제입니다. 교회에서 섬기는 일도 내가 내 삶의 주인이면 짐이 됩니다. 세상에 속한 일도 하나님이 주인이 되고 하나님의 영광을 구하면 멍에가 됩니다.

마음과 관점의 문제입니다. 하나님의 종으로 위탁 받은 자로 그 일을 바라보면 모든 것이 '멍에' 일 것입니다. 아침 식탁을 준비하는 것을 예로 들어봅니다. 밥을 짓는 것이 어머니로서 내 자녀들을 먹이기 위한 것이라면 짐이 됩니다. 어머니가 하나님의 종으로서 자녀들을 하나님의 사자로 보고 접대하는 마음으로 준비한다면 '멍에' 가 됩니다. 교회 일은 거룩한 일이고 세상 일과 가정에서 설거지 하는 일은 세속적인 일로 보면 안 됩니다. 내가 삶의 주인이 되면 거룩한 일도 세속적인 일이 됩니다. 의의 병기로 우리 몸을 드린다는 것은 작은 일부터 하나님께 통치권을 맡기며 우리의 삶을 산 제물로 드리는 것입니다.

그러므로 형제들아 내가 하나님의 모든 자비하심으로 너희를 권하노니 너희 몸을 하나님이 기뻐하시는 거룩한 산 제물로 드리라 이는 너희가 드릴 영적 예배니라(롬 12:1)

당돌한 선택

에드 디너(Ed Diener)와 로버트 비스워스(Robert Biswas-diener)는 「모나리자 미소의 법칙」에서 모나리자 미소의 비밀을 밝히고 있는데요. 모나리자의 미소에 담긴 의미를 컴퓨터 분석을 통해 살펴보았더니 83%의 행복감과 17%의 두려움과 분노가 섞여 있다는 것입니다. 행복하지만 완벽하게 행복하지 않은 상태, 83%는 행복하지만 나머지 17%는 여백으로 남겨둔 상태, 이것이야말로 모나리자의 미소에 담긴 아름다움의 실체였던 것입니다.

두려움이나 분노에 찌든 사람들을 볼 때가 있습니다. '두려움이 극심해서일까, 두려움을 소화하지 못해서일까?' 하는 물음을 던져 보았습니다. 100%의 행복이 아니라 20% 정도의 두려움을 불편해 하지 않는다면 그 자체가 능력이 될 것입니다. 행복하기 위해서 우리는 행복만을 선택하는 것이 아니라 두려움도 함께 수용해야 합니다. 17%의 두려움을 기꺼이 받아들일 용기가 있다면 그 두려움이 능력의 원동력이 되기 때문입니다.

두려움을 느끼지 않는 사람은 죽은 사람입니다. 하나님의 나라와 그 의를 위한 거룩한 도전에는 늘 두려움이 따릅니다. 발전적인 미래를 선택하는 것은 두려움을 선택했다는 표현과도 잇닿아 있습니다. 하나님을 선택하기 위해서는 17%의 반대 세력들을 불편해 하지 말아야 합니다. 나의 행복이 아니라 예수께 기쁨이 되는 것이라면 20%의 두려움이 아니라 50%의 두려움이 찾아온다 할지라도 그 길을 가고 싶습니다. 엘리야처럼 말입니다. 이런 결단을 '당돌한 선택'이라 정의합니다. 예수 믿으면 다 잘된다는 것은 잘못된 믿음입니다. 고난도 오해도 버림받음도 선택해야 할 때가 있습니다. 잘 믿으려면 때론 미래에 대한 두려움이 찾아옵니다. 두려움을 이긴 자만이 부활의 영광을 맛볼 자격이 있습니다. 피할 수 없는 두려움이 있고 선택해야 할 두려움이 있습니다.

반기별로 동역자들로부터 목회 평가서를 받습니다. 목회 평가서의 맨 마지막 자리는 질문입니다. "담임목사가 당장 버려야 할 것은 무엇입니까?" 자원한 일이지만 제가 버려야 할 것을 적은 동역자들의 글을 볼 때 가끔 마음이 상할 때가 있습니다.

'당신들이 목회를 알아?'

'당신들이 담임 목회를 해 봤어?'

아프지만 질문을 멈추지 않을 것입니다. 하나님은 사람을 통해서 말씀
하십니다. 2012년 보고서에는 이런 내용이 있었습니다.

"담임목사님이 금요일 밤 기도회를 인도하실 때, 주간 일정에 대한 설명
등 사족이 늘어나니 설교에 대한 집중력도 떨어지고 기도에 대한 몰입도
어려워집니다."

좀 아팠지만 사실이었습니다. 결단했습니다. 제가 아프고 성도들이 덜
아플 수 있다면 그 길을 가기로 했습니다. 금요기도회 설교 시간의 데드라
인을 정했습니다. 사족을 줄이고, 일정에 관한 설명을 뺐습니다. 성도들은
느끼지 못했겠지만 동역자들은 느꼈을 것입니다. 이런 질문을 할 수 있는
마음을 주심에 감사했습니다. 자발적인 아픔에 감사했습니다. 어려운 길,
아픈 길을 선택하려면 망설여지지만 질문을 해야만 볼 수 있는 것들이 있
습니다.

"내가 무슨 일로 아파하는가?"

"잘못된 선택으로 아파하는가? 잘못된 선택을 하지 않으려 하다가 더
큰 아픔을 선택하는 것은 아닌가?"

"아픔 없는 영적인 성장을 기대한다는 것이 가능한 일일까? 있을 수 없
는 일을 바라는 것은 아닐까?"

"자발적인 아픔을 선택하지 않는다면 비자발적인 아픔이 찾아올 때 더

아프지 않을까?"

"내가 아프고 성도들이 덜 아플 수 있다면 그 아픔을 거룩한 기쁨으로 소화할 수 있는가?"

"어느 때까지 둘 사이에서 머뭇거리려 하느냐?"

최고의 질문입니다. 최고의 질문을 배운 사람은 최고의 질문을 자신과 타인에게 던집니다. 최고의 질문을 배우지 못한 사람은 최악의 질문을 합니다.

"너는 왜 그리 우유부단하냐?"
"너는 왜 하는 일이 그 모양이냐?"

사랑이 전부다.
사랑은 다가올 명분까지 제공하는 것,
사랑은 그의 수준으로 내려가는 것,
사랑은 그를 위해 무엇을 하는 것보다 그와 함께 하는 것,
사랑은 감정을 넘어선 변함없는 의무감이다.

chapter **6**

네가 나를 사랑하느냐

세 번째 이르시되
요한의 아들 시몬아 네가 나를 사랑하느냐 하시니
주께서 세 번째 네가 나를 사랑하느냐 하시므로
베드로가 근심하여 이르되
주님 모든 것을 아시오매
내가 주님을 사랑하는 줄을 주님께서 아시나이다
예수께서 이르시되 내 양을 먹이라

(요 21:17)

「불안」의 저자 알랭 드 보통(Alain de Botton)은 "인생은 하나의 불안을 다른 불안으로, 하나의 욕망을 다른 욕망으로 대체하는 과정이다."라고 했습니다. 그는 불안의 첫 번째 원인을 '사랑의 결핍'으로 보았습니다.

대신교회에서 부목을 마치고 로고스교회 개척 중간기에 아내가 한 달 남짓 유럽 여행을 떠났습니다. 목회자의 아내로 개척의 힘든 길을 한 번도 아니고 두 번이나 감당해야 할 것을 생각하니 애잔한 마음이 들어 잠깐의 휴가를 주었습니다. 아내의 빈자리도 컸지만 두 아이들에게 엄마의 빈자리는 더욱 컸습니다. 막 기저귀를 뗀 큰애와 걸음마도 못하는 둘째가 남겨졌습니다. 외할머니와 이모의 도움도 있었고, 저도 개척을 준비하는 중이라 하루 종일 아이들과 함께 할 수 있었습니다. 아내가 떠난 지 1주일이 지나자 큰애가 다시 기저귀를 찼습니다. 사랑 결핍이 정서적 불안으로 이어졌고 발달 퇴보로 이어졌습니다.

사랑 그 이름

목회자의 길을 걸으며 가장 힘들었던 경험은 시골 교회 개척도, 로고스 교회 개척도 아닌 일산으로 교회를 옮기는 일이었습니다. 잔금 지불 2주 전, 거래은행 대출 담당자로부터 연락이 왔습니다. 애초에 약속한 금액을 다 대출해 줄 수 없다는 겁니다. 하늘이 무너지는 것 같았습니다. 처음부터 담보비율 때문에 안 된다고 했다면 다른 길을 준비했을 텐데… 사면초가였습니다. 시간은 우리 편이 아니었습니다. 은행의 작전에 말린 기분도 들었습니다. 부랴부랴 대안을 찾으려 했지만 시간만 흐를 뿐이었습니다. 성도들에게 대안 없이 사는 사람이 되지 말라고 가르쳤는데 대안이 없었습니다. 누구 한 명도 이 사태를 풀겠다고 나서는 분도 없었습니다.

책임감과 고독, 그리고 은행을 향한 작은 분노로 인내의 한계, 사랑의 한계를 시험받고 있을 때 한 분이 1천만 원의 헌금을 가져오셨습니다. 출처를 물었더니 대출을 받았다고 하셨습니다. 그분의 남편은 예배자가 아닙니다. 남편이 만약 이 사실을 안다면 가정의 위기가 찾아올 수도 있을 것 같아 헌금을 돌려드렸습니다. 그분은 눈물을 흘리며 자신의 마음은 지금 헌금의 열 배, 백 배를 드리고 싶은데 이것마저 거절하면 교회를 다닐 수 없다고 하셨습니다. 약 30분간의 실랑이 가운데 그분의 한 마디에 항복하고 말았습니다.

"제가 예수님을 사랑해서 드리는 건데요. 예수님은 제게 생명도 주셨는데, 제가 감당할 만한 것도 못하게 하시면 안 되죠."

예수님의 몸 된 교회를 사랑해서 드리겠다는 헌신을 막을 재간이 없었습니다. 만남이 끝나고 돌아가는 길에 존경의 마음을 담아 절을 올리겠다고 하셨습니다. 극구 말려도 '큰절'로 인사를 하셨습니다. 같이 큰 절을 하는데 눈물이 멈추지 않았습니다. 눈물을 보이고 싶지 않아 먼저 일어나 그 방을 빠져 나갔습니다.

목회를 하다 보면 많은 시험을 치르게 됩니다. 그중 가장 크고 지속적인 시험은 사랑에 관한 시험입니다. 하지만 사랑하다 지치고 힘들 때, 새 힘을 얻는 원천 역시 사랑입니다. 이 일이 있은 후, 아름다운 헌신과 작은 헌신들이 모여 마지막 숙제를 풀고 교회 이전은 원활하게 진행되었습니다.

그분과의 아침식사

어부였던 베드로는 예수님의 부르심을 받고 수제자로 3년 동안 동거하며 사람을 낚는 어부가 되었습니다. 하지만 베드로는 예수님께서 십자가를 지실 때 결정적인 배신을 합니다. 아끼던 수제자의 배신 속에서 십자가를 지셨다가 부활하신 예수님은 베드로를 먼저 찾아가셨습니다.

부활하신 예수님을 만나기 전날 밤, 베드로는 3년 전 예수님을 처음 만났던 그 장소 그 모습 그대로 고기를 잡고 있었습니다. 밤새 수고하였으나 3년 전 예수님을 만났던 그날 밤처럼 한 마리도 못 잡고 있었죠. 지칠 대로 지친 베드로에게 예수님께서 찾아오셨습니다. "깊은 곳에 그물을 내려라."

오랜 뱃사람의 경험상 그 시간 깊은 곳에 물고기가 없다는 것을 알지만 어부 베드로는 목수의 아들께 순종했습니다. 순종의 열매는 만선의 기쁨이었습니다. 만선의 기쁨을 맛보기도 전에 예수님은 배에서 먼저 내려 그리 멀지 않은 곳에서 떡과 생선을 굽고 계셨습니다. 초라한 모습의 베드로에게 예수님께서 말씀하십니다.

"지금 잡은 생선을 좀 가져오라."

생선을 굽고 계신 예수님께서 생선이 더 필요한 것이 아니라 단지 베드로가 다가 올 명분을 제공하신 것으로 해석합니다. 베드로는 생선을 가지러 갔습니다. 몇 마리 가져오면 될 텐데 생선을 세고 있었습니다. 구체적으로 153마리라고 기록하고 있습니다. 능숙한 어부라 해도 그 정도의 양을 정리하기 위해서는 족히 한 시간 넘게 걸렸을 것입니다. 그물을 추리고 생선을 세면서 베드로는 미적미적 거리고 있었던 것입니다.

"와서 아침 먹어라."

예수님께서는 돌아오는 것을 망설이고 있던 베드로에게 다시금 손을 내미십니다. 그렇게 아침식탁은 차려졌습니다. 예수님과 베드로의 아침식사, 그 광경을 그려보십시오. 기실 식사를 하는 동안 베드로는 빨갛게 타들어가는 모닥불 사이로 예수님의 시선을 피하며 바늘방석에 앉아 있는 기분이었을 것입니다.

'불을 사이에 둔 정면대치.' 누가복음 22장 56절에 보면 예수님께서 심문받으실 때에 "이 사람도 그와 함께 있었다."라고 외치는 여종의 말에 예수님을 부인하던 베드로의 모습이 나옵니다. 두 번, 세 번 베드로를 지목하며 '그의 제자'였다고 말하는 사람에게 베드로는 더욱 완강하게 모른다고 합니다. 3년간 동거했던 예수님이 초라한 인간의 모습으로 심문받고 있습니다. 베드로의 세 번 부인이 있자 이글거리는 불의 혀 사이로 돌이켜 베드로를 보십니다. 아른거리는 주님의 눈을 더 이상 볼 수 없었던 베드로는 자리를 박차고 뛰쳐나가 심히 웁니다.

며칠 후, 부활하신 예수님이 갈릴리 해변에서 숯불을 피워놓고 베드로를 부르십니다. 요한복음은 '예수님이 떡과 생선을 굽고 있었다'고 기록하지 않았습니다. 어디에다 굽는지 언급합니다. 숯불이라 구체적으로 기록하고 있습니다. 베드로의 배반의 현장, 대제사장의 집에 피워 놓은 불, 갈릴리 호숫가의 불은 베드로에게 메시지를 던지는 무대장치로보입니다. 배반의 불과 그 결정적인 날 아침 해변에서의 불, 같은 불이지만 메시지는 달랐습니다. 한 번은 배반의 불이었고 오늘 아침은 살리는 불입니다.

베드로와 예수 그리스도의 아침식사는 이렇게 우여곡절 끝에 성사됩니다. 식사시간이 얼마나 소요되었는지 성서는 밝히지 않습니다. 식사 중에 두 분이 나눈 대화도 없습니다. 단지 식사만 했습니다.

네가 나를 사랑하느냐

침묵의 아침식사가 끝나고 예수님께서 베드로에게 질문하십니다.

"나를 사랑하느냐?"
"나를 사랑하느냐?"

"나를 사랑하느냐?"

베드로는 세 번이나 사랑한다고 고백합니다. 헬라어 성서에는 첫 번째
와 두 번째 사랑하느냐는 질문은 '아가페'($\alpha\gamma\alpha\pi\eta$ 신적인 사랑)로 물으셨
습니다. 베드로는 두 번 다 '필리아'($\phi\iota\lambda\iota\alpha$ 친구의 사랑 혹은 우정)의 사랑
으로 고백합니다. '아가페'로 묻는 예수님께 그의 대답 '필리아'는 은근한
회피 부드러운 거절로 볼 수 있습니다.

세 번째 질문에서는 예수님이 단어를 바꾸십니다. '필리아'로 말이죠.
베드로의 대답은 세 번째도 변하지 않았습니다. '필리아!' 그런데 베드로
의 세 번째 대답은 '아니오'가 아닌 '예'가 되었습니다. 베드로의 대답은
바뀌지 않았지만 예수님께서 베드로의 대답을 정답으로 만드는 질문을 내
신 것입니다.

"신적인 사랑으로 나를 사랑하느냐?"
"친구로서 사랑합니다."

"신적인 사랑으로 나를 사랑하느냐?"
"친구로서 사랑합니다."

"친구로서 나를 사랑하느냐?"
"친구로서 사랑합니다."

주님의 마음은 늘 베드로에게 있었습니다. 베드로가 멀어져 있었을 때
에도 배반을 했을 때에도 함께 하셨습니다. 베드로에게 먼저 찾아와 질문

하신 예수님께서 지금 우리에게 질문하십니다.

"네가 나를 사랑하느냐?"

베드로의 대답 후 예수님은 그의 순교를 암시하는 말씀을 하십니다.

내가 진실로 진실로 네게 이르노니 네가 젊어서는 스스로 띠 띠고 원하는
곳으로 다녔거니와 늙어서는 네 팔을 벌리리니 남이 네게 띠 띠우고 원하지 아
니하는 곳으로 데려가리라(요 21:18)

하나님께 항복한 사람은 원치 않는 일도 할 수 있습니다. 그날 이후 베
드로는 성령을 받고 복음을 전하다가 순교로 생을 마무리했습니다. 배반
자 베드로가 무엇 때문에 예수님께 전 생애를 항복하고 순교자의 길을 걸
었을까요? 사랑입니다. 다시 찾아오신 사랑 말입니다. 예수님께 가까이 가
지 못하고 153마리의 물고기를 세고 있을 때, 그래도 다시 부르신 사랑입니
다. 손수 아침을 먹이신 사랑입니다. 준비하신 사랑입니다. 아침식사가 끝
나고 배반의 과거에 대해서는 한 마디 언급도 없이 나를 사랑하느냐고 물
으신 사랑입니다. 신적인 사랑이 아니고 친구로서 사랑한다는 그의 고백을
받아주신 사랑입니다. 그 사랑이면 된다고 인정하신 사랑입니다. 눈높이를
낮추신 사랑입니다. 포기하지 않으신 사랑입니다. 사랑이 전부이며 그 사
랑이면 충분합니다.

'나를 조금이라도 사랑한다면, 친구로 사랑한다면 다시 시작하자.'

사랑의 단계

강원도 22사단 55연대에서 군종으로 복무할 때의 일입니다. 최전방은 사건 사고가 빈번하게 일어나는 곳이라 여간 부담스러운 자리가 아니었습니다. 군종의 임무 중 하나는 훈련을 마친 신병이 최전방 부대에 배치되는 1주일간 전방 적응훈련 기간에 상담하는 일입니다.

정서적으로 불안정한 사병, 잠재적으로 사고가 예상되는 사병 등, 일명 문제 사병을 구별해 전방으로 보내지 않고 전투 지원을 할 수 있는 부서로 돌려야 했기 때문입니다. 성장 과정에 관한 자기 소개서를 받고 인생에서 가장 추웠을 때와 따뜻했을 때를 묻기도 했습니다. 불침번들에게 훈련병의 잠꼬대를 기록하게 하여 관찰했습니다. 종합적인 검토 후 10% 정도는 일대일 상담을 했는데요. 찾아가는 상담 대상자 중에는 결손가정이 많았습니다. 성장 과정 중에 채워져야 할 부모의 사랑 결핍은 적응력 부족과 냉소, 폭력적인 성향, 의존반응형 등 잠재적인 위험군이었습니다.

영원한 갈증이 있다면 사랑일 것입니다. 사랑의 목마름을 해갈할 수 있는 것은 사랑뿐입니다. 사랑은 단언컨대 인류가 가진 가장 힘있는 무기입니다. 사랑은 받을 때보다 베풀 때 더 많이 경험합니다. 지금 여기에서 가까운 사람에게 먼저 베푸는 것입니다. 사랑의 위대함을 경험하지 못한 사람보다 불쌍한 사람은 없습니다. 사랑하다가 지쳐서 사랑을 포기하는 이유는 사랑을 모르거나 너무 서두르기 때문입니다. 사랑의 위대한 승리를 이루기까지는 몇 단계를 거쳐야 합니다.

1단계는 갈등입니다. 스스로 감당해야 할 것은 하지 않고 요구하기만 하는 자를 보면, 꼭 사랑해야 하는지 의문이 들기도 하죠. 때로는 나만 희생한다는 생각에 한숨이 나옵니다.

2단계는 율법적 수용입니다. 사랑하지 못하면 말씀을 어기는 것 같아서 실천해 보려 노력하지만 죄책감만 들 뿐입니다.

3단계는 저항입니다. 갈등 속에서 사랑하기로 결정했습니다. 율법적인 사랑으로 접근하지만 예기치 않은 상대방의 반응에 상처가 되살아나 다시금 저항과 절망, 분노에 노출되는 단계입니다. 나름 충분한 도리를 했다는 생각을 하면서 다음 단계인 타협으로 넘어갑니다.

4단계 타협에서는 사랑을 위해 더 이상의 노력을 유보하며 할 만큼 했다는 위안을 가집니다. 어떤 사람도 그 사람에게 이만큼 하기는 어려울 것이라고 타협을 도모합니다.

5단계는 수용입니다. 사랑의 관계에서 자신의 부족이 더 크게 보입니다. 이 단계의 필요충분조건은 기도입니다. 기도의 잔이 채워지는 순간 눈 녹듯 마음의 분노와 미움, 그리고 무관심이 사라집니다. 흔들리던 마음이 중심을 잡고 평형을 이룹니다.

6단계는 의미 찾기입니다. 그 대상자를 사랑하는 과정에서 하나님이 내게 주시는 메시지를 깨닫는 것입니다. 사랑의 과정이 왜 이렇게 힘들었는지, 사랑하지 못하게 하는 죄악은 없었는지, 좁은 마음으로 상대방을 바르게 바라보지 못하고 있었던 것은 아닌지 자기 자신을 살피는 것입니다.

7단계는 기쁨과 평화입니다. 의미를 깨닫고 나면 기쁨과 평화가 찾아옵니다. 사랑의 기쁨은 사랑을 더욱 깊어지게 합니다. 이 기쁨은 무엇과도 바꿀 수 없습니다. 문제라고 여겨지던 것이 귀엽게 보이고 자신이 왜 그리 힘들어 했는지 웃음이 나옵니다.

하나님은 모든 사람에게 동일한 영적인 자리에서 그 수준에 걸맞은 복을 주십니다. 복이 놓인 계단이 높아 보이는 것은 내가 작기 때문입니다. 계단이 낮아지기를 바라는 마음은 유혹입니다. 사랑의 계단을 바르게 오르기 위해서는 기도와 영적인 성장이 함께 가야 합니다.

사랑의 두 기둥

사무엘 스마일즈는 인격의 구성 요소인 사랑에는 감정적인 요소와 이성적인 요소가 공존한다고 했습니다. 베드로를 대하실 때 예수님의 감정은 어떠하셨을까요? 출발은 누구보다 좋았습니다. 제자로의 부르심에 결단력 있게 주님을 따랐습니다. 가까이 있었던 제자였고 제자 공동체의 분위기 메이커였습니다. 예수님의 제자 중에는 정착제자와 12명의 동행제자가 있는데요. 정착제자들이 예수님을 떠나가는 순간 이렇게 물으셨습니다.

예수께서 열두 제자에게 이르시되 너희도 가려느냐 시몬 베드로가 대답하되 주여 영생의 말씀이 주께 있사오니 우리가 누구에게로 가오리이까 우리가 주는 하나님의 거룩하신 자이신 줄 믿고 알았사옵나이다(요 6:67-69)

제자들이 떠나는 사람들 때문에 흔들릴 수도 있었는데 베드로의 한마디는 공동체를 안정시켰습니다. 베드로의 가슴은 예수님을 향한 뜨거운 사랑으로 가득 차 있었습니다. 그리 오래가진 않았지만요. 타오르던 사랑은 식다 못해 바스러지고 말았습니다. 심문받으시던 날 가야바의 뜰에서 "그를 알지 못한다."는 베드로의 말은 절규와 같았을 것입니다. 감정은 뜨거웠지만 의지력은 약했습니다.

사랑의 첫 번째 기둥은 감정입니다. 신혼부부의 감정적인 뜨거움이 사라지는 것은 2-3년이면 됩니다. 받은 은혜의 감동이 사라지는 것도 3개월이면 오래간 것입니다. 열정적인 사랑의 시간이 지나고 배신과 상처의 강을 건너는 동안 사랑의 감정은 메말라 갑니다. 감정적인 사랑을 넘는 것은 언약적인 사랑입니다. 하나님은 노아와 무지개 언약을 맺으셨습니다. 아브라함과는 짐승을 쪼갠 고기 사이의 언약을, 모세와는 시내산 언약을 맺으셨습니다. 성서는 언약의 하나님을 계시합니다. 언약적 사랑이란 감정적 변화가 있어도 계약을 지키는 사랑인데요. 사람들은 하나님과의 약속을 어기지만 하나님은 단 한 번도 우리를 향한 언약을 어긴 적이 없으십니다. 하나님 자신이 사랑이십니다. 예수님은 감정을 넘어선 언약적 사랑으로 베드로를 대하셨습니다. 이것이 사랑의 두 번째 기둥인 언약적 사랑이고, 다른 말로 '변함없는 의무감' 입니다.

"주님, 나에게도 나병을 주셔서 저들에게 주의 복음을 전하게 하여 주시옵소서."

1840년 벨기에의 가난한 마을에서 태어난 다미엔 신부는 평생을 하와이 군도 몰로카이 섬에서 나병환자들에게 복음을 전했습니다. 쉽지 않은 일이었죠. 나병환자들은 다미엔을 보면서 "당신은 건강한 몸이기 때문에 믿음을 가지고 살지만 만약 나병환자가 되었다면 그렇게 말하지 못했을 거예요."라며 방어막을 쳤습니다. 다미엔은 자신에게도 나병이 주어지기를 기도했습니다. 얼마 후 눈썹이 빠지고 관절이 떨어져 나가는 죽음의 병, 나병이 찾아왔습니다. 손가락 마디마디가 떨어져 나간 모습으로 다미엔은 외쳤습니다.

"사랑하는 동료 여러분! 그리스도는 나병에 걸린 '우리들을' 사랑하십니다."

몰로카이 섬에는 새 생명이 자라기 시작했습니다. 회개운동과 함께 3년 만에 800여 명이 복음을 듣고 하나님께 돌아왔습니다.

자신의 몸에 나병이 생기기를 기도하면서 감정적으로 행복을 느끼기는 쉽지 않습니다. 예수님도 십자가상에서 '할 만 하시거든 이 잔을 내게서 옮겨주십시오. 하지만 내 원대로 마시옵고 아버지 뜻대로 되기를 원합니다.'라고 하셨습니다. 사랑에는 힘겨움과 두려움이 있지만 이 영원한 언약을 기억하며 이겨냅니다. 예수님의 사랑을 받은 다미엔은 그분과의 영원한 관계를 믿기에 그 길을 갈 수 있었습니다.

사랑의 균형

또 누구든지 너로 억지로 오 리를 가게 하거든 그 사람과 십 리를 동행하고 (마 5:41)

억지로 오 리를 가자고 하는 자가 친한 사람도 아니고 선한 사람도 아닌 무례한 사람일 때, 어떻게 하는 것이 좋을까요? 그런 사람은 무례한 요구를 계속할 가능성이 있습니다. 악인의 악한 길을 동행하란 말씀은 아닙니다. 의존 성향을 가진 자가 선을 넘어서 요구하는 오 리를 동행하란 말씀도 아닙니다. 균형 잃은 사랑은 사랑이 아닙니다. 사랑에도 분명한 선과 지혜가 필요합니다. 긴급하게 도움이 필요한 사람을 옆에 두고 오 리를 요구하는 무례한 사람과 십 리를 함께 하는 것은 어리석음입니다. 무례한 요구의 순간에 긴급한 사랑과 더 본질적이고 영속적인 사랑을 구별할 수 있어야 합니다. 무조건적이며 전폭적인 사랑은 대상자를 무례하고 경쟁력 없는 사람으로 만들 수도 있기 때문입니다. 섬겨야 할 때 의무와 기본의 도리를 넘어선 사랑으로 섬기라는 것입니다.

컴퓨터 게임을 즐기는 자녀가 있습니다. 잘 시간이 되었으니 그만하라는 말에 조금만 더하겠다고 합니다. 30분쯤 기다리던 부모는 마침내 화가 납니다. 부모가 생각하는 조금과 자녀가 생각하는 조금에 차이가 있기 때문인데요. '조금'의 길이를 재다보면 표준이 달라서 서로의 감성이 상하고 자녀들로부터 저항이나 거부반응이 나타납니다.

게임 시간뿐 아니라 다른 것들에 대해서도 구체적인 접근이 필요합니다. 조금이 몇 분을 말하는 것인지 먼저 합의가 필요합니다. 구체적인 질문을 한 번 더 하는 것이 좋습니다. 첫 번째 구체적인 질문을 못했다면 책임을 지고 다음 질문을 시작해야 합니다. 오 리를 원하는 자의 목적을 알아야 하고 장기적으로 그것이 그에게 유익한지도 생각해야 합니다.

"내가 구체적인 시간을 말하지 않아서 네가 지금까지 게임을 하고 있구나. 몇 분 정도 더하면 되겠니?"

이 질문도 늦은 감이 있습니다. 쌍방의 이해에 의한 의사결정이 안 되어 있다는 겁니다. 표준 설정이 안 되어서 훈계나 바로잡을 필요가 있을 때에도 예비단계를 거쳐야 합니다. "아빠가 지금부터 하는 말의 의도를 잊지 않고 들어주었으면 좋겠다."

둘째가 중학교 1학년 때입니다. 대형 사이클론 나르기스(cyclone

Nargis)로 피해를 입은 미얀마에 함께 갔습니다. 여정이 긴 데다 통통 튀는 오픈카, 매연 자동차를 타고 장거리 비포장도로를 이동하던 일행들이 하나 둘 지쳐가기 시작했습니다. 맨 뒤에 앉아서 찬양도 하고 재미있는 이야기도 건네면서 분위기를 쇄신하려 노력했지만 쉽지 않았습니다. 아들의 눈에는 그게 가볍게 보였던 것 같습니다. 저를 공개적으로 무시했습니다. 녀석의 수준이나 세계관으로 제가 이해 받기를 기대하는 것이 좀 무리인 것 같아 반응하지 않았습니다. 그날 밤, 둘만 쓰는 숙소에서 불을 끄고 잠을 청했습니다. 관대한 사랑으로 침묵할 것인지 온유한 권면으로 말을 해야 할 것인지 순간 고민했습니다. 아들에게 질문으로 저의 마음을 전했습니다.

"강민아! 오늘 아빠의 유머가 좀 가볍게 들릴 수도 있었겠구나. 오늘 아빠의 행동에 대한 너의 이해를 구하진 않겠다. 단 아빠에게 보인 너의 태도는 무례하지 않았는지 한번 생각해 주겠니?"

그날 밤 대답 없었던 아이는 아직까지 답이 없습니다. 다음날부터 부자 지간의 여정은 친밀하지는 않아도 별 탈 없이 마칠 수 있었습니다. 중학교 1학년이 찬양을 하면 교회가 부흥되고, 중학교 2학년이 찬양을 하면 주님이 그날 밤 재림하신답니다. 대답을 들으려 했다면 여행 내내 불편했을 수 있습니다. 또한 아들의 불손한 태도를 방치했다면 그의 행동이 수정되는 데 더 오랜 시간이 필요했을 것입니다. 짧은 질문을 하고 빠져 나온 것은 지금 생각해도 다행입니다.

언제 개입해야 할지, 교훈과 책망은 언제 어떻게, 대화는 어떻게 시작해야 할지 막막할 때가 있습니다. 어리석은 부모는 무조건적 관용과 혹은 엄격한 사랑의 단면만 가지고 있습니다. 자녀로 인하여 눈물 흘릴 일이 생기면 한탄하면서 '사랑한 죄밖에 없다'고 말할 수도 있습니다. 사랑한 죄밖에 없는 것이 아니라 잘못된 사랑의 죄일 것입니다.

제임스 파울러(James Fowler)의 신앙발달이론에 의하면 3-7세의 유아들은 자기와 가장 깊은 관계 속에 있는 양육자의 신앙 본보기와 분위기, 가시적인 행동과 이야기들에 의해 신앙이 발달한다고 합니다. 개념에 대한 이해를 통해 신앙을 배우는 것이 아니라 성인이 보여주는 신앙 표현을 직관적으로 습득하면서 익힙니다. 자녀들은 부모 앞에서 부모의 말을 듣고 배우는 것이 아니라 부모의 뒤에서 그 행동을 보고 배운다는 말이 있습니다.

TV 토론이 벌어졌습니다. 몇 해 전, 천주교 정의구현사제단 신부 중 한 분이 "북한의 연평도 포격은 남한이 북한을 자극했기 때문이다."라는 말을 한 적이 있었는데요. 그 한 문장을 놓고 한편에서는 국가보안법을 운운하며 검찰 조사가 필요하다고 했습니다. 다른 한편에서는 전체 문맥을 통해 살펴볼 때 그렇게 아닌데 괜한 '종북몰이'라 주장했습니다. 저마다 자신의 주장이 옳다고 했습니다. 자기 옳음을 주장하는 것은 자신들이 정의의 편에 서 있다는 것을 간접적으로 드러내는 것입니다. '정의'라 말하지만 '자기 의'입니다.

영적인 리더에게 가장 곤혹스런 일은 둘 중 하나의 선택을 강요받을 때입니다. 누군가를 사랑한다는 것이 다른 이에게 해가 될 때입니다. '공동체의 선'을 택할 수밖에 없지만 이럴 때마다 하나님 나라의 사랑과 의를 생각하지 않을 수 없습니다. 사랑에 대한 올바른 균형 감각을 가지고 있지 못하면 한쪽으로 치우치게 됩니다. 이럴 때 사랑의 균형을 잡아 주는 것이

'정의'입니다. 이 '정의'는 상황과 시대, 해석에 따라 달라지는 '정의'가 아니라 영원히 변치 않는 '하나님 나라의 의'입니다. 오직 '하나님 나라의 의'만이 사랑의 균형을 유지해 줍니다.

사랑의 범위

'어떤 사람까지, 언제까지 사랑해야 하는가?'

사람들은 때로 충분히 사랑했다고 말하지만 자신의 한계 안에서의 사랑인 경우가 많습니다.

엘리사 시대에 선지자 학교가 있었습니다. 한 명의 선지자 후보생이 죽었고 그의 아내는 가난과 싸우다가 자식까지 종으로 팔릴 지경이 되었습니다. 여인은 엘리사에게 부르짖습니다. 여인이 자기 남편에 대해 '하나님을 경외한 사람인 것을 당신도 아는 바'라고 하는 것으로 보아 엘리사도 이 가정을 잘 알고 있었던 것 같습니다.

엘리사가 그에게 이르되 내가 너를 위하여 어떻게 하랴 네 집에 무엇이 있는지 내게 말하라(왕하 4:2a)

누군가를 도울 때 내가 원하는 것으로 돕는 경우가 있습니다. 본질적인 필요를 정확히 파악하지 않고 자기 보기에 좋은 대로 돕는 사람도 있습니다. 엘리사는 진단질문과 원하는 것을 파악하려 합니다. 그녀의 정직한 대답이 이어집니다.

그가 이르되 계집종의 집에 기름 한 그릇 외에는 아무것도 없나이다 하니
(왕하 4:2b)

엘리사의 처방전이 나옵니다.

이르되 너는 밖에 나가서 모든 이웃에게 그릇을 빌리라 빈 그릇을 빌리되
조금 빌리지 말고 너는 네 두 아들과 함께 들어가서 문을 닫고 그 모든 그릇에
기름을 부어서 차는 대로 옮겨 놓으라 하니라(왕하 4:3-4)

엘리사는 그녀의 마지막 그릇에 남은 기름이 떨어지지 않게 할 수 있고
그녀의 그릇만 채워 줄 수도 있었습니다. 그렇다면 동네의 모든 빈 그릇을
빌려올 때까지 기다리는 수고도 필요 없었겠죠. 이제 그녀의 집에는 기적을
기다리는 동네 사람들의 빈 그릇이 있었습니다. 마지막 그릇까지 기름으로
채웠습니다. 엘리사의 사랑의 범위는 그녀의 빈 그릇을 넘어섰습니다.

영국의 경험주의 철학자 프랜시스 베이컨(Francis Bacon)은 사람을 곤
충으로 비유했습니다. 거미형 인간은 어두운 곳에 거미줄을 치고 기다리다
걸려든 곤충의 피를 빨아먹는 것처럼 '있어서는 안 될 사람'입니다. '있어
도 좋고 없어도 좋을' 개미형 사람도 있습니다. 그들은 부지런하고 단결심
도 강하지만 어디까지나 자기들끼리 잘 뭉칩니다. 꿀벌형의 사람은 '꼭 필
요한 사람'입니다. 조직력도 강하고 부지런합니다. 열심히 꿀을 만들어
주는 삶을 삽니다. 베이컨은 꿀벌형의 사람을 최고의 사람으로 생각합니
다. 그런데 성서는 한 단계 더 높은 수준을 요구합니다. '우주적 이타주의
인간'입니다. 사랑과 나눔의 한계를 알 수 없는, 날마다 범위가 넓어지는

사람입니다. 누가 상을 주지 않아도 그 일을 하고 벌을 주지 않아도 섬기는 사람입니다.

전세계 곳곳에서 벌어지고 있는 수많은 전쟁을 보면서 '하나님은 어떻게 생각하실까?' 질문해 보았습니다. 하나님의 전쟁을 '헤렘 전쟁'이라 부릅니다. 여호수아서에 나타나는 '헤렘' 사상은 '여호와만이 전쟁의 유일한 승리자이시다. 전쟁에서 얻어진 전리품은 온전히 하나님께 속한 것이다. 인간에게 악용되는 것을 막기 위하여 완전히 파멸시킨다'는 데서 비롯되었습니다. 이스라엘의 가나안 정복 전쟁 역시 '헤렘 전쟁'입니다. 하나님께서는 여자와 어린아이들도 진멸하라고 명하셨죠. 이를 두고 '하나님이 너무 잔인하다'고 생각하는 사람들도 많습니다. 어떻게 하나님의 백성만을 위하여 무고한 다른 백성을 진멸하는 것이 가능한 일인지 이해할 수 없다는 것입니다.

여호와께서 아브람에게 이르시되 너는 반드시 알라 네 자손이 이방에서 객이 되어 그들을 섬기겠고 그들은 사백 년 동안 네 자손을 괴롭히리니 그들이 섬기는 나라를 내가 징벌할지며 그 후에 네 자손이 큰 재물을 이끌고 나오리라 너는 장수하다가 평안히 조상에게로 돌아가 장사될 것이요 네 자손은 사대 만에 이 땅으로 돌아오리니 이는 아모리 족속의 죄악이 아직 가득 차지 아니함이니라 하시더니(창 15:13-16)

하나님은 가나안에 살고 있던 아모리 족속에게도 회개할 시간을 충분히 주셨습니다. 죄악이 가득 찰 때까지 기다리셨습니다. 400년 동안 회개할 기회를 주신 것입니다. 이스라엘이 이방인이라 부르는 그들도 하나님의 자녀입니다. 하나님의 통치 원칙은 변함이 없으십니다. 사랑은 무조건적이지만 회개하지 않는 자를 향해서는 무조건적이지 않습니다.

하나님의 사랑의 범위는 무한대이지만 시간의 한계는 분명합니다. 선이 없는 사랑은 사랑이 아닙니다. 그 사랑이 무한대라고 해서 무례하고 반항적인 사람에 대하여 한없이 관대한 것은 아닙니다. 그렇다면 우리에게 허용된 사랑의 범위는 어디까지일까요? 신약성서에서는 일흔 번씩 일곱 번 용서하라고 하십니다. 490번까지가 아니라 무한대입니다. 그 대상은 원수까지입니다.

또 네 이웃을 사랑하고 네 원수를 미워하라 하였다는 것을 너희가 들었으나 나는 너희에게 이르노니 너희 원수를 사랑하며 너희를 박해하는 자를 위하여 기도하라 이같이 한즉 하늘에 계신 너희 아버지의 아들이 되리니 이는 하나님이 그 해를 악인과 선인에게 비추시며 비를 의로운 자와 불의한 자에게 내려주심이라 너희가 너희를 사랑하는 자를 사랑하면 무슨 상이 있으리요 세리도 이같이 아니하느냐 또 너희가 너희 형제에게만 문안하면 남보다 더하는 것이 무엇이냐 이방인들도 이같이 아니하느냐(마 5:43-47)

원수를 미워하면 지는 겁니다. 영적인 성장을 위해 원수를 교관으로 세우셔서 사랑의 범위를 키우시는 하나님을 만나야 합니다. 원수가 교관으로 보이지 않고 평생 원수로 보이면 그 사람에게 묶여 있게 됩니다. 가장 미운 사람에게 마음의 안방을 내주고 나면 마음의 주인이신 예수님은 몸종들이 쓰는 방으로 밀려나시게 되죠. 미운 것도 못 견딜 일인데 마음의 안방까지 내준다니 말도 안 됩니다. 마음 후련한 사랑을 기대하지 말고 먼저 사랑하기로 결단하고 사랑을 선포하십시오. 우리의 인생은 사랑의 완성을 향해 살아가는 과정입니다.

사랑의 보상

그러므로 하늘에 계신 너희 아버지의 온전하심과 같이 너희도 온전하라(마 5:48)

하나님의 백성이 훈련 받는 본질적인 목적은 하나님의 온전하심을 닮아가는 것인데요. 평생을 노력해도 하나님의 온전함에 이를 수 없겠지만 온전한 사랑의 수준에 이르기를 포기해서는 안 됩니다. 항상 기뻐하고, 쉬지말고 기도하고, 범사에 감사하는 것이 우리를 향하신 하나님의 뜻이라고 말씀하셨습니다.

사랑의 시험을 통과하고 나면 첫 번째 보상이 기다리고 있습니다. 바로 사랑입니다. 스티브 잡스는 "여정 자체가 보상이다."라는 말을 남겼는데요. 사랑을 통해 무엇인가를 얻기보다는 사랑 그 자체가 보상입니다. 사랑하면 행복해집니다. 행복은 만들어지는 것이 아니라 이루어지는 것입니다. 빛이 어둠을 사라지게 하듯이 사랑이 불행을 물러가게 합니다. 깨어진 관계의 회복이 없이는 평화가 없습니다. 평화를 얻기 위해서는 용서를 넘어 사랑에 이르는 수고가 필요합니다. 사랑을 하는 자에게 주시는 최고의 보상은 사랑입니다.

두 번째 사랑의 보상은 자녀가 복을 받습니다. 부모의 사랑의 수준은 자녀의 사랑의 수준이 됩니다. 부모의 인간관계의 범위가 곧 자녀의 인간관계의 한계입니다. 가정은 자녀에게 사랑을 가르치는 1차적인 교육기관입니다. 사랑의 그릇만큼 영향력을 얻게 됩니다.

세 번째 사랑의 보상은 영향력입니다. 사랑을 심으면 사랑을 거둡니다. 성서는 '심은 대로 거둔다고 하셨지 심은 데서 거둔다'고 하지는 않았습니다. 심는 자가 농부의 심정으로 자기의 일에 집중하면 보상은 전리품처럼 따라옵니다.

1984년 만리현교회 중등부 담당전도사였을 때 중3 학생 둘이 기억납니다. 한 학생은 홀어머니 가정의 아이였고, 다른 학생은 할머니와 함께 살았습니다. 그들이 대학 갈 때까지 때론 아버지처럼, 형처럼 함께 했습니다. 가장 많은 사랑과 관심을 베푼 그들이 지금 어느 길로 가고 있는지 찾을 길이 없습니다. 부족하지만 그 모습을 지켜보며 힘을 나누었던 다른 제자만이 지금까지 함께 하고 있습니다.

심은 데서 거두진 못했지만 심은 대로 거두었습니다. 사랑은 사람을 얻게 하고, 사랑을 통해 얻은 사람은 위로자가 됩니다. 사람은 따뜻한 사람 곁으로 모입니다. 내 주위에 건강한 사람들이 모여든다는 것은 내가 건강하다는 뜻입니다. 따르라고 청하지 않아도 사랑에는 사람이 따릅니다.

마지막 사랑의 보상은 건강입니다. 사랑하지 않으면 미안함과 두려움, 죄의식에 노출됩니다. 스트레스를 유발합니다. 스트레스가 후천적 질병의 가장 큰 요인임은 원종수 박사를 비롯한 여러 의학자들이 증명한 바 있습니다.

1977년 골드 스테인(Gold Stain)은 엔돌핀의 700배 진통 치유 효과가 있는 다이놀핀을 발견했습니다. 다이놀핀이 한 번 몸 안에서 제대로 분비되면, 병의 원소가 소멸되고 병든 세포가 새롭게 치유되고 회복된다고 합니다. 엔돌핀은 진통제로 사용되는 몰핀의 200배 효과가 있고, 다이놀핀은 엔돌핀의 700배 효과가 있으니, 다이놀핀은 몰핀의 14만 배 진통 효과가 있는 셈입니다. 다이놀핀은 엄청난 사랑을 받았을 때, 감동 받았을 때 그리고 깊은 진리를 깨달았을 때 생성된다고 합니다.

배우자나 자녀를 지극히 사랑할 수 있지만 변함없이, 후회없이, 남김없이 사랑을 할 수 있는 대상은 하나님입니다. 그분의 엄청난 사랑에 빠진 자는 무서운 질병으로부터 치유도 경험합니다. 건강한 삶을 영위할 수 있습니다. 하나님과의 엄청난 사랑은 순교도 불사하게 합니다.

사랑의 성장

성숙하지 못한 사랑은 말하는 것이 어린아이와 같고, 생각하는 것과 깨닫는 것 모두 어린아이와 같습니다. 사랑이 성숙하면 어린아이의 사랑을 버립니다. 성숙한 사랑의 수원지는 하나님을 더 깊게 아는 것입니다. 사랑의 성장을 위해서는 몇 가지 과정이 필요합니다.

첫째, 사랑의 고수를 만나야 합니다. 사랑의 최고봉은 예수 그리스도입니다. 성서를 통해 그분을 바로 알아야 합니다. 안다는 것은 경험한다는 것으로, 지적인 이해를 넘어 사랑에 사로잡힌 것을 의미합니다. 그분의 사랑을 알기 위해서는 충분하고 특별한 시간이 필요합니다. 금식기도, 선교지 탐방, 침묵과 고독 등 특별한 데이트 시간을 가져도 좋습니다.

둘째, 사랑을 실천해야 합니다. 인류를 구할 수는 없어도 한 사람을 구할 수는 있습니다. 한 사람을 구하다 보면 가정을 구할 수 있고 더 나아가 인류를 구할 순간이 올 수도 있습니다. 가난한 나라의 어린이를 돕는 후원자가 될 수도 있습니다. 구호활동에 직접 참여하면 좋겠지만 현실적으로 어려울 때는 모금활동에 참여하는 겁니다. 사랑을 받을 때보다 실천할 때 우리는 더 성장합니다.

셋째, 사랑의 시험을 잘 이겨내야 합니다. 모든 환경은 사랑의 훈련을 위해 하나님이 만드신 세트장이라는 믿음이 필요합니다. 사랑의 시험이 없다는 것은 사랑하지 않고 있다는 것입니다.

넷째, 성장을 위해서는 공동체 가운데 머물러야 합니다. 작은 소그룹에서 시작해서 대그룹까지 사랑의 훈련을 받습니다. 공동체에 뿌리를 내리려면 시험을 통과해야 합니다. 여호수아는 가나안 정복전쟁을 마치고 최선봉에서 수고한 르우벤 사람과 갓 사람과 므낫세 반 지파를 불러서 격려합니다.

그들에게 이르되 여호와의 종 모세가 너희에게 명령한 것을 너희가 다 지키며 또 내가 너희에게 명령한 모든 일에 너희가 내 말을 순종하여 오늘까지 날이 오래도록 너희가 너희 형제를 떠나지 아니하고 오직 너희의 하나님 여호와께서 명령하신 그 책임을 지키도다(수 22:2-3)

여호수아는 가나안과의 전쟁을 마치고 격려에 이어 마지막 당부를 합니다. 전리품으로 취한 많은 재산과 수많은 가축과 금과 은과 구리와 쇠와 의복 등을 가지고 장막으로 돌아가서 형제와 나누라고 합니다. 형제들은 전쟁의 마지막까지 함께 하지 않고 가나안 동쪽에 남아서 농사를 짓기 시작한 사람들입니다. 이런 당부를 한 것은 동족간에 갈등이 생기면 가나안 정복전쟁보다 더 큰 전쟁을 치러야 한다는 것을 알고 있었기 때문입니다. 공동체에는 많은 사람들이 존재합니다. 성격, 참여도, 공헌도, 생각, 문화 등이 다릅니다. 다름을 인정하는 것은 사랑을 배워가는 과정입니다. 공동체는 사랑의 학교입니다. 성장, 치유, 복은 공동체 안에 있습니다.

다섯째, 기도가 필요합니다. 사랑하기 힘든 사람이 있었습니다. 남들이 도저히 사랑하지 못하게끔 만드는 그분의 한계일 수도 있지만, 나 자신의 한계일 수도 있습니다. 그분을 피해간다고 해서 해결될 일이 아닙니다. 그렇기에 우리는 항상 좋은 만남, 축복된 만남, 좋은 이별, 축복된 이별을 위해 기도해야 합니다. 사랑을 위한 기도의 잔이 채워지면 샘솟는 사랑을 거부하기가 더 어려워집니다. 기도의 잔에 기도가 가득차면 미움과 분노가 눈 녹듯이 사라집니다. 이건 설명이 불가능합니다. 체험으로만 알 수 있습니다.

"다른 사람을 사랑하는 것은 하나님의 얼굴을 보는 것이다."

영화 〈레미제라블〉 중에서

"네가 나를 사랑하느냐?"

최고의 질문입니다. 최고의 질문을 배운 사람은 최고의 질문을 자신과 타인에게 던집니다. 최고의 질문을 배우지 못한 사람은 최악의 질문을 합니다.

"너는 왜 나를 배반했느냐?"
"배반하지 않을 것이라고 호언장담하더니 어떻게 된 것이냐?"

필연적 만남의 건강지수는 선택적 만남의 건강지수와 유의미하다.
하나님이 받으시는 것은 그의 소유가 아니라 그 사람이다.
관계의 분별력은 영성의 최고봉이다.
하나님을 향한 최고의 제물은 하나 됨과 함께 하는 것이다.
이웃을 향한 사랑의 섬김은 훈련을 통해서 가능하다.

chapter **7**

네 아우 아벨이 어디 있느냐

여호와께서 가인에게 이르시되
네 아우 아벨이 어디 있느냐
그가 이르되 내가 알지 못하나이다
내가 내 아우를 지키는 자니이까
(창 4:9)

　　지식비타민(www.1234way.com)을 먹고 있습니다. 지식비타민 대표 이
경만은 2013년 기준 매일 3만 5천여 명에게 경영 노하우나 경영전략 등 경
영지식 편지를 보내고 있습니다. 지식비타민 서비스를 시작한 계기는 1998
년 큰형과 작은형의 사업 부도를 목격하면서부터였는데요. '서투른 창업
자에게 비즈니스 노하우를 전수하는 시스템이 필요하다.'는 생각으로, 일
간지와 주간지에서 발췌한 경영 노하우를 메일로 보내기 시작했습니다. 40
대 후반의 적지 않은 나이에 국정과제 비서실 행정관으로 바쁘게 일하면서
도 하루도 빠짐없이 메일을 보냈다고 합니다. 시간을 쪼개서 자료를 찾고
수집하는 것이 쉽지 않았을 텐데요. 나눔을 귀하게 여겼기 때문에 가능한
일이었습니다.

도전과 응전의 역사

아놀드 토인비(Arnold J. Toynbee)는 인류 문화가 '도전과 응전'의 구도 속에서 발전해 왔다고 말합니다. 두 아이를 키우면서 이 말의 참 뜻을 이해하게 되었습니다. 한 아이를 칭찬하면 다른 아이가 풀이 죽을까봐 부단히 노력했습니다. 다행히 "아빠는 누나만 사랑해, 아빠 동생만 사랑해." 이런 말을 아직까지는 들어보지 않았습니다. 세상은 평등하지 않습니다. 성과 위주의 사회는 사람을 경쟁으로 내몰고 있습니다. 선의의 경쟁으로 위장한 오너들의 탐욕은 사람을 인격적인 관계에서 시스템을 구성하는 부품으로 전락시켰습니다. 정당한 도전에 정당한 응전이 있어야 하는데 정당한 도전에 부당한 응전이 있습니다.

캐나다 토론토 코스타(KOSTA) 집회에 갔을 때 홍정길 목사님과 대화를 나눈 적이 있습니다. 사람의 성품 속에 내재된 악함에 대하여 손자들을 비유하며 설명하셨는데요, 할아버지 사랑을 받으려고 질투하는 어린 손자들의 모습이 귀엽기도 하지만 마냥 귀여워 할 수만은 없으셨답니다. 인간관계는 태어나면서부터 생존과 인정의 욕구로 인해 끊임없이 도전 받습니다. 도전을 피할 수는 없더라도 어떻게 대응할 것인지는 선택할 수 있습니다. 잘못된 대응의 결말이 얼마나 엄청난 것인지를 성서는 말하고 있습니다.

가인은 동생보다 인정 받지 못했다고 생각했나 봅니다. 동생 아벨을 죽이고 맙니다. 성서 최초의 살인 사건, 이웃도 아니고 형제지간의 살인이라는 점에 유의해야 합니다. 재산 다툼도 아니고 제사와 제물로 인한 살인입니다. 하나님께 제사를 드렸는데 아벨의 제사만 받으시자 이에 격분한 가인이 아우 아벨을 죽인 것입니다.

필연적 만남의 건강지수

세 종류의 만남이 있습니다. 필연적 만남, 선택적 만남, 우연적 만남입니다. 지혜로운 사람은 선택적 만남과 우연적 만남에서 서로에게 유익이되는 만남이 될 때 필연적인 만남으로 믿습니다. 우연과 선택 속에 하나님의 인도가 있음을 믿는 겁니다. 필연적 만남의 건강도가 선택적 만남의 건강도를 결정합니다. 부모와 자녀 관계의 건강지수는 자녀의 인간관계 건강지수를 결정짓는 중요한 요인이 됩니다. 건강한 가정에서 자란 아이늘은 건강한 만남에 이끌리게 된다는 것입니다.

많은 자녀를 둔 선배 목사님이 계십니다. 자녀들 모두 성장해서 영향력 있는 사람으로 사회 각 분야에서 활동하고 있는데요. 오직 딱 한 자녀만 두고두고 속을 썩였습니다. '다 잘되고 저 자녀만 속을 썩이는 이유가 뭘까?' 내심 궁금했습니다. 외람되지만 여쭈었더니 그 아이를 임신했을 때 목회가 가장 힘든 시기였다고 했습니다. 못된 사람 하나가 집요하게 괴롭혔던 때였답니다. 목회적 상황에서 산모의 심리적, 정서적 영향이 태중의 아이에게 영향을 미친 것으로 이해하셨습니다.

가인과 아벨의 태교나 성장 과정에 관한 기록은 성서에서 찾을 수 없습니다. 다만 제사를 드린 이후 받으시지 않자 가인이 하나님께 보인 태도를 통해 그가 어떤 사람인지 짐작할 뿐입니다. 아벨은 양 치는 자였고 가인은 농사를 짓는 자였습니다. 세월이 지난 후에 가인은 땅의 소산물로, 아벨은 양의 첫 새끼와 기름으로 여호와께 제사를 드렸습니다. 아벨과 그의 제물은 받으셨으나 가인과 그의 제물은 받지 않으셨습니다. 가인은 몹시 분하여 안색이 변했지요. 에덴동산에서 아담에게 질문하셨던 하나님께서 그의 아들 가인에게도 질문하십니다.

"네가 분하여 함은 어찌 됨이며 안색이 변함은 어찌 됨이냐?"
"네가 선을 행하면 어찌 낯을 들지 못하겠느냐?"

하나님의 질문은 돌이킬 기회를 주기 위한 것인데요. 가인은 답을 찾지 못하고 동생을 죽입니다. 하나님을 만난 사람은 그분을 닮습니다. 자신의 분노와 제물에 무엇이 잘못되었는지 질문하시는 하나님의 질문을 냉혹하게 수용합니다.

"하나님 저의 제물에 무슨 문제가 있는 것입니까?"
"하나님이 기뻐하시는 제물은 무엇입니까?"

하지만 가인은 이렇게 질문하지 않았죠. 그렇다면 하나님은 왜 아벨의 제사만 받으신 것일까요? 제사와 제물의 본질은 그 사람입니다. 드린 곡식과 양이 아니라 그 사람의 마음이 하나님께 있는지를 보십니다. 예수님은 재물이 있는 곳에 마음이 있다고 하셨습니다. 가인과 아벨의 제물에서 하나님을 향한 그들의 마음의 유무는 어떻게 알 수 있을까요? 가인은 아담과 하와에게 첫 아이였습니다. 하나님을 배신하고 에덴동산에서 쫓겨난 후 출산한 맏아들이죠. 아마도 아담은 첫 아이의 상태에 대해 보편적인 궁금함 이상이었을 것입니다. 에덴에서 추방당한 사람의 첫 번째 출산입니다.

또 여자에게 이르시되 내가 네게 임신하는 고통을 크게 더하리니 네가 수고하고 자식을 낳을 것이며 너는 남편을 원하고 남편은 너를 다스릴 것이니라 하시고(창 3:16)

고통 속에 해산할 것이란 말씀을 들었으니 아이를 낳을 때 얼마나 고통스러울지, 산모와 아이는 어떻게 될런지 궁금하지 않을 수 없습니다. 에덴동산에서 쫓겨나는 급격한 환경 변화를 수용하기까지 비평형화와 조정의 과정은 필수입니다. 부끄러움을 알았고 더러움도 알았습니다. 땀도 흘려야 했습니다. 새로움과 두려움의 연속이었습니다. 첫 번째 아이 가인의 정서에 지대한 영향을 미쳤을 수밖에 없습니다. 아벨을 출산할 때는 조금 달랐을 것입니다. 가인을 출산한 경험과 건강한 아이의 출산으로 인해 죄책감도 상당 부분 치료되었을 것입니다. 새로운 생활에 대해 정서적으로도 한결 안정되었을 것입니다. 결국 가인과 아벨의 출산은 산모의 정서적이고 영적인 환경의 차이가 있을 수밖에 없습니다.

가인이 아벨에 비해 하나님이 기뻐하시는 제사를 드리지 못했다는 것, 그 이유를 우리가 다 알 수는 없지만 하나님의 판단은 공평하고 정확하시리라는 것을 믿습니다. 가인과 그의 제물에 문제가 있었던 것입니다. 하나님이 그의 제사를 받지 않았을 때 하나님께 화를 낸 것만 보아도 그가 어떤 사람인지 짐작할 수 있습니다.

그의 제사를 받지 아니하심

학자들 가운데는 가인과 아벨의 제사를 '피'의 유무로 해석하는 분들도 계십니다. 하나님은 '피' 있는 제사를 기뻐하신다고 합니다. 기독론적 관점에서 해석하면 구약에서 피 있는 제사는 예수님의 십자가, 희생을 상징한다고 볼 수 있습니다. 하지만 하나님께서 피 있는 제사만을 귀하게 여긴다는 주장에는 동의할 수 없습니다.

곡식 가루를 제물로 드리는 소제와 아울러 가난한 자의 속죄제사에는 고운 가루를 제물로 허락하셨습니다. 하나님은 제물의 크기와 피의 유무를 떠나 사람의 마음과 그 사람의 전부를 제물로 원하시는 분입니다. 피 없는 제물도 하나님을 향한 신뢰와 감사의 마음이 담겨 있다면 기쁘게 받으십니다. 피 있는 제물도 마음의 정성과 하나님을 경외하는 마음이 없다면 의미 없습니다. 가인의 제물에 피가 없었다는 것만으로 그의 제사를 문제삼을 수 없는 이유입니다.

가인과 그의 제물은 받지 아니하신지라 가인이 몹시 분하여 안색이 변하니 여호와께서 가인에게 이르시되 네가 분하여 함은 어찌 됨이며 안색이 변함은 어찌 됨이냐 네가 선을 행하면 어찌 낯을 들지 못하겠느냐 선을 행하지 아니하면 죄가 문에 엎드려 있느니라 죄가 너를 원하나 너는 죄를 다스릴지니라(창 4:5-7)

하나님은 연결질문을 하십니다.

"네가 분함은 어찌 됨이냐?"
"안색이 변함은 어찌 됨이냐?"
"네가 선을 행하면 어찌 낯을 들지 못하겠느냐?"

가인의 태도를 보십시오. 하나님께 몹시 화를 냅니다. 그의 분노가 어떤 이유로도 하나님 앞에서 정당하다 할 수 없습니다. 가인이 하나님과 올바른 관계에 있었다면 하나님 앞에서 분을 내고 낯을 숙이지 않았을 것입니다. 잘못된 태도는 잘못된 마음에서 비롯됩니다.

믿음으로 아벨은 가인보다 더 나은 제사를 하나님께 드림으로 의로운 자라 하시는 증거를 얻었으니 하나님이 그 예물에 대하여 증언하심이라 그가 죽었으나 그 믿음으로써 지금도 말하느니라(히 11:4)

히브리서 기자는 가인은 아벨보다 더 못한 제사를 드렸다고 기록합니다. 형식적이고 의무감으로 제물을 드렸다고 볼 수 있지요. 마음이 없는 선물을 받으면 그 선물이 가치 유무를 떠나 불편하기 마련입니다. 제물의 상태와 가치도 중요하지만 하나님과의 관계보다 우선할 수는 없습니다. 하나님은 믿음을 먼저 보십니다. 하나님께서 가인의 제물을 받지 않으신 다른 이유는 가인의 제물에는 믿음이 없었기 때문입니다.

아벨은 자기도 양의 첫 새끼와 그 기름으로 드렸더니 여호와께서 아벨과 그의 제물은 받으셨으나(반기셨으나, 새번역) 가인과 그의 제물은 받지 아니하신지라 가인이 몹시 분하여 안색이 변하니(창 4:4-5)

하나님은 아벨을 먼저 받으시고 다음으로 그의 제물을 받으셨습니다. 하나님께서 가인의 제물을 거절하기 이전에 이미 가인을 받지 않으신 것입니다. 창세기 4장 7절에 '선을 행하면, 선을 행하지 아니하면'이라는 표현이 나옵니다. '선을 행하지 아니하면'을 '마음에 선한 경향을 가지지 아니하면'으로 직역할 수 있습니다. 가인의 제사와 제물 그리고 그의 삶 속에는 선한 경향이 없었습니다. 가인의 제물이 더 비싸고 좋은 것이었을지라도 하나님께서는 그 제사를 받지 않았을 것입니다. 또 두 사람의 제물이 바뀌었다 할지라도 하나님은 받지 않으셨을 것입니다. 하나님은 제물을 원하시는 것이 아니라 사람을 원하십니다. 본문을 직역하면 다음과 같습니다.

'여호와께서 아벨과 그리고 그의 제물은 받으셨으나 가인과 그리고 그의 제물은 받지 않으셨습니다.'

누가 이웃인가

가인이 아벨을 죽였습니다. 힘들 때 위로 받고, 적들이 권한을 넘어 올 때 힘을 모아야 할 가족이며 이웃인 아벨을 죽였습니다. 가족간의 관계가 깨어지면 다른 관계의 건강함을 기대하기가 어렵습니다. 지나치게 가족 중심적인 것도 바람직하지 않습니다. 내 아내, 내 아이들, 자기 가정의 울타리를 넘어서지 못하는 사람들은 제자가 될 수 없다고 하셨습니다. 지나친 가족애는 자녀들의 자발성과 독립성을 훼손시킵니다. 세계관의 한계를 좁게 설정하게 합니다.

가족은 사랑하지 못하면서 타인에게는 잘하는 사람도 있습니다. 주일 교회 사랑방에서 어르신을 섬기는 성도가 있었습니다. 어느 해 추석 주일이었어요. 남편과 아이들은 시댁에 내려갔는데 그분은 가지 않았습니다. 그 주일 교회에서 좀 과하다 싶을 만큼 어르신들을 지극 정성으로 섬겼습니다. 어르신들은 그런 며느리를 둔 시부모는 얼마나 좋겠냐면서 부러워했어요. 다음 주일, 고향에 다녀온 남편은 예배에 나오지 않았습니다. 시부모에게 효도를 못하는 것까지는 이해해도 명절 때 내려가지 않은 것은 도저히 이해할 수 없다는 것이죠. 그런 아내가 믿는 하나님이 싫다는 말도 잊지 않았습니다.

하나님은 이웃을 섬기라고 하셨습니다. 먼저는 가족입니다. 가족을 사랑하고 섬기되 이를 넘어서 이웃을 섬겨야 합니다. 누굴 먼저 섬기고 나중

섬기겠다는 것이 아니라 모두를 하나님의 자녀로 보는 관점이 우선돼야 합니다.

그러므로 우리는 기회 있는 대로 모든 이에게 착한 일을 하되 더욱 믿음의 가정들에게 할지니라(갈 6:10)

성서가 설정한 우선순위는 믿음의 가정입니다. 성서는 왜 믿음의 가정들에게 착한 일을 하라고 하셨을까요? 믿음의 가정들이 서로 섬기는 모습을 볼 때 세상은 하나님의 살아계심을 인정하기 때문입니다.

세 번째 이웃은 교회입니다. 교회를 섬긴다는 것은 그리스도의 몸을 섬기는 것입니다. 섬기는 교회, 지역교회 나아가 세계교회를 섬겨야 합니다. 제가 잘 아는 두 대형 교회가 있습니다. 한 교회는 부채도 없고 무리한 일도 하지 않습니다. 목회자도 세련되고 멋집니다. 하지만 좋은 일을 함에도 늘 자기 교회를 먼저 생각한다는 인상을 지울 수 없습니다. 다른 교회는 좀 촌스럽고 조직적이지 못합니다. 많은 부채도 있는데 선교에 목숨을 걸었습니다. 하나님은 두 교회를 다 쓰시겠지만 선교 중심적인 교회에 더 많은 일을 맡기실 것입니다.

이스라엘 백성들의 선민사상은 예루살렘 제일주의였습니다. 하나님이 이스라엘을 택하신 것은 그들에게만 복을 주기 위해서가 아니라 복의 통로로 사용하기 위해서였는데요. 복은 사모하면서도 주신 목적을 잊고 타락했습니다. 복을 받았다면 나누고 섬겨야 합니다. 선민으로 택하신 목적과 이유를 잊으면 안 됩니다. 사명을 발견하지 못한 축복은 저주가 되고 말았습니다. 그 고통의 끝은 나라를 잃는 아픔이었습니다.

너희가 만일 성경에 기록된 대로 네 이웃 사랑하기를 네 몸과 같이 하라 하신 최고의 법을 지키면 잘하는 것이거니와(약 2:8)

하나님은 사람에 대한 태도를 하나님께 대하는 태도와 동일시하십니다. 제자들에게 한 것이 주님께 한 것이라 하셨고 주님께 한 것이 하나님께 한 것이라 하셨거든요. 이웃 사랑이 최고의 법이라 하셨습니다. 사랑의 크기는 축복 받을 분량과 잇닿아 있습니다. 사랑해야 될 이웃이 미워질 때 하나님 말씀을 기억해야 합니다. 사랑해야 할 대상이 많아질 때 하나님은 우리의 그릇을 시험하고 계십니다. 섬김의 대상이 많아질 때 우리는 사랑에 대한 시험을 받습니다. 하나님은 아벨로 인해 하나님을 향한 신뢰가 흔들릴 때 죄를 다스리라고 1차 경고를 하셨습니다. 죄악의 씨앗이 자랄 때 다스려야 합니다. 우리의 삶에 자리하고 있는 '아벨'이 누구인지 생각해야 합니다. 그 사람도 우리에게 섬기라고 주신 하나님의 사람입니다.

갈등이 있다는 것은 가까이에 섬겨야 할 이웃이 있다는 것이고, 관계가 형성되고 있다는 뜻입니다. 아벨을 사랑하고 섬길 때 하나님은 다음에 섬길 이웃을 붙여 주십니다.

모든 사람에게 잘한다는 것

모든 사람과 더불어 화평함과 거룩함을 따르라 이것이 없이는 아무도 주를 보지 못하리라(히 12:14)

모든 사람과 더불어 화평해야 합니다. 예외는 있습니다. 거룩한 것을 돼지에게 주지 말라고 하셨습니다. 사도 바울도 구리세공업자 알렉산더는 주의해야 할 대상으로 구별했습니다. 모든 만남을 필연적인 만남으로 이해하면 불필요한 책임 의식을 떠안게 됩니다. 단 한 사람도 잃지 않겠다는 마음은 공동체의 평안을 지키는 것보다 우선할 수 없습니다. '모든 사람과 화평하라' 는 말씀을 문자적으로만 해석할 필요는 없습니다. 예수님도 바리새인이나 사두개인들과는 평화롭게 지내지 않으셨습니다.

또 너를 고발하여 속옷을 가지고자 하는 자에게 겉옷까지도 가지게 하며(마 5:40)

일하지 않고 도움 받기를 좋아하는 사람, 남에게 꾼 것을 갚지 않고 쉽게 얻으려는 사람, 의존 성향이 강한 사람, 빌려 쓰는 것에 맛 들여 계속 꾸러 다니는 자들에게 겉옷까지 주는 것은 장기적인 관점에서 도움이 안 됩니다. 이런 사람들이 속옷을 달라고 할 때에는 겉옷을 주는 것이 아니라 속옷을 주는 것도 신중해야 합니다. 속옷이 없지만 도움을 요청하지 않고 속옷을 만들러 다니는 자들을 먼저 돌봐야 합니다. 속옷이 긴급하게 필요한 사람은 세워 두고 속옷을 달라는 사람에게 겉옷까지 주는 것은 어리석은 행동입니다. 속옷과 겉옷이 더 필요한 사람이 누구인지 먼저 하나님께 여쭈어야 합니다. 절제와 기준 없는 섬김이 도움 요청 자들에게 장기적으로 해가 될 수도 있습니다.

군복무를 위해 입대하기 전에 생긴 일입니다. 큰누님 집에 방문한 담임 목사님이 투자한 것을 거둬들이라 권하셨지만 듣지 않으셨습니다. 하여, 재산을 잃고 네 식구가 단칸방에서 살게 됐습니다. 그 돈은 매형이 외국에서 고생고생하며 송금했기에 안타까움은 더했습니다. 입대 며칠 전, 교회 선배들과 가족, 그리고 사랑하는 분들께서 전별금을 주셨습니다. 처음에는 그 돈을 큰누님께 드리려 생각했는데요. 기도 중 마음에 걸리는 것이 있었습니다. 하나님이 큰누님을 훈련하시는데 어설프게 도와주면 훈련 기간만 길어질 뿐이라는 생각이었습니다. 1985년 적잖은 돈을 섬기던 고아원에 보내고 입대했습니다. 당시에는 섭섭했겠지만 큰누님은 하나님 앞에 바르게 나아가고 대면하여 응답을 받았습니다. 필요한 고난의 시간을 보내고 난 지금은 승리자의 삶을 살고 있습니다.

악한 사람, 우상 숭배자, 이단, 더러운 죄에 물들어 있는 사람, 책임의식은 없고 핑계와 원망만 달고 사는 사람을 돕는 것은 어리석은 행동입니다. 그들은 긍휼과 변화의 대상이지 관계의 대상은 아닙니다.

2010년, 로고스교회가 일산으로 이전을 앞두고 있을 때의 일입니다. 교단 헌법에 따라 교회재산 매각과 구입에 관한 사무총회 가결이 필요했습니다. 사무총회는 2주 전에 공고해야 하지만, 마침 정기사무총회와 맞물렸기에 따로 소집공고를 내지 않았습니다. 정기사무총회 공고 후 2주를 기다리는데, 누군가 '교회 이전에 관한 절차'에 문제제기를 할 것 같다는 말이 들려왔습니다. 마음 한편에 '그렇다면 그분이겠구나.'라고 생각나는 분이 있었습니다.

사무총회가 열렸습니다. 역시 그분께서 진행 절차에 관한 문제를 제기하셨습니다. 사무총회 공고는 합법적이지만 교회 이전과 관련된 문제에 대해서 '의제 상정'을 안했다는 것이었습니다. 역대 사무총회에서 의제 상정을 해 본 적도 없고 문제가 된 적도 없었습니다. 그분의 논리대로라면 2년 전 사무총회 공고문에 '의제: 안수집사·권사·장로장립 투표'라고 하지 않았으므로 그분이 안수집사가 된 것도 문제가 됩니다. 사무총회 의제 표기만 안했을 뿐 교회 이전을 안건으로 다루는 것을 모두 알고 있는 사항이니 교회 이전 찬반투표를 강행하자는 여론이 대다수였습니다. '의제 상정'을 해서 임시사무총회를 다시 해야 한다는 주장은 그분뿐이었습니다. 사무총회 공고에 있어 의제 한 줄을 넣고 빼는 것이 이렇게 공동체를 힘들게 할 줄은 몰랐습니다. 성도들은 두 시간이 넘는 긴 회의에 지쳤고 어떤 분은 회의장을 떠나기도 했습니다.

의장으로서 문제를 제기하는 한 분의 의견을 존중하기로 결정했습니다. 의제 상정 없이 교회 이전을 다수결로 묻자는 분도 계셨지만 교단법은 다수결로 결정할 사항이 아님을 설득하고 회의를 마쳤습니다. 그러는 사이 매입하려 했던 건물이 팔릴 수도 있었지만, 잃더라도 절차를 따르기로 했습니다. 리더로서 부주의한 책임을 인정하고 절차를 지키기로 했습니다. 결국 다음 주일 의제를 기록한 임시사무총회 공고문을 붙였습니다. 2주가 지나 사무총회가 열렸고 교회 이전 찬반 투표가 92%의 찬성으로 가결되었습니다. 2주 동안 교회 이전의 필요성과 하나님의 인도하신 과정을 충분히 공유할 수 있었기 때문에 합력해서 선을 이루었습니다.

그분이 공동체를 힘들게 한 것이 아닙니다. 꼼꼼하지 못한 제가 그분과 공동체를 힘들게 한 것입니다. 법을 잘 몰랐던 리더의 어리석음이었어요. 교회는 그 후로 이와 같은 일로 에너지를 낭비하지 않았습니다. 모든 절차가 끝난 뒤, 그분은 교회 이전에 함께 하지 않았습니다. 그것까지 하나님의 섭리로 받아들였습니다. 그분을 이웃으로 만들지는 못했지만 적으로 만들지도 않았습니다. 언제 어디에서 만나든 축복하고 격려할 수 있도록 좋은 이별을 했습니다.

우리가 만나는 사람 중에 이웃이 아닌 사람도 있습니다. 모든 사람과 화평할 수는 없을지라도 포기하지 않고 화평을 구할 수는 있습니다. 아무리

악한 사람이라도 그분이 주님의 자녀이기에 우리의 형제인 것은 확실합니다. 주님이 그분을 통해 일하시는 것도 인정할 수 있습니다. 그러나 그들과 삶의 전반을 나누며 온전한 이웃, 온전한 가족이 되고자 하는 욕심은 버리기로 했습니다. 그분들은 이웃이 아닌 훈련교관으로 받아들이면 됩니다. 하나님 안에서 하나님의 섭리로 이해하면 인간관계의 갈등이 시험이 아닌 훈련이 됩니다.

어떻게 섬길 것인가

모 그룹 회장인 한 장로님은 독특한 질문을 하기로 유명합니다. 매년 가족 여행 때 자손들에게 묻는다고 합니다.

"1년 동안 하나님을 어떻게 섬겼는가, 섬길 것인가?"
"1년 동안 교회를 어떻게 섬겼는가, 섬길 것인가?"
"1년 동안 목사님을 어떻게 섬겼는가, 섬길 것인가?"

동일한 질문으로 지난 1년을 돌아보고 앞으로의 1년을 준비시킵니다. 자녀들은 늘 이 질문에 대한 답을 준비하며 살아가고 있답니다. 질문의 목적은 섬김에 대해 생각하고 각자가 할 수 있는 것을 찾게 하는 것입니다. 하나님과 교회, 그리고 목회자를 하나로 보는 통합적인 신앙심에 입각한 질문입니다. 섬김은 우리의 존재 이유입니다.

21세기 들어 '사회적 기업'이라는 새로운 형태의 비즈니스 모델이 각광을 받고 있는데요. 개인과 회사의 이익보다 공동체의 이익과 선을 위해 노력하는 것으로 〈탐스 슈즈〉를 대표적인 사례로 들 수 있습니다.

「탐스 스토리」의 저자 블레이크 마이코스키(Blake Mycoskie)는 아르헨티나에서 휴가를 보내는 중에 단순히 신발이 없다는 이유로 병에 걸리는 아이들을 보았습니다. 그는 아이들을 도울 수 있는 새로운 형태의 비즈니스 모델을 담은 '내일의 신발'(Tomorrow's Shoes)인 '탐스 슈즈'를 시작했습니다. 탐스 슈즈는 돈을 벌기 위한 고민이 아니라 돕기 위한 사명에서 출발했습니다. 신발 한 켤레가 팔릴 때마다 한 켤레는 기부 형태로 신발이 없는 아이들에게 돌아갑니다. 블레이크는 평생 신발 한 켤레를 만들어본 적도 장사를 해본 적도 없었지만 열정과 확신으로 자신의 아파트에서 사업을 시작했습니다. 탐스 슈즈에 관한 소문이 확산되면서 회사 설립 6년 만에 무려 200만 켤레가 넘는 신발을 아이들에게 신겨주었습니다. 그는 자신만의 의미 있는 사업을 시작하는 조건으로 '두려움에 직면' 하라고 조언합니다.

1997년 로고스교회 개척 후 처음 맞는 안식년의 기간 동안 감사가 넘쳤습니다. 1년간 교육비, 체제비 등을 계산해보니 1억 원이란 큰돈이 들었고, 하나님이 공급하셨습니다. 아내와 함께 하나님과 후원해준 로고스교회에 감사하는 마음으로 3년간 그만큼의 헌금을 작정했습니다. 이름도 생소한 '교회 비전 건축헌금' 이었습니다. 재산도 다른 수입원도 없었던 터라 3년간 자발적인 광야 생활을 기뻐하기로 했습니다. 아내는 영문학 전공자요 안식년동안 머문 토론토에서 공부도 한 지라 생활비를 위해 3년만 영어 개인교습을 하기로 결정했습니다. 결단한 지 며칠 만에 아내가 많이 아팠습니다. 수술을 해야만 했습니다.

개척자의 아내로 살다 지쳤나 봅니다. 헌신의 결단을 완수하기도 쉬운 일이 아닌데 아내까지 아프니 두려움은 배가 되었습니다. 하루하루가 삶의 경계선 같았습니다. 3년 만에 이 헌금을 다 드리고 났더니 일산으로 교회 이전을 허락하셨습니다. 개척교회가 12년 만에 100억짜리 프로젝트를 감당한 것입니다. 교회 이전 후 몇 개월은 두려움의 연속이었습니다. 이것 역시 영적인 훈련임을 알았지만 아는 것과 믿는 것은 달랐습니다. 승리할 것은 믿었지만 잠이 쉽게 오지 않았습니다.

앞으로는 목회를 하면서 더 이상 두려움에 직면할 일은 만들지 않기로 결심했습니다. 하루는 '탐스 슈즈'의 블레이크가 저를 부끄럽게 했습니다. 신발이 없는 아이들에게 신발을 신겨주기 위한 새로운 마케팅도 두려움을 극복했는데, 인류 구원을 위한, 한 사람이라도 더 구원을 얻게 하기 위한 하나님의 선교 프로젝트에 대한 두려움에 직면하는 것을 두려워했던 것이 부끄러웠습니다.

두려움은 도전할 때 찾아옵니다. 새로운 도전이 크면 클수록 두려움도 큽니다. 성공한 사람들은 모두 두려움을 극복하는 과정을 거쳤습니다. 블레이크는 성공한 사람들의 자서전, 명언, 성공과 관련된 짧은 메시지들을 곁에 두고 자주 접하라고 조언합니다. 긍정의 메시지로 전염이 되어야 한다는 것이죠. 긍정의 믿음이 있어도 프로젝트를 감당하는 교회가 어려움 겪는 것을 보았습니다. 어떤 일을 하고 그 프로젝트가 얼마나 두려운 것인지 살피는 것보다 하나님의 영광과 그분의 이름으로 하지 않는 것을 두려워해야 합니다.

우리에게는 성서가 있습니다. 무엇보다 주님이 계십니다. 십자가에 달리신 예수님을 생각하면 우리의 두려움은 아무 것도 아닙니다. 물론 실력을 키워가지 않고 무작정 두려움에 맞서겠다는 것은 무모한 짓입니다. 이제 영적인 성장과 함께 주님을 섬기는 길이라면 어떤 두려움에도 도전장을 낼 것입니다. 하나님은 준비된 사람을 통해 일하시기에 준비하지 않고 있음을 두려워하기로 했습니다.

로고스교회에서 러시아에 파송한 선교사님이 계십니다. 그곳에서 생활한 지 18년쯤 지났을 때 선교사의 아내가 위암에 걸렸다는 소식이 들려왔습니다. 우리 교회가 파송한 지 2년 만의 일이었습니다. 기도하는 중 문득 하나님께서 섬김의 그릇을 시험하신다는 생각이 들었습니다. 교회 이전으로 재정적 어려움이 있었지만 수술 후 회복 중이실 때 적지 않은 위로금을 가지고 찾아가 전달하고 돌아왔습니다. 선교사의 아내는 봉투를 열어보고 약 40분간 오열했답니다. 돈이 아니라 하나님의 위로를 맛본 것입니다. 병원비의 두려움도 극복할 수 있었다고 했습니다. 섬김의 기회는 '어떻게 할 것인지'에 대한 시험입니다.

목숨을 다해 섬기라! 네 이웃을 네 몸과 같이 사랑하라! 위대한 섬김에는 두려움이 따릅니다. 주님은 우리를 위해 목숨까지 아까워하지 않으셨습니다. 섬기다가 망해도 섬긴 것은 하나님 나라에 저장됩니다. 믿음의 거목에게 실패와 패망은 없습니다. 설령 실패가 있어도 경험으로 해석하면 됩니다. 섬김의 크기는 받을 축복의 크기와 같습니다. 가진 것이 있어야 섬길 수 있다는 것은 거짓말입니다. 그렇게 말하는 사람은 기회주의자입니다. 기회주의자에게 기회는 주어지지 않습니다.

작은 섬김으로 시작하기

남편과의 갈등으로 인해 떨어져 살기로 한 지 몇 년째…

졸지에 세 아이를 데리고 경제적인 것까지 책임져야 했습니다. 낮에는 보육교사, 저녁에는 파출부와 식당일로 힘겨운 생활이 계속되며, 심한 스트레스로 건강마저 안 좋아졌고 고 3이던 아들은 충격으로 방황을 하였지만 아이에게 해줄 것이 기도밖에 없었습니다.

내 상황이 부끄러워 도망치듯이 아무도 모르는 곳으로 이사를 했고 집 근처 교회를 찾아 1부 예배만 드렸습니다. 하지만 사람들과 목사님을 피해 얼른 집으로 돌아오곤 했지요. 그 동안 봉사하던 삶이 그립기도 했지만 나설 수 없었습니다. 마음은 이러면 안 되는데 하면서도 행동은 반대로 되더군요.

그러던 중 자금도 부족하고 어린이집 인수는 생각도 못할 일이었지만 직장 다니는 엄마들을 돕고 싶은 마음에 형편에 맞는 어린이집을 덜컥 계약했습니다. 물론 이 일을 통해 조금이라도 가정 경제에 도움이 됐으면 하는 소망도 있었습니다. 하지만 계약 후 잠이 오질 않았습니다. 덜컥 계약을 했는데 너무 무모한 것 아닌지 불안했고, 저의 모습을 본 아이들마저 불안해 하더군요.

새벽기도 후 담임목사님께 상담을 요청했습니다. 몇 개월을 피해 다녔는데 그날은 상담하고 싶은 마음이 들었습니다. 경험이 없어 일처리에 두서도 없고 급해지는 제 자신이 부끄러웠지만 목사님께서는 "도전해 보세요. 혹시 어려워지면 교회가 돕겠습니다."라고 말씀해 주셨습니다. 고민을 상담할 사람도 없었고, 수많은 결정을 혼자 해야 하는 과정이 외롭고 힘들었는데, 그 말씀이 얼마나 큰 위로가 되고 용기가 되던 지요. 그 일이 교회와 가까워진 계기가 되었고, 교회 테두리에서 맴돌던 제가 한 발자국 안으로 들어서게 되었습니다.

어린이집 개원을 했지만 교사도 없고, 아이도 없고, 나 혼자 텅 빈 어린

이집을 지키고 있었습니다. 한 달간 전혀 수입이 없었고, 설상가상 태권도를 하는 둘째 아이가 발목을 다치고, 얼마 후엔 무릎 뼈를 다쳐 아이의 진로에도 차질이 생기게 되었습니다.

하나님께 나를 왜 이곳으로 이끄셨는지 하나님의 뜻을 알게 해 달라고 기도하며, 한편으로는 나는 잘못한 것도 없는데 이런 고난이 오나 원망도 했습니다. 하지만 하나님은 제 마음을 다스려 주시고, 하나님의 신실하심을 알게 하셨습니다. 기도하면서 나 자신을 보게 된 것입니다.

하나님께서는 기도하면서 제 모습을 돌아보게 하셨습니다. 난 남편에게 잘하려고 했는데, 그게 아니었던 것이었습니다. 도덕적이고 옳고 그름을 따지는 성격이 남편을 힘들게 했겠구나, 남편을 하나님이 만드신 그대로 인정하지 못하고, 판단하고 비판했던 것을 회개했습니다. 나는 하나님의 도움을 구했는데 하나님은 나를 바꿔 가시고, 어린이집보다 남편을 위한 기도를 더 많이 하게 하셨습니다.

어린이집은 하나님의 은혜로 안정을 찾아가고 있습니다. 물론 지금도 어려움이 있지만 어려움이 있을 때면 하나님이 나를 어떻게 쓰시려고 이런 훈련을 하시나 오히려 기대가 됩니다. 아이들 기저귀를 갈면서도 어떻게 하면 주의 일을 할 수 있을까 기도했습니다. 나는 할 수 없지만 나와 함께 하시는 하나님이 새 힘을 공급해 주실 테니까요.

제가 극동방송 〈사랑의 뜰안〉을 진행할 때, 교회 성도님께서 보내주신 사연입니다. 아직까지 교회는 그분을 물질적으로 도운 것이 없습니다. 오히려 교회에 힘이 되고 계십니다. 그분께는 진실한 말 한 마디가, 마음 담긴 사랑의 표현이 더 큰 힘이 되었던 것 같습니다.

그러므로 다윗이 그 곳을 떠나 아둘람 굴로 도망하매 그의 형제와 아버지의 온 집이 듣고 그리로 내려가서 그에게 이르렀고 환난 당한 모든 자와 빚진 모든 자와 마음이 원통한 자가 다 그에게로 모였고 그는 그들의 우두머리가 되었는데 그와 함께 한 자가 사백 명 가량이었더라(삼상 22:1-2)

사울 왕이 다윗을 죽이려고 할 때 다윗은 자기 한 몸도 감추기 힘든 상황이었습니다. 400여 명의 사람들이 그를 따랐습니다. 사울의 추격을 피해 도망다니는 처지에 400여 명은 발각되기 쉬운 위험 요소일 뿐입니다. 안전, 식량, 관계 등 어느 것 하나 녹록치 않은 상황이었지만 다윗은 그들을 받아들이고 섬겼습니다. 환난당한 자, 빚진 자, 마음이 원통한 자들을 섬기며 다윗은 목동에서 진정한 왕으로 성장해 갔던 것입니다.

내일은 없다

앤디 앤드루스(Andy Andrews)의 「폰더 씨의 위대한 하루」에서는 주인공 폰더가 시간여행을 합니다. 위대한 인물들을 만나 핵심 가치를 발견하고 삶을 새롭게 시작하는 이야기인데요. 시간여행을 떠나기 전 폰더는 실직으로 집세와 아픈 딸의 병원비조차 내기 어려운 상황이었습니다. 어렵게 구한 점원 자리에서조차 해고당해, 절망 속에 자살을 시도하기도 합니다.

시간여행을 통해 폰더가 처음 만난 사람은 미국의 33대 대통령 트루먼인데요. 사람들에게 주어진 상황은 외부에서 온 것이 아니라 자기 자신이 만든 것이므로 스스로 책임져야 한다고 말합니다. 다음으로 만난 솔로몬은 현명한 사람을 만나 조언을 듣는 것이 지혜를 찾는 방법이라고 알려 줍니다. 체임벌린 대통령은 어떠한 열악한 상황에서도 과감하게 행동하며 매사에 최선을 다하라고 말합니다. 네 번째로 만난 콜럼버스는 탐험가로서 저

너머에 땅이 있을 거라 믿고 열정을 다해 확고한 마음을 품을 것을 권합니다. 안네 프랑크는 어떤 상황에서도 항상 행복을 선택해야 함을 가르쳐 줍니다. 여섯 번째로 만난 링컨은 스스로를 용서하는 법을 배우라고 조언하죠. 마지막으로 만난 대천사 가브리엘은 어떤 경우에도 물러서지 말라는 말을 해 주었습니다.

폰더 씨는 시간여행을 통해 '공은 여기서 멈춘다', '나는 지혜를 찾아 나서겠다', '나는 행동을 선택하는 사람이다', '나는 결연한 마음을 가지고 있다', '나는 매일 용서하는 마음으로 오늘 하루를 맞이하겠다', '나는 어떠한 경우에도 물러서지 않겠다' 는 7가지의 결단을 가슴에 품고 새로운 삶을 살기로 결심합니다.

정답을 아는 것보다 더 중요한 것을 발견합니다. 바로 '지금' 무엇인가를 하는 것인데요. 답을 찾기 위해 시간을 낭비하기보다 오늘 당장 작은 일이라도 시작해야 한다는 것입니다. 멀리 있는 대단한 불우이웃이 아닌 가까운 곳부터 작은 섬김으로 시작하는 것입니다. 이웃을 섬기기 가장 좋은 때는 '지금' 입니다. 지금을 놓치고 내일로 미룬다면 어떤 것으로도 섬길 수 없고 후회만 남을 뿐입니다.

두 아이들이 2014년 설에 받은 세뱃돈을 모아 보니 140만 원이었습니다. 둘째 아이가 대학에 입학해서 가족과 지인들로부터 받은 격려금도 포함되어 있었습니다. 우리 가정의 10가지 원칙 중의 하나는 세뱃돈을 받으면 반을 떼어 긴급한 구호에 사용한다는 것인데요. 시작한 지 10년이 되었습니다. 처음에는 저항이 만만치 않았습니다.

"세뱃돈도 나눌 수 없다면 너희들의 노동으로 얻어진 것을 나눌 수 있겠니?"

목회자의 자녀들을 망치는 여러 가지 요인 중에 하나는 성도들의 호의입니다. 설날이 되면 호의가 호의를 넘는 경우도 있습니다. 아이들에게 주시는 세뱃돈 봉투를 사전에 검열할 수도 없는 노릇입니다. 호의를 거절하기보다는 받아들인 뒤에 나누는 쪽을 택했습니다. 시행 첫 해, 셈이 빠른 둘째가 설 연휴가 끝난 이틀이 지나도 세뱃돈의 반을 가져오지 않았습니다. 다시 한 번 말했더니 천리길을 가는 맥없는 걸음으로 방에서 세뱃돈을 가져와 식탁에 던지듯이 내려놓았습니다.

"십일조는 그쪽에서 떼세요."

얼마나 귀엽던지 모르는 척하려다가 똥물의 비유가 생각났어요. 유리컵에 생수가 담겨 있는데 똥물 한 방울이 떨어지면 생수라 하지 않고 똥물이라 합니다. 아이들 인생이 작은 실수로 인해 흔들리거나 부끄러움당하는 일이 없도록 둘째가 가진 50%에서 십일조를 징수했습니다. 지금 여기에서 이웃을 향한 나눔과 섬김이 훈련되지 않는다면 일생 한 번도 이웃을 섬겨보지 못하고 생을 마감할 수 있습니다.

내가 주릴 때에 너희가 먹을 것을 주지 아니하였고 목마를 때에 마시게 하지 아니하였고 나그네 되었을 때에 영접하지 아니하였고 헐벗었을 때에 옷 입히지 아니하였고 병들었을 때와 옥에 갇혔을 때에 돌보지 아니하였느니라 하시니 그들도 대답하여 이르되 주여 우리가 어느 때에 주께서 주리신 것이나 목마르신 것이나 나그네 되신 것이나 헐벗으신 것이나 병드신 것이나 옥에 갇히신 것을 보고 공양하지 아니하더이까 이에 임금이 대답하여 이르시되 내가 진실로 너희에게 이르노니 이 지극히 작은 자 하나에게 하지 아니한 것이 곧 내게 하지 아니한 것이니라 하시리니 그들은 영벌에, 의인들은 영생에 들어가리라 하시니라(마 25:42-46)

이웃을 섬기는 자는 하나님께서 높여 주십니다. 심는 대로 거둡니다.

"네 아우 아벨이 어디 있느냐?"
"네 이웃이 어디 있느냐?"

최고의 질문입니다. 최고의 질문을 배운 사람은 최고의 질문을 자신과
타인에게 던집니다. 최고의 질문을 배우지 못한 사람은 최악의 질문을
합니다.

"어찌하여 네 동생을 죽였느냐?"
"살인의 대가가 얼마나 무서운지 아느냐?"

감사할 만한 것에 대한 감사는 하나님께 큰 의미가 없다.
감사는 선택이 아니라 삶의 주재권을 하나님께 드리는 것이다.
영적인 리프레이밍으로 삶을 재구성하라.
감사는 결단이 아닌 시스템 구축으로 완성된다.

chapter **8**

그 아홉은 어디 있느냐

예수께서 대답하여 이르시되
열 사람이 다 깨끗함을 받지 아니하였느냐
그 아홉은 어디 있느냐
(눅 17:17)

「적극적 사고방식」과 「생각의 힘」의 저자 노먼 빈센트 필(Norman Vincent Peale)이 기차여행길에 올랐습니다. 열차 출발에 맞춰 좌석 맞은편에 중년 부부가 앉았습니다. 아내는 앉자마자 불평을 늘어놓기 시작했습니다.

"좌석은 왜 이리 불편한 거야? 시트도 엉망이네! 객차는 청소도 안했나 봐! 그리고 승무원은 얼마나 불친절한지, 서비스 교육을 다시 해야 할 것 같아!"

부인의 목소리를 뒤로하고 남편은 노먼에게 인사를 건네며 자신을 소개 했습니다.

"안녕하세요? 저는 변호사고 제 아내는 제조업자입니다."
"무엇을 제조하시는데요?"
"불평이요."

감사를 잃어버린 사람들

2012년 통계청 자료에 의하면 대한민국의 자살률은 OECD 국가 중 8년째 1위입니다. 전문가들은 불황에 따른 실업 문제와 상대적 박탈감 혹은 우울증을 자살의 원인으로 꼽습니다. 실제로 장기 내수불황이 5년째 지속되면서 자살자의 수도 증가하고 있는 추세입니다. 한 가정에 TV, 냉장고, 세탁기, 전화 그리고 에어컨이 있다면 세계 인구 중 1% 안에 드는 부자라고 합니다. 이렇게 잘사는 데도 대한민국의 불만지수는 점점 높아져 가고 있는 것이 현실입니다.

'칼 융'(Carl Gustav Jung) 연구소장이었던 존 레비(John Levy) 박사는 돈과 인간의 함수 관계에 대해 연구했는데요. 현대인의 병 중에 '아플루엔자'(affluenza)를 소개합니다. 아플루엔자, 일명 부자병이라 불리는 이 병은 돈이 많아서 생기는 병입니다. 가벼운 감기(influenza)와 같은 질환이 시간이 지나면서 만병의 원인이 되는 것처럼, 먹을 것이 풍부하고 부유할수록(affluent) 욕심이 더 많아지고 부가 부정적인 영향을 끼친다는 것입니다. 사람의 마음이 욕심을 제어하지 못하면 부자병에 걸려서 평안을 잃게 합니다. 대다수의 사람들이 생각하는 것처럼 삶의 만족감은 부와 정비례하지 않나 봅니다.

예수님께서 예루살렘으로 가시던 중 사마리아와 갈릴리 사이에 있는 한 마을에 들어가셨는데요. 열 명의 나병환자들이 소리 높여 "예수 선생님이여 우리를 불쌍히 여기소서."라고 외쳤습니다.

"가서 제사장들에게 너희 몸을 보이라." 예수님 말씀에 순종한 나병환자들은 제사장에게 가던 중 깨끗하게 되었습니다. 하지만 치유된 자 중 오직 한 사람만이 하나님께 영광을 돌리며 돌아와 예수님의 발아래 엎드려 감사드렸습니다. 사마리아 사람이었습니다. 아래 인용한 말씀은 유대인의 소굴에서, 유대인들을 향하여, 유대인이 경멸하는 사마리아 사람의 감사에 관해 하신 말씀입니다.

예수께서 대답하여 이르시되 열 사람이 다 깨끗함을 받지 아니하였느냐 그 아홉은 어디 있느냐(눅 17:17)

성도 한 분이 상담을 정하며 생활고를 토로하셨습니다. 적잖은 돈을 준비해서 도와드렸습니다. 고마워하면서 돌아가셨습니다. 그분이 6개월 후 한 번 더 찾아 오셨습니다. 자녀들 학비가 없거나 기초생활에 불편한 것이 어려움이라 생각했는데, 그분은 가족끼리 해외여행 못 가본 지가 몇 년이나 되었다고 울먹이셨어요. 일전에 도와드린 것을 돌려 달라고 말하고 싶었지만 참았습니다. 그분의 삶에는 감사는 없고 불만만 가득했습니다. 남은 인생도 자신에게 없는 것만 보며 살아갈 것 같았습니다.

감사를 잃어버린 세대에 살면서 감사를 잃어버린 삶을 살고 있다는 것을 인식하는 사람은 많지 않습니다. 불평과 불만이 만연한 세대에서 이것이 우리의 자화상임을 인식해야 합니다.

범사에 감사하라

항상 기뻐하라 쉬지 말고 기도하라 범사에 감사하라 이것이 그리스도 예수 안에서 너희를 향하신 하나님의 뜻이니라(살전 5:16-19)

범사에 감사하라는 말씀은 부탁이 아니라 명령입니다. 범사에 감사해야 할 이유는 범사에 감사하기 어렵기 때문입니다. 감사할 수 있는 상황에서의 감사는 누구든지 할 수 있지요. 하나님께 거절할 자유가 있는 자의 순종이 의미 있듯이, 감사하기 어려운 상황에서의 감사를 하나님은 가치 있게 여기십니다. 또한 감사할 수 없는 상황에서 감사하면 감사의 문이 열릴 것입니다.

「물은 답을 알고 있다」의 저자 에모토 마사루(Emoto Masaru)는 감사가 얼마나 중요한지 실험을 통해 증명한 바 있습니다. 세계 각국의 물을 떠와 한쪽에는 감사와 사랑의 언어를 들려주고 다른 한쪽에는 부정적인 말을 들려주었습니다. 감사의 언어를 들려준 물은 색깔이 아름답게 변했고 반대편의 물은 어둡게 변했습니다.

매월 목회자독서클럽으로 함께 했던 홍춘근 목사도 직접 실험을 했습니다. 교회에서 주일 점심을 먹고 남은 밥을 두 개의 지퍼백에 담았습니다. 한쪽에는 '사랑한다, 축복한다' 라는 글씨를 붙여 놓았고, 또 다른 쪽에는 '미워한다, 싫어한다' 라는 글씨를 붙여 놓았습니다. 성도들이 그 밥을 지날 때마다 쓰인 대로 읽었습니다. 며칠 뒤, 사랑의 밥에는 흰 곰팡이, 미움의 밥에는 검은색을 띤 곰팡이가 생겼습니다. 3주가 되면서 곰팡이의 색깔은 점점 짙어졌습니다. 지퍼백을 열었더니 사랑의 밥은 물이 많이 잡히고 향긋한 냄새가 났고, 미움의 밥은 발효가 잘되지 않아 악취가 났습니다. 밥을 화단에 버리자 사랑의 밥은 흩어져서 땅에 섞였고, 미움의 밥은 덩어리째 남아 심술을 부렸다고 합니다.

우리가 선택할 수 있는 것은 감사할 수 있는 상황이 아니라 어떤 상황에서도 감사하는 마음과 태도입니다. 감사가 이미 일어난 일을 바꿀 수는 없지만 앞으로의 상황은 바꿀 수 있습니다.

영적인 전쟁

2010년 전국이 떠들썩했습니다. 행복 전도사 최윤희 씨 부부의 자살 소식 때문이었는데요. 고(故) 최윤희 씨는 세상에서 가장 행복한 사람으로 보였습니다. 구수한 웃음으로 행복 바이러스를 전할 때만 해도 사회적 성공과 정서적 안정이라는 두 마리 토끼를 동시에 손에 넣은 올곧은 현대인의 모습이었죠.

자살 직전 작성한 유서에 이렇게 적혀 있었습니다. "2년 전부터 여기저기 몸에서 경계경보가 울렸습니다. (중략) 그래도 감사하고 희망을 붙잡으려 노력했는데 700가지 통증에 시달려 본 분이라면 이해할 것입니다." 폐에 물이 차고 심장에 이상이 생겨 몇 번이나 응급실에 실려 가는 등 나날이 증세가 악화되었다고 했는데요. 죽음이 임박한 사랑하는 아내를 고통 속에 혼자 보낼 수 없었던 남편과 경기도의 한 모텔에서 숨진 채 발견됐습니다.

긍정의 심리학자들과 행복 전도사들은 행복은 어떤 환경이든지 감사를 선택하는 것이라고 말합니다. 감사를 선택함으로 얻을 수 있는 행복은 아담이 만들어 입은 무화과 나뭇잎 치마처럼 쉽게 말라비틀어집니다. 감사는 선택을 넘어 영적인 전쟁입니다. 견고한 감사는 영적인 전쟁에서 승리한 자의 몫입니다. 감사는 범사에 담긴 하나님의 뜻을 깨달을 때 가능합니다.

몇 년 전 기도원에서 금식기도를 하던 중 항암치료 5차를 기다리는 집사님의 문자를 받았습니다.

"저… 병실 나는 대로 입원합니다. 예수님께선 어떻게 그 엄청난 일에 순종하셨을까요? 전 살 수 있다는 확신을 가지고 치료에 임하는 이 일 앞에서도 이렇게 힘들고 괴로운데… 감사할 일인데 맘은 무지 괴로워요. 시간이 많이 지나고 나면 기억도 못하겠지만 제가 얼마나 믿음이 약한 인간인지 나중에 교만을 부릴 때 증인이 되어 주세요. 기도 감사드립니다."

이렇게 답했습니다.

"순종, 네 순종입니다. 주님은 하나님과 동등됨을 취할 것으로 여기지 아니하시고 죽기까지 복종하셨습니다. 지금 이 시험 잘 이겨내십시오. 건강이 완전히 회복되기를 기도하고 있습니다. 집사님의 5차 항암치료 때 금식기도로 고통을 함께 나누게 하심을 감사합니다."

다시 답이 왔습니다.

"감사합니다, 목사님. 목사님은 스스로 고난의 길을 기쁘게 가시는데 저도 기도원 왔다 생각하겠습니다. 파이팅!!!"

'감사할 일인 데도 마음이 무지 괴롭다'는 표현은 정직한 고백입니다. 힘들 때 하나님 앞에서 자신의 감정을 진솔하게 고백하고 충분히 힘들어해도 됩니다. 자신의 아픔에 대한 애도의 시간을 허락해야 합니다. 충분한 아픔의 시간을 가지지 않고 서둘러 거두어들이면 별일 아닌 것으로 한순간 분노의 화산이 폭발해 자신과 주변이 피폐해집니다.

불평과 불만을 조급하게 청소하고 마음의 집을 수리하고 나면 일곱 귀신이 다시 들어옵니다. 쉽게 감사하고 '다 잘될 거야!'라는 긍정적인 믿음으로 빠져 나오는 것이 위험하다는 겁니다. 감사할 수 없는 상황을 통해 말씀하시는 하나님의 음성을 거부하는 셈이 되기 때문입니다. 과거의 고통이나 실패에 매일 필요는 없지만, 과거는 역사이기에 역사를 통해 말씀하시는 하나님의 음성을 들어야 합니다. 절망의 때에 절망을 통해 훈련하시는 하나님의 뜻을 찾아야 합니다. 고통과 아픔 속에서 절망의 단계를 넘어설 때 그 고통과 아픔의 참된 의미를 찾게 됩니다. 사탄은 우리 마음속에 들어와 불만스런 상황과 사건 속에서 말씀하시는 하나님의 음성을 못 듣게 합니다. 그렇다면 하나님이 씌워주신 감사의 면류관을 받기 위해 영적인 전투에서 어떻게 하면 승리할 수 있을까요?

은혜를 아는 것

내게 주신 모든 은혜를 내가 여호와께 무엇으로 보답할까(시 116:12)

다윗처럼 파란만장한 삶을 산 사람을 찾아보기 쉽지 않을 것입니다. 그런 다윗의 은혜 보답을 찾기 위한 기도는 숭고해 보입니다. 하나님의 은혜를 아는 사람은 자신의 한계를 아는 사람입니다. 자신의 한계를 아는 사람은 겸손합니다. 하나님께서는 겸손한 사람을 사용하십니다. 교만한 자를 쓰실 수 없는 것은 성과나 결과를 보며 자신이 이루었다 생각하기 때문에 그렇습니다. 교만한 자는 만족하지 못한 결과지를 받고 자신의 부족을 찾기보다는 불평으로 일관합니다.

13년 전, 난생 처음 마이너스 통장을 개설했습니다. 재산도 없고 세금낸 자료도 없기에 신용평가가 불가능했지만 로고스교회의 신용이 저의 신용이 되었습니다. 마이너스 인생을 살고 싶지 않아 은행의 권유를 몇 차례 거절한 터였습니다. 계속되는 권유에 동양인의 심성에 남은 '정'이 움직였습니다. 막상 손에 쥐니 사용 할 곳이 보이기 시작했습니다. 성도 사업장에 개업예배를 드리러 갔는데 갖추어야 할 필수품이 보이지 않거나 긴급한 도움이 필요한 곳이 보이면 마이너스 통장을 자연스럽게 사용하게 되었습니다. 학비 때문에 학업을 포기하고 산업전선에 뛰어 들겠다는 청년도 보였습니다. 마이너스 통장은 제 눈을 열어주었고 목사를 목사 되게 했습니다. 3년 만에 마이너스 통장은 바닥을 드러냈습니다.

가장 큰 지출은 한 청년의 사업을 도운 것이었는데요. 도와준 것을 넘어 꾸어준 것이 부담이 되었습니다. 받으려고 꾸어준 것은 아닙니다. 하지만 아내 몰래 유지해 왔던 마이너스 통장을 언제까지나 숨길 순 없었습니다. 안식년을 가게 되면서 매월 20만 원에 근접한 이자를 낼 방법이 없었습니다. 아내에게 털어놓고 이야기했더니 다음과 같이 말했습니다.

"당신이 좋은 일 하는 것을 말리는 저는 얼마나 비참한지 아세요? 당신은 하나님의 이름으로 하나님의 일을 하는데 그런 당신을 미워하면 하나님이 저를 얼마나 한심하게 보실까요? 당신을 봐도 힘들고 하나님을 생각해도 힘들어요. 좋은 일은 하세요. 빚내서는 하지 마세요."

그렇게 하겠노라고 큰 소리로 맹세하고 안식년을 떠났습니다. 캐나다에서 입히고 먹여 주신 하나님께서 마이너스 통장까지 갚아 주셨습니다. 심는 대로 거둔다는 말씀을 체험했습니다. 그 후 아내는 섬기는 지출에 더 관대해졌습니다.

안식년 다녀온 지 4년 만에 로고스교회가 일산으로 이전했습니다. 본당이 300석인 예배당에서 1,000석 예배당으로 옮긴 첫 주일 예배는 썰렁함과 초라함 그 자체였습니다. 사람을 보지 않고 하나님만 보기로 했음에도 보이지 않아야 할 것이 먼저 보였습니다. 그 적은 사람 중에 예배에 오지 않은 한 사람이 크게 보였습니다.

그를 위해 마이너스 통장까지 만들어 도와주었는데, 어음 할인하면 손해를 본다 해서 빚까지 내어 도와줬는데, 교회 이전을 위한 특별헌금은 못해도 자기 자리는 지켜 줄 것이라는 확신은 맹신이었나 봅니다. 미움이 일었습니다. 30년을 가르치는 자와 따르는 자로 함께 했는데, 밀려오는 미움을 뒤로하고 몇 주를 더 지켜보기로 했지만 달라진 것은 없었습니다. 누군가 교회가 이전하면 그 형제가 함께 하지 않을 것 같다고 해 준 말을 무시했지만, 무시할 수 없었습니다.

혼란스러웠습니다. '그래, 결혼할 때 반대했다고 자기 아내가 날 싫어하는 것은 이해해. 아내가 교회를 떠나고 싶어 해서 함께 떠나는 것도 이해해. 그런데 기본적인 예의, 함께 못한다고 문자 한 통은 주었어야지.' 혼자 쓰는 시나리오는 날개를 달았습니다. 페일언하고 제가 선택할 수 있는 것은 그의 결정이 아니라 그의 결정에 대한 반응이었습니다. 3개월 정도 기도하니 간신히 마음을 추스를 수 있었습니다. 용기를 내서 좋은 이별을 위해 문자를 보냈습니다. 오늘까지 그는 답을 주지 않았습니다. 문자 한 줄 기다리다 화난 제 모습에 더 실망했습니다. 두 번째 화살을 맞은거죠. 3개월의 기도가 물거품이 되는 데는 3초도 걸리지 않았습니다. 그로부터 며칠 후 새벽기도 시간에 성령께서 물으셨습니다.

"네가 도운 거니, 내가 도운 거니? 네 것으로 도운 거니, 내 것으로 도운 거니?"

목회의 모든 것이 주님의 은혜라고 말은 했지만 진정으로 그렇게 생각하지 않았던 모양입니다. 어느새 내가 삶의 주인이 되었고 마이너스 통장이 주인이 되었습니다. 마이너스 통장 전체를 그 청년을 위해 도운 것은 아니었지만 뭉뚱그려 다 준 것처럼 느껴져 그를 원망했습니다. 통장도 물질도 다 주님의 것이기에 섭섭했다면 주님이 섭섭해 하셨어야지 제가 섭섭해할 일은 아니었습니다.

그날 저의 영성의 바닥과 수준의 한계를 보았지만 하나님께 더 가까이 나아갈 수 있는 계기가 되었습니다. 그를 통해서 하나님 앞에 선 저의 모습을 보았습니다. 빚진 자임을 아는 자가 은혜를 아는 자입니다. 예수님이 십자가로써 나의 죄를 대신 지셨다는 것을 믿고 삶에서 묵상할 때 은혜가 흘러넘칩니다. 눈물로 회개하는 과정에서 그분은 저를 더욱 겸손하게 만들었습니다.

지금 여기 이렇게 존재하고 있음만으로도 하나님의 은혜였습니다. 은혜임을 깨달으니 치유가 임했습니다. 감사할 수 있었습니다. 그가 내게 행한 일을 하나님의 섭리 속에서 겸손과 성장의 비밀로 받아들였습니다. 감사는 하나님의 뜻인데요. 모든 상황 속에서 하나님이 기뻐하는 사람이 되어 갈 때 삶은 감사로 넘쳐납니다.

영성 리프레이밍

'나는 왜 호의를 베푼 사람에게 배신을 당한 것일까?' 이런 생각이 들면 감사가 사라집니다. 감사가 사라진 분들께 '리프레이밍'(Reframing)이라는 처방을 권해드립니다. '프레임'(Frame)이란 액자 또는 느끼는 사고방식의 '틀'을 의미합니다. 프레임을 바꾸어 사건을 다른 관점에서 보고 새로운 의미를 부여하는 것이 '리프레이밍' 입니다. 별 볼 일 없던 그림이 액자를 바꾸는 것만으로도 작품의 가치가 달라 보입니다. 지금까지의 낡은 테두리를 벗어 버리면 지긋지긋한 일상에 새로운 의미를 부여할 수 있습니다.

알람 소리를 듣지 못해 새벽기도에 못 나갔다면 하나님이 잠을 주셨다고 리프레이밍 해보십시오. 엘리베이터가 고장났다면 그 덕분에 운동을 했다고, 지하철이 늦게 와 짜증날 때는 회의 준비할 시간을 벌었다고, 차가 막힐 때 주변을 보는 기회를 주셨다고 생각하는 것이 리프레이밍입니다. 이미 우리 앞에 실제로 벌어진 상황은 바꿀 수 없지만, 그 상황을 바라보고 이해하는 우리의 생각은 바꿀 수 있습니다.

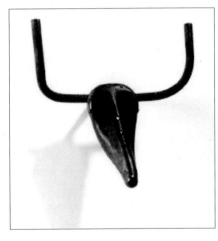

〈피카소, 황소머리〉
Photo RMN, Paris – GNC media, Seoul.

1943년 어느 날, 파블로 피카소(Pablo R. Picasso)는 길을 가다가 버려진 자전거 한 대를 발견했습니다. 그는 핸들과 안장을 이용해 '황소머리'를 연상케 하는 작품을 만들었습니다.

〈황소머리〉는 50년 뒤, 영국의 한 경매장에서 약 300억 원에 낙찰되었습니다. 자전거에서 손잡이와 안장을 떼어 적당하게 붙이고 거기에 청동을 입힌 것뿐이었습니다. 생각의 틀을 바꾸자 고물 자전거가 고가의 예술품이 되었습니다.

우리가 종종 감사를 잃어버리게 되는 이유 중의 하나는 자신의 가치를 비교라는 틀 속에서 보기 때문입니다. 가격을 매긴다는 것은 비교평가를 한다는 것인데요. 비교하는 순간 감사는 사라지게 됩니다. 자신을 버려진 자전거 안장쯤으로 생각하는 사람은 하나님과 올바른 관계를 유지할 수 없습니다. 영성에도 리프레이밍이 필요합니다. 영적인 리프레이밍은 하나님의 눈으로 자신을 보는 것입니다. 하나님 나라의 가치로 세상을 보는 것이죠.

우리는 하나님이 창조하신 걸작품입니다. 피카소의 상상력과 하나님의 위대하심은 견줄 수 없습니다. 위대한 예술가인 피카소를 만든 분도 하나님이십니다. 하나님께서는 우리를 위해 천지만물을 창조하셨어요. 하나님의 창조 액자 속에는 우리가 주인공입니다. 하나님의 프레임 속에 들어가면 명품이 됩니다. 우리의 영성이 하나님의 창조의 눈으로 리프레이밍 되면 인생을 보는 관점 역시 바뀔 것입니다. 감사는 관점의 구원으로 시작합니다. 위대하신 하나님이 우리를 위대하게 만드셨음을 알고 더 이상 열등감과 좌절감, 비교의식 속에서 감사를 잃어버리지 않았으면 좋겠습니다.

우리 교회 성도 중 한 분은 근무하는 회사 사장에게 수년 동안 세 차례나 폭력을 당했습니다. 회식 자리에서 술에 취해 난폭해진 사장이 세 번씩이나 주먹을 휘두른 것인데요. 세 번째는 눈가에 멍이 들었습니다. 사표를 쓰려고 했더니 아내가 '아직은 때가 아닌 것 같다'며 만류했습니다. 1년을 기도하고 난 뒤, 어느 정도 마음이 회복되었을 때 사표를 내겠다고 하자 아내도 더 이상 말리지 않았습니다. 사표를 써서 사장에게 독대를 신청하고 진솔하게 말씀드렸습니다.

"사장님! 제 사업을 위해 독립하고 싶습니다."

"아이템이나 할 일은 정했냐?"

"아닙니다. 쉬면서 찾아볼 생각입니다."

며칠 후 보자고 해서 갔더니 사장은 거래처를 분립해 주었습니다. 16년 간 충성해 줘서 고맙다고 퇴직금과 별개로 현금 5천만 원과 영업할 물건 5천만 원 어치를 지원해 주었습니다. 독립한 사업장은 첫 달부터 흑자를 기록했습니다. 세 번째 폭력을 당한 다음 날 출근은 죽기보다 싫었을 것입니다. 아직 패기가 있는 30대 후반이기에 더욱 어려웠을 것입니다. 아내의 말을 하나님의 말씀으로 알고 1년을 기도하며 인내했기에 아름다운 이별과 복을 받은 것입니다.

어떤 상황과 환경이든 하나님께서 우리를 훈련하여 정금같이 나오게 하심을 믿는 것, 분노를 은혜의 틀 속에서 보는 것, 사람에 대한 실망과 상처를 훈련이란 틀 속에서 보는 것이 영적 리프레이밍입니다.

작은 말과 행동이 삶을 바꾼다

잠언은 '무릇 지킬 만한 것 가운데 마음을 지키라'고 하셨습니다. 생명의 근원이 마음에서 나온다고 하셨지요. 마음을 지키는 것은 결코 쉽지 않은 일입니다. 행동은 마음에서 나오지만 마음을 바꾸는 것은 작은 행동입니다. 아무리 감사하는 삶을 살자고 다짐해도 결심만으로는 불가능합니다.

컬럼비아 대학에서 작은 행동이 호르몬에 미치는 영향에 대한 연구를 실행했습니다. 피실험자들을 무작위로 두 그룹으로 나눈 후, 한 그룹은 '책상 앞에 다리를 걸치고 시선을 위로 향하면서 두 손을 머리 뒤로 깍지 끼도록 하는 자세'(건방져 보이지만 자신감을 고양시키는 자세)를 취하도록 했습니다. 다른 그룹에게는 '의자에 앉아 손을 무릎 위에 모으고 시선은 땅바닥을 고정'하도록 했습니다. 얼마 후 이 두 그룹의 타액을 받아 성분을 분석했는데요. 앞서 말한 자세를 취한 그룹이 테스토스테론 수치는 더 높고(자신감 상승) 코르티솔 수치는 더 낮게(스트레스 감소) 나왔습니다. 잠깐 동안의 자세가 몸속의 화학적 구성까지 바꾼 것입니다.

운동선수마다 자기만의 루틴(rutin)이 있습니다. 야구선수 박정태는 오른발 왼발을 땅에 붙였다 뗐다, 방망이를 양손으로 잡았다 놨다 하면서 타이밍을 잡습니다. 박태환은 음악을 듣습니다. 타이거 우즈는 퍼팅에 성공할 때 왼손을 하늘 높이 치켜듭니다. 이런 작은 행동들은 자신감을 극대화하고 마음을 안정시키는 효과가 있습니다.

저는 하루에 열 번씩 오른손을 왼쪽 가슴에 대고 "감사합니다."를 외칩니다. 자가용에 시동을 걸 때에도 "제게 이런 차를 주셔서 감사합니다." 잠자리에 들거나 아침에 일어날 때도 "소중한 하루를 주셔서 감사합니다." 고백하며 하늘을 향해 손을 듭니다. 말로 고백하는 것도 좋지만 작은 행동은 더욱 효과적입니다.

심하지는 않았지만 한때 불면증을 앓은 적이 있었습니다. 한두 시간 뒤척여야 잠이 들었습니다. 한 사람에 대한 분노와 원망 때문이었습니다. 극복하기 위해 취침 전에 늘 다섯 가지 감사 제목을 찾기로 결심했습니다. 다섯 가지 감사 고백이 끝나도 잠은 오지 않고 불평과 불만이 쉰 가지는 더 생각났습니다. 다섯 가지가 아니라 잠이 들 때까지 감사 고백을 하기로 했습니다. 다섯 가지에서 열 가지로, 열 가지에서 서른 가지로 어느 날 밤은

200개를 넘긴 날도 있었습니다. 침대에서 손을 들기는 어려워 가슴에 손을 고이 모으고 감사 기도를 찾았습니다. 불면증이 사라졌습니다. 감사할 일을 찾다 보니 취침을 방해했던 기억과 생각들이 차츰 지워져 갔던 것입니다. 새벽기도 나갈 때마다 거울을 보면서 두 주먹을 불끈 쥐고 고백합니다.

"하나님 감사합니다. 오늘도 기적 같은 하루를 선물해 주셔서 감사합니다. 저는 위대한 사람입니다. 하나님이 위대하시기에 오늘도 하나님의 종으로 위대하게 생각하고 위대하게 살겠습니다. 저는 하나님의 위대한 사람입니다. 하나님 감사합니다."

감사 시스템 만들기

위대한 사람은 '사람, 책, 시스템' 이 세 가지를 남깁니다. 대학 시절 은행에서 아르바이트를 한 적이 있었는데요. 가장 힘든 날은 25-26일로 소위 '월급날' 이었습니다. 창구에 늘어선 줄은 은행 밖까지 이어졌습니다. 오랜 기다림이 불만인 사람, 은근슬쩍 새치기하는 사람, 마피아처럼 밀고 들어오는 사람들을 대하면서 긴 하루를 보내야 했습니다. 몇 학기 후 은행 아르바이트 자리는 없어졌습니다. '번호표 발행기' 가 자리하면서부터입니다.

로고스교회에는 네 개의 독서 클럽이 있습니다. 직장인과 사업가를 위한 피플스독서클럽, 어머니독서클럽, 청년독서클럽, 어린이고전독서클럽입니다. 제가 직접 진행하는 피플스와 어머니독서클럽에 '감사 카톡방' 을 만들었습니다. 구성원들이 하루에 세 개씩 감사제목을 올립니다. 어린이고전독서클럽은 감사노트를 활용하여 매일의 기도와 감사를 올리고 있습니다. 이렇게 10년을 하고 나면 기적이 일어난다는 것을 믿습니다. 몇 주 가다가 시들해지지만 또 시작하고 다시 시작합니다. 습관이 되고 문화가 되기까진 오랜 시간이 필요하다는 것을 알기에 포기하지 않습니다.

추수감사주일에는 '추수감사절 20가지 감사제목 쓰기'를 합니다. '감사하라'는 설교 열 편보다 감사제목 20가지를 적어 보게 하는 것이 더 효과적이라는 생각에 시작했습니다. 온 교인이 1년 동안의 감사제목을 찾아보고 함께 공유합니다. 아주 진솔한 감사제목은 소정의 선물도 증정합니다. 추수감사절 20가지 감사제목 쓰기를 하고 나면 그 다음 주일에는 추수감사절로 5행시 짓기를 합니다. 한 수험생의 5행시를 보면서 배꼽을 잡았던 기억이 납니다.

추_ 추수 할 수능일은 다가오는데
수_ 수학은 5등급 성적은 안 오르고
감_ 감사하라는 목사님 설교는
사_ 사실 내 마음을 더 괴롭게 하네.
절_ 절로 가야 하나, 도나 닦으러. 그래도 주님 품 교회로 가야겠지.

우리 교회는 가정에서 불평이 늘어나고 다툼이 생길 것 같으면 '종'을 치기로 했습니다. 가족 구성원 중 누구든지 종을 칠 수 있습니다. 종이 울리면 5분간 기도해야 합니다. 5분 동안 기도하면 마음도 평안해지고 하나님을 바라봄으로 불평도 사라지게 됩니다. 종은 식탁이나 거실 중 가족들이 접근하기 쉬운 곳에 둡니다. 불평으로 벌금을 걷는 것보다, 싸우지 않기로 백 번 다짐하는 것보다 훨씬 효과적입니다.

이것이 시스템입니다. 생각에만 머무는 것이 아니라 시스템을 구축해 습관을 만들고 그것이 일상이 되게 하는 것입니다.

감사는 기적을 낳는다

미식 축구선수 티보우(Tim Tebow)는 필리핀 선교사 부부의 아들로 태어났습니다. 홈스쿨링으로 고등학교 과정을 마친 그는 동네 미식 축구에서 두각을 나타내어 플로리다 대학팀으로 가게 되었습니다. 그는 '티보 미러클'이라는 팬들의 애칭보다 스포츠 선교사라는 말을 더 좋아할 정도로 예수님을 사랑하는 사람이었습니다.

"당신이 사랑하는 아내에게 단 한 번이 아닌, 기회가 주어질 때마다 '사랑합니다.'라고 말하는 것처럼 저도 기회가 있을 때마다 주님께 사랑을 고백하며 그분을 자랑할 것입니다."

대학 시절 그는 얼굴에 '요한복음 3장 16절'이라 기록된 패치를 붙이고 경기에 출전하며 당당히 하나님을 자랑했습니다. 하지만 이러한 관심도 얼마 가지 못했습니다. 2010년 프로팀에 입단한 티보우가 별다른 활약을 보이지 못했기 때문인데요. 게다가 문구 삽입을 금지하고 있는 프로 세계에서 그의 아이패치를 볼 수 없게 되자 '승리는 우연일 뿐 그의 쇼는 끝났다'는 보도가 잇따랐습니다.

2012년 1월 8일 미식 축구 결승전으로 가는 관문에서 만난 강팀 피츠버그 스틸러스와 3쿼터 동점인 상황 가운데 연장전이 치러졌습니다. 티보우는 전문가들이 약하다고 지적한 패싱으로 터치다운을 성공해 4쿼터 역전승을 이룹니다.

금지된 아이패치대신, 무릎을 꿇고 예수님께 감사를 드리는 티보우, 그의 역전승이 계속되면서 사람들의 호기심은 점점 열풍으로 바뀌어 갑니다. 기도하는 그의 모습을 따라하는 '티보잉'이라는 신조어까지 탄생하지요.

이날 그가 기록한 10개 패스 총 길이는 316야드(yard),
패스 한 개 평균 길이는 31.6야드,
리서치 조사결과 이날 경기 시청률은 31.6%였습니다.

티보우의 소속팀이 승리한 후, 요한복음 3장 16절은 구글 사이트에서 무려 1억 2천만 번이나 검색되었습니다. 1억 2천만 명이 사랑의 복음을 접한 것이죠.

지금 이 시간에도 지구촌의 구석 어느 기도실에서 또 한 명의 티보우가 자신의 신체 지능의 한계를 딛고 일어서고 있습니다. 하나님께 감사하며 자아를 보는 창조의 신비함을 믿는 확신이 필요합니다. 자신을 이 땅에 보내신 창조주 하나님을 전하도록 자신의 존재 목적을 알게 된 사람은 지속적으로 성장합니다. 마침내 기적의 주인공이 됩니다. 기적은 가진 것을 감사하는 자에게서 시작됩니다.

감사 제조기

제가 결혼 후에 이직이 많은 편이었습니다. 그때마다 공백 없이 직장생활을 해도 한 달 생활비가 모자라더군요. 그래서 제 통장에서 비상금을 조금씩 모으기 시작했습니다. 1,000원, 5,000원, 10,000원. 3년 넘게 쓰지 않고 모은 이 돈은 우리 가족의 생명줄이고, 최후의 보루이고 무슨 일이 있을 때 희망이 되어 줄 거란 마음으로 움켜쥐고 있었습니다. 정말 한심하게 얼마 전까지 느끼지 못하고 지내오다가 하나님이 저의 희망이고 최후의 보루이심을 고백하게 되어 임직을 앞두고 감사함으로 드리는 헌금입니다. 제 비상금 통장의 전액입니다.

몇 해 전, 임직식을 며칠 앞두고 안수집사 후보자로부터 받은 문자입니다. 임직 후보자에게 교회가 정한 헌금을 허락하지 않는다 했더니 드린 창의적인 감사입니다. 한 번의 고백을 보고 '감사 제조기'라고 규정하기는 어렵습니다만, 감사 제조기가 가동된 것은 사실입니다.

감사 제조업자 한 분을 소개합니다. 세계인의 존경을 한몸에 받았던 남아프리카 공화국 넬슨 만델라 대통령인데요. 역사상 전세계 대통령 중 투옥 생활을 가장 오래 한 분입니다. 그가 27년간의 감옥 생활을 마치고 출옥할 때 대중들은 그의 정신 외에 아무 것도 기대하지 않았습니다. 70세가 넘었고 장기간의 옥살이로 건강에 큰 무리가 있을 것이라 예상했죠. 하지만 그는 건강하고 씩씩한 모습으로 걸어 나왔습니다. 취재를 나온 한 기자가 물었습니다.

"다른 사람들은 5년만 감옥살이를 해도 건강을 잃는데, 어떻게 27년 동안 감옥살이를 하고서도 이렇게 건강할 수 있습니까?"

"나는 감옥에서도 매사에 감사했습니다.

하늘을 보고 감사하고,

땅을 보고 감사하고,

물을 마시며 감사하고,

음식을 먹으며 감사하고,

강제 노동을 할 때도 감사하고,

늘 감사했기 때문에 건강을 지킬 수 있었습니다."

그는 지금 우리 곁을 떠났지만 그의 신앙과 그가 남긴 영적인 유산들은 남아 있습니다. 그의 육신을 27년 동안 감옥에 가둘 수는 있어도 영혼은 하루도 가두지 못했습니다.

"그 아홉은 어디 있느냐?"

최고의 질문입니다. 최고의 질문을 배운 사람은 최고의 질문을 자신과 타인에게 던집니다. 최고의 질문을 배우지 못한 사람은 최악의 질문을 합니다.

"아홉은 왜 감사를 하지 않는 거냐?"
"그 아홉은 언제 올 것 같으냐?"

PART 3

관점을 바꾸는 질문

보이는 것보다 보려는 의도를 먼저 보라.
제자의 길은 생각하는 것과 다르다.
가장 먼저 배워야 할 것은 '보는 법'이다.
없는 것이 아니라 못 본 것이다.

chapter **9**

무엇을 보려고 하느냐

그들이 떠나매
예수께서 무리에게 요한에 대하여 말씀하시되
너희가 무엇을 보려고 광야에 나갔더냐
바람에 흔들리는 갈대냐
(마 11:7)

1952년 12월 미국 대선에서 당선된 아이젠하워(Dwight Eisenhower) 대통령이 부산 유엔군 묘지를 방문 했을 때의 일입니다. 미국 측은 유엔군 묘지가 너무 황량해 보이니 대통령 방문 전, 잔디를 입혀 줄 것을 요청했습니다.

전쟁으로 인한 혼란도 혼란이지만 그보다 더 골치 아픈 일은 12월 엄동설한에 잔디를 구하는 일이었지요. 공사업자 모두가 머리를 절레절레 휘젓고 발길을 돌렸습니다. 그때 정주영 회장이 나섰습니다. 그리고 예정된 날짜에 아이젠하워 대통령은 푸른 잔디가 뒤덮인 유엔군 묘지를 볼 수 있었습니다.

사실 대통령이 본 묘지의 푸른 잔디는 낙동강 강둑에서 자라던 보리 싹이었습니다. 정회장은 "그들이 원한 것은 잔디가 아니라 푸른 빛이었기 때문에 푸른 빛을 입혔을 뿐"이라 말했습니다. 문제를 보는 눈이 다르면 해결책도 다릅니다.

보이는 것과 보려는 것

'변화 코칭' 전문가 김성호는 「답을 내는 조직」에서 "방법이 없는 것이 아니라 생각이 없는 것이다."라고 합니다. 보이지 않는 것은 생각이 없기 때문인데요. 무엇을 보았는지보다 무엇을 보려고 하는지 그 의도가 더 중요합니다. 위대한 생각은 위대한 질문을 낳고 위대한 질문은 위대한 사람을 낳습니다. 생각을 해도 답이 없다면 더 치열하게 생각할 것이 남아 있으며, 간절함이 부족하다는 얘기입니다. 치열한 생각은 사명감과 사랑으로부터 나옵니다. 방법이 없는 것이 아니라 사랑이 없는 것입니다. 어떤 상황에서든지 답은 있습니다.

세례 요한은 예수 그리스도께서 하신 일들을 감옥에서 들었습니다. 그리고 자기 제자들을 예수께 보내어 "오실 그분이 당신이십니까? 그렇지 않으면 우리가 다른 분을 기다려야 합니까?"라고 질문합니다. 의심을 불신앙으로 분류한 것은 한참 낮은 신앙 수준입니다. 의심이 주리를 트는 것이 문제이지 불신앙은 아닙니다. 세례 요한도 확신을 위한 검증으로서의 의심이 있었습니다. 의심은 그분을 알기 위한 필수단계입니다. 요한은 예수가 메시야인지 바르게 보고 싶어 질문합니다.

예수께서 그들에게 대답하셨다. "가서, 너희가 듣고 본 것을 요한에게 알려라. 눈먼 사람이 보고, 다리 저는 사람이 걸으며, 나병 환자가 깨끗하게 되며, 듣지 못하는 사람이 들으며, 죽은 사람이 살아나며, 가난한 사람이 복음을 듣는다. 나에게 걸려 넘어지지 않는 사람은 복이 있다." (마 11:4-6 새번역)

세례 요한의 제자들이 말씀을 듣고 돌아가자 예수님께서 무리에게 질문하십니다.

너희는 무엇을 보러 광야에 나갔더냐(마 11:7)

"광야에서 무엇을 보았느냐?"라고 묻는 것이 일반적인데요. 예수님은 "너희는 무엇을 보러…"라고 물으셨습니다. 이 질문은 우리에게 생각할 바를 알려줍니다. 우리의 질문을 점검하게 합니다. 대다수의 사람들은 자녀들이 학교에서 돌아오면 "무엇을 배웠니?"라고 묻습니다. 음악회를 다녀오면 "무엇을 들었니?" 미술관에 갔다 오면 "무엇을 보았니?" 라고 묻습니다.

예수님의 질문을 달랐습니다. "광야에서 무엇을 보았느냐?" "광야에 무엇이 있더냐?"라고 묻지 않으셨어요. "무엇을 보러 광야에 나갔더냐?"라고 물으십니다. 예수님은 사람이 고정관념의 한계 속에서 본다는 것을 알고 계셨습니다. 답을 정해 놓고 보기도 합니다. 보아야 할 것을 보지 못하고 보고 싶은 것만 봅니다. 이것을 '관점 왜곡'이라 일컫습니다. 무서운 것은 관점 왜곡 속에 살아가는 사람이 자신의 오류를 모른다는 것이죠.

'무엇을 보았다'고 할 때 현상이나 본질보다 의도가 우선일 때가 많습니다. 한 사람의 선입견과 세계관, 가치관은 평생을 두고 형성됩니다. 성장과정 중에 상처가 없는 사람은 없겠지만 그 상처가 지나친 사람은 편견과 상처를 가지고 세상과 사람을 보게됩니다. 올바르게 볼 수가 없는 것입니다.

여호와께서 이르시되 가서 이 백성에게 이르기를 너희가 듣기는 들어도 깨닫지 못할 것이요 보기는 보아도 알지 못하리라 하여 이 백성의 마음을 둔하게 하며 그들의 귀가 막히고 그들의 눈이 감기게 하라 염려하건대 그들이 눈으로 보고 귀로 듣고 마음으로 깨닫고 다시 돌아와 고침을 받을까 하노라 하시기로 (사 6:9-10)

자신의 관점이 완전하지 않다는 것을 인정하는 사람이 몇이나 될까요? 내면의 상처와 영적 수준의 한계 속에서만 볼 수 있다는 것도 인정하는 것이 쉬운 일은 아닙니다. 내가 잘못 보고 있다거나 비뚤어진 마음으로 보고 있다는 것에 대한 인정을 성자에게서나 기대할 순 없습니다. "사람은 자기의 죄 때문에 악한 것보다 자기의 선 때문에 더 악해질 수 있다."는 자크 엘륄(Jacques Ellul)의 말은 숙연하게 합니다. 누군가를 죄인이라 생각했던 나름의 선이 더 냄새 나는 악임을 알게 해 주었습니다.

예수님께서 물으셨습니다.
"무엇을 보려고 광야에 나갔더냐?"

성급한 대답에 앞서 내가 무엇을 보려고 하는지, 무엇을 보고 싶어 하는지를 먼저 생각해야 합니다.

목숨을 걸고 히말라야 산맥을 등반하는 사람들을 이해하지 못했습니다. 히말라야 앞에 서보기 전까지 말입니다. 그 추운 산을 뭐하러 올라가는지, 깃발 하나 꽂고 이내 내려올 일을 왜 하나 싶었습니다. 때론 등반을 하다가 목숨을 잃기도 하는 그들이 이해가 되지 않았습니다. 그곳을 2013년 '한국기아대책기구, 국민일보, CBS' 와 함께 네팔 구호를 위한 모금 방송 촬영차 다녀왔습니다. 등반을 위해 네팔에 간 것은 아니었지만 하나님이 만드신 최고의 산을 보지 않고 온다는 것은 만드신 분에 대한 결례라는 생각이 든다고 일행을 부추겼습니다. '카트만두' 에서 '포카라' 로 이동했는데요, 에베레스트가 오롯이 올려다 보였습니다.
이른 새벽 몸을 실은 차가 어디론가 우리를 데려갔고, 약 40분을 걸어

'사랑곶'에 섰습니다. 가벼운 마음으로 얼마간 산을 오르는데 눈앞에 펼쳐진 히말라야의 웅장함이 희미하게 보였지만 압도적이었습니다. 안나푸르나 설산의 정경은 말로도 글로도 표현할 수 없을 만큼 아름다웠습니다. 일성은 "아! 산이 나를 부른다."였습니다. 보지 않고 안다는 것은 제한적일 수밖에 없습니다. 그 동안 산이 주는 아름다움과 건강함은 보지 못한 채 오르는 고통만 생각했던 것입니다. 이젠 목숨을 건 산악인들을 이해하고 존중합니다. 가고 싶습니다. 오르고 싶습니다. 히말라야.

세례 요한과 그의 제자들도 처음부터 예수가 그리스도임을 믿기 어려웠을 텐데요. 그는 갈릴리 작은 마을의 가난한 목수였고, 따르는 사람들 역시 별 볼 일 없어 보였습니다. 세례 요한은 그분의 가르침과 삶에 대한 수많은 질문과 열매들을 통해 검증해야만 했습니다. 제자들이 몇 명 따른다고 해서 인정할 일이 아닙니다. 몇 개의 기적만으로 그리스도라고 인정할 수도 없는 일입니다.

구약성서의 예언을 해석하고 확증해야만 했습니다. 당시 세례 요한의 공인은 메시야임을 결정하는 최고의 공신력입니다. 세례 요한은 구약성서에 나타난 예언을 듣고, 믿고, 알고 있었습니다. 오시기도 전에 이미 그때와 그분을 알고 있었습니다. 믿으면 보이는 것처럼 세례 요한은 예수님을 믿고 기다리고 있었습니다. 요한은 자신의 제자들을 보내 질문을 통해 검증의 과정을 마쳤습니다. 보인 것이 아니라 보고 있었던 것입니다.

질문에서 답을 찾다

갈대는 습지나 갯가, 호수 주변의 모래땅에서 주로 서식합니다. 광야에서 갈대를 본다는 것은 극히 어려운 일인데요. 광야에서 갈대를 보려 하는 사람들이 종종 있습니다.

"갈대냐? 선지자냐? 메시야냐?"

예수님께서 자신을 보러 온 사람들에게 물으셨습니다. 무슨 의도로 찾아 왔는지를 물으신 것이죠. 날마다 우리가 '무엇을 보고 있는지'가 아니라 '무엇을 보려고 하는지' 물으십니다. 잘못된 동기를 갖고 있으면 어떤 것도 제대로 볼 수 없습니다. 주님도 주님으로 보이지 않습니다. 갈대를 보러 간 자에게는 풀도 갈대로 보입니다.

하워드 가드너는 「체인징 마인드」에서 사람이 마음을 바꾸려면 저항을 최소화해야 한다고 했습니다. 마음속에 굳게 박힌 저항 의지는 예수님을 제대로 보지 못하게 합니다. 오직 예수님을 기다렸던 세례 요한만이 예수님을 그리스도로 보았습니다. 사람이 사람을 하나님의 아들로 공인한다는 것은 심히 어려운 일입니다. 메시야를 기다리지 않았다면 볼 수 없었을 것입니다. 단지 광야에 흔들리는 갈대처럼, 하나의 사람으로만 보였을 것입니다.

"화려한 옷을 입은 사람이냐?"

예수님을 따르는 수많은 무리들이 보려 한 것은 자색 옷에 황금색 스톨을 걸치고 황금 지팡이 하나 폼나게 들고 레드카펫 위를 사자처럼 권위 있게 걷는 사람이었을 것입니다. 제자들과 추종자들에게 둘러 싸여서 보통 사람은 쉽게 접근할 수 없는 모습을 하고 있을 거라 기대했습니다. 예언자로, 로마의 압제로부터 자신들을 해방시켜 줄 능력자로 기대했습니다. 하여, 예수님은 그들에게 화려한 옷을 구하러 왔느냐고 물으셨습니다.

"선지자를 보러 나갔더냐?"

선지자 중 한 사람으로 예수님을 보러 했다면 그들이 보는 예수님은 선지자일 뿐입니다. 자신의 생각만큼 보이기 때문인데요. 선지자를 기다리는 자들에게 메시야는 관심 밖의 일입니다. 그들 몰래 담아두었던 비밀은 해방과 그분의 제자라는 자리뿐 아직 제자의 길, 주님과의 동행은 아니었습니다.

제자의 길을 보다

누가복음 9장은 예수님이 예루살렘으로 올라가시는 길에 생겨난 일에 대한 이야기를 기록하고 있습니다. 예수님과 이름을 알 수 없는 이들 사이에 세 번의 만남이 있었습니다. 첫 번째는 자원해서 따르겠다는 사람입니다.

길 가실 때에 어떤 사람이 여짜오되 어디로 가시든지 나는 따르리이다(눅 9:57)

예수님은 그 사람에게 "여우도 굴이 있고 공중의 새도 집이 있으되 인자는 머리 둘 곳이 없다."고 하셨습니다. 예수님을 따르기 위해서는 많은 것을 버려야 하고, 버리는 것 이상으로 더 잃을 수도 있다는 것을 말씀하신 것입니다.

우리나라 기독교의 1세대 신앙은 '복 받는 믿음'이었습니다. 뒤이어 '긍정적인 믿음'의 신앙이 유행했습니다. 값 싼 '축복 복음'이 한국교회에 유행했던 때가 있었고 '긍정의 신앙'이 복음보다 우선했던 시기도 있었습니다. 긍정의 반대인 부정을 두둔하는 것이 아닙니다. 긍정을 노래했던 마틴 셀리그만(Martin E. P. Seligman), 조엘 오스틴(Joel Osteen)의 주장이 틀렸다는 것이 아니라 그것이 전부가 될 수는 없다는 것입니다. '복음'보다 우선할 수 없다는 것이죠.

성서에는 축복과 저주가 함께 있습니다. 긍정적인 믿음이 복을 가져오는 것이 아니라 하나님과의 올바른 관계가 복입니다. 세상과 사건을 보는 관점에 긍정과 부정의 균형이 필요합니다. 거짓 희망은 절망만큼이나 무서운 질병입니다. 하나님과의 친밀한 관계는 진단하지 않은 채 듣고 싶어 하는 위로와 긍정적인 말로만 접근하는 것은 위험합니다. 영적인 최면을 주는 마약일 수 있습니다.

그리스도인은 '화려한 옷'을 입은 사람이 아닌 '수의'를 입은 사람으로 살아가야 할지 모릅니다. 예수님은 사랑하는 자녀들이 좋은 옷을 입고 아름답게 살아가는 것은 기뻐하시겠지만, 자기 과시나 만족을 위해 화려하게 입는 것은 기뻐하지 않으십니다. 광야에는 화려한 옷을 입은 사람이 없습니다. 세례 요한은 광야에서 최소한의 필요만을 가지고 생활했습니다. 제자라면 스승의 말을 따릅니다. 그는 화려한 옷을 구하지 않고 예수님을 구했습니다. 예수님만을 기다렸습니다. 예수님이 오시면 그는 흥하고 자신은 쇠해야 한다는 것을 알고 있었지만 말입니다. 첫 번째 만남에서 예수님은 이상적인 생각만으로 자신을 따르겠다는 사람에 대해 완곡하게 거절하셨습니다.

두 번째 만남은 예수님의 초청으로 이루어졌습니다.

또 다른 사람에게 나를 따르라 하시니 그가 이르되 나로 먼저 가서 내 아버지를 장사하게 허락하옵소서(눅 9:59)

예수님은 아버지의 장사를 치르고 오겠다는 사람에게 죽은 자들로 자기의 죽은 자들을 장사하게 하고 자신을 따르라 말씀하십니다. 얼핏 비상식적이고 비윤리적으로 보입니다. 땅에 있는 부모를 섬기지 못하면 주님을 섬길 수 없다는 말씀과 충돌을 일으키는 것처럼 보입니다.

극단적인 가르침은 강한 메시지를 머금고 있습니다. 영적인 우선순위에 대한 가르침입니다. 따르는 자, 제자에게 요구되는 엄격한 기준을 말씀하시는 것입니다. 그에게 주님을 따라 제자가 되는 일은 차선이었습니다. 주님은 그가 후일에 따르겠다는 것으로 이해하신 것이 아니라 따르지 않겠다는 뜻으로 이해하셨습니다. 아마 그 사람이 조실부모 했다면 자식 장가를 보낸 다음이라고 말했을 것입니다.

긴급하지도 중요하지도 않은 일 또는 긴급하지만 중요하지 않은 일로 인생을 허비하는 사람들이 많이 있습니다. 열심히 살지만 성과가 없습니다. 긴급하고 중요한 일을 하는 사람은 많습니다. 누구나 하는 일을 하면서 다른 결과를 기대하는 것은 어리석음의 소치입니다. 긴급하지 않지만 중요한 일을 먼저 하는 것이 훨씬 힘듭니다. 그렇게 보낸 하루가 쌓이면 튼실한 미래를 보장합니다. 긴급하지 않고 중요한 일을 먼저 하기란 어려운 일이지만, 어려운 일을 어렵지 않게 하는 사람들이 역사를 움직입니다. 긴급한 일을 먼저 하고 가장 중요한 일인 예수님을 따르는 일을 나중에 하겠다는 것은 안하겠다는 것입니다.

세 번째 만남은 지극히 인간적이며 소박한 요구를 하는 사람과의 만남이었습니다.

또 다른 사람이 이르되 주여 내가 주를 따르겠나이다마는 나로 먼저 내 가족을 작별하게 허락하소서(눅 9:61)

역시 긴급하지만 중요하지 않은 일입니다. 가족의 도리로 보면 작별인사 없이 사라진다는 것은 말도 안 되는 일입니다. 예수님은 손에 쟁기를 잡고 뒤를 돌아보는 자는 하나님의 나라에 합당하지 않다고 말씀하십니다. 망설이며 뒤를 돌아보는 자는 제자가 될 수 없다고 단호하게 거절하십니다.

4세기의 교부 성 요한 크리소스톰(St. John Chrysostom)이 로마 황제 앞에 끌려갔습니다.

"나는 너의 재산을 몰수하겠다."
"저의 재산은 하늘에 있습니다."
"너를 친구와 가족으로부터 떼어 놓겠다. 이제부터 너는 평생 외톨이가 되는 거야."
"저의 친구는 예수님이십니다."
"너를 이 나라에서 추방하리라."

"저의 나라는 하늘나라입니다."

"너의 목숨을 끊어 놓겠다."

"나의 생명은 영원히 하나님의 나라에 있습니다. 황제여, 당신이 내게 빼앗을 것이 아무 것도 없습니다. 나의 모든 것은 하나님 나라에 들어 있습니다."

예수님을 따르기 위해서는 그와 같은 준비가 필요합니다. 준비가 안 되어 있으면서 준비가 되었다고 생각하며 따르겠다는 사람들이 종종 있습니다. 광야에 갈대를 보러 나간 사람과 같습니다. 화려한 복장의 교주를 찾는 자는 제자가 될 수 없습니다. 하나님께 우선순위를 두지 못하는 자, 주춤거리며 망설이는 자 역시 제자가 될 수 없습니다. 제자의 길은 긍정의 길이 아니고 아름답고 화려한 길도 아닙니다. 누군가의 부러움을 사는 길도 아닙니다. 결국 예수님이 예루살렘으로 올라가는 중에 만난 세 사람은 제자가 될 수 없었습니다.

준비된 눈으로 보다

세례 요한의 제자들이 스승에게로 돌아갔습니다. 예수님은 그들이 떠난 공간에 가르침을 채우셨습니다.

"이 세대를 무엇에 비길까? 마치 아이들이 장터에 앉아서, 다른 아이들에게 이렇게 말하는 것과 같다. '우리가 너희에게 피리를 불어도 너희는 춤을 추지 않았고, 우리가 곡을 해도, 너희는 울지 않았다.' 요한이 와서, 먹지도 않고 마시지도 않았다. 그러니까 사람들이 말하기를, '그는 귀신이 들렸다' 하고, 인자는 와서, 먹기도 하고 마시기도 하니, 그들이 말하기를 '보아라, 저 사람은 마구 먹어대는 자요, 포도주를 마시는 자요, 세리와 죄인의 친구다' 한다. 그러나 지혜는 그 한 일로 옳다는 것이 입증되었다." (마 11: 16-19, 새번역)

이 세대는 마치 함께 놀기로 동의를 하고 딴짓을 하는 장터의 아이들과 같습니다. 장터의 아이들은 머리를 맞대고 역할을 분담합니다. 한 아이는 앞에서 피리를 불고 또 한 아이는 춤을 추기로 했지요. 놀이가 시작되고 앞선 아이가 피리를 붑니다. 하지만 뒤에 선 아이는 춤을 추지 않습니다.

"야 우리 결혼식 놀이 하기로 했잖아. 내가 앞에서 피리 불면 네가 춤춘다고 했잖아, 근데 너 왜 안해?"
"재미없어서."

단지 그 이유입니다. 자기가 무슨 말을 했는지, 무엇에 동의했는지는 중요하지 않습니다. 지금 싫다는 겁니다. 그래서 이번에는 장례식 놀이로 바꾸기로 했습니다. 모두 동의했습니다. 다짐도 하고 손가락도 걸었습니다. 장례식 놀이가 시작되었지만 결과는 같았습니다. 앞에서 애곡을 했지만 뒤에서 울지 않았어요. 이쯤되면 화가 나서 "날 뭘로 보는 거냐?" 하며 목소리를 높게 됩니다.

김난도는 「트렌드 코리아 2013」에서 이 시대를 '날선 사람들의 도시'라고 분석합니다. 소비자들은 갈수록 날카롭고 예민해진다는 것인데요. "왜 그러냐?"고 반응하면 지는 겁니다. 친구들 중에 장터의 아이들 같은 사람이 있다고 원망하면 그 사람에게 지는 것이지요. 우리가 불평하는 시간에, 그들은 다른 곳에 가서 또 다른 사람들과 다른 일을 꾸미고 있습니다. 사람은 그런 겁니다. 그럴 수 있습니다. 그 사람은 그 사람이고 우리가 해야 할 사명은 사명입니다. 그에게 반응하며 에너지를 낭비하지 말아야 합니다. 사람이 우리에게 그러지 않을 것이라고 누구도 말해주지 않았습니다.

로고스교회 개척 초기 26평 아파트에서 몇 개월 예배를 드렸습니다. 작은 예배당(124평) 건축 중에 예배는 먼저 가정에서 시작한 거죠. 건축은 계약서도 없이 몇 장 안 되는 설계도로 시작했습니다. 건축회사는 설계비를 아끼라며 설계도는 자신들이 준비하겠다고 했습니다. 건축회사 선정에 대한 결정권은 제게 없었습니다. 건축회사 측과는 구두로 건축비 2억 4천만 원을 약속했습니다.

건축이 끝났는데 건물에 하자가 생겼습니다. 예배당 바닥에서 물이 올라오고 바닥 타일이 뜨기 시작했습니다. 비만 오면 바닥을 닦아 내는 일이 예삿일이 아니었습니다. 지하 바닥은 그렇다 치고 건물 내벽까지 물이 스며들었습니다. 건축업자에게 하자보수가 끝날 때까지 잔금을 줄 수 없다고 했더니 독한 말을 쏟아 부었습니다. 잔금 주기 싫어서 작은 일로 꼬투리 잡는다고 할까봐 잔금 중 일부를 드리고 일부를 남겨 놓았습니다. 돈을 받고 나더니 다음날부터 저를 파렴치한 목사로 더 강경하게 몰아세우더군요.

예배당 부지가 제 명의로 되어 있었습니다. 하나님의 교회에 드리기로 약속했습니다. 준공검사 후 그 약속을 빌미로 '목사가 하나님께 드리기로 해 놓고 자기 명의로 가지고 있다'고 공격을 퍼부었습니다. 약점을 공격하면 잔금을 받을 걸로 생각했나 봅니다. 큰일날 뻔했습니다. 준공검사 후 하나님과의 약속을 지키기 위해 땅과 건물을 이미 교회 명의로 옮겨놓았습니다. 그 사실을 확인도 하지 않고 자기 수준에서 이해한 것이었죠. '설마 옮겨 놓았겠는가?'

"등기부등본을 떼서 확인 하고 말씀하시죠."

부드러운 응전에 당황하더니 이번엔 심부름센터 용역들을 보내왔습니다. 신체 건장한 사람들이 교회로 찾아와 자기들이 건축회사에 납품을 했으므로 잔금을 받아가야겠다고 했습니다. 잔금에 관한 위임장을 보여주며 압박하더군요. 그들에게 건물 하자를 보여주었지만 자기들과는 상관없는 일이라 했습니다.

당시 성도 중에 교도소 직원이 한 분 계셨는데, 그분이 교회 재정을 담당하고 있었습니다. 용역들에게 명함을 전하며, 받을 돈이 있으면 교도소로 오라고 하셨습니다. 교도소는 지긋지긋했던지 돈을 준다고 해도 교도소는 가지 않더군요. 물론 교회도 오지 않았습니다. 분노, 안타까움, 억울함도 있었습니다. 아는 사람이 그럴 수 있나 싶었습니다. 그것도 교회 중직자가 말이에요.

지금은 그렇게 생각하지 않습니다. 그럴 수 있습니다. 그것이 인생이고 그것이 사람입니다. 그 때는 사람과 시대를 이해할 준비가 덜 되어 있었던 것입니다. 직분에 따라 사람을 보지 않습니다. 직분자가 그래서는 안 되겠지만 그래도 이해합니다. 시대와 사람을 이해하지 못하면 원망으로 많은 시간을 허비합니다. 그분 입장에서 보면, 제가 못된 목사였을 수도 있습니다. 그정도 하자는 보통이라고 생각 할 수도 있습니다. 하자가 있어도 다른 건물보다 싸게 지어 주었으니 마땅히 잔금을 받아야 한다고 생각할 수도 있습니다. 그땐 왜 계약서를 쓰지 않았는지 몰랐지만, 지금은 근거(계약서)도 남기지 않고 일을 진행한 이유 정도는 압니다. 더 이상 하자보수를 해 달라고 그 회사에 전화하는 일은 없었습니다. 직접 방수 전문가를 불러 하자보수를 했습니다. 그러면 될 걸 에너지를 너무 많이 낭비한 후 세상과 사람을 배웠습니다. 지금 생각하면 별일 아닌 것이 그땐 죽을 것 같았습니다.

배반의 장미에 찔려 아파하는 분들을 봅니다. 배반당한 것이 아니라 배반할 사람을 몰라본 것이라 생각한다면 좋겠습니다. 배반당할 만한 시스템을 가지고 있었던 것입니다. 준비되지 않은 자는 배반을 보지만 준비된 자는 배반당한 자신의 어리석음을 봅니다. 더 준비된 자는 배반 할 사람을 알아봅니다. 시스템을 정비해서 배반을 이겨낼 준비를 합니다. 언제든지 배반당할 수 있지만 사람을 보는 눈이 준비되어 있으면 위험을 줄일 수 있습니다. 장터의 아이들처럼 '이랬다 저랬다, 이렇게 하면 저렇게 하자' 해도 마음 뺏기지 않고 묵묵히 내가 할 일을 하면 그만입니다.

바르게 보다

마셜 로젠버그(Marshall B. Rosenberg)는 「비폭력대화」에서 관찰의 중요성에 대해 말합니다. 수업 시간에 하품하는 학생을 보았다고 상상해 보십시오. 많은 경우 그 학생을 두고 "집중력이 부족하다. 수업 태도가 바르지 못하다. 선생님을 존경하고 있지 않다."라고 말하기 십상입니다. 학생은 단지 하품을 했을 뿐입니다. 전날 밤 가정 상황 때문에 잠을 설쳤을 수도 있습니다. 단순히 보이는 몇 가지 현상들만 가지고 단정 지어 평가해 버립니다. 잘못된 평가는 잘못된 관찰에서 나옵니다.

인지심리학자 크리스토퍼 차브리스(Christopher Chabris)와 대니얼 사이먼스(Daniel Simons)는 인간의 주의력과 인지능력에 대한 고정관념과 상식을 보여주는 실험을 했습니다. 먼저 실험 참가자들에게 농구 경기 동영상을 보여주며 흰 유니폼을 입은 팀의 패스 횟수를 세라고 했는데요. 대부분의 실험 참가자들이 패스 횟수를 맞추었습니다.

실험의 목적은 그것이 아니었습니다. 여섯 명의 선수들이 공을 주고받는 동안 사람들 사이로 커다란 고릴라 한 마리가 나와 가슴을 친 다음 사라집니다. 동시에 검정색 옷을 입은 한 사람이 지나가고 실험 장소 뒷부분에 있던 커튼의 색깔도 바뀝니다. 실험의 변인(變因)을 설정한 것입니다. 실험 참가자들에게 이 과정을 보았는지 물었을 때 봤다고 대답하는 사람은 50%에 지나지 않았습니다. 패스 횟수, 고릴라의 등장, 검정 옷을 입은 사람, 커튼 색이 바뀐 것 이 네 가지 사실을 모두 알아챈 사람은 단 한 명도 없었습니다. 실험은 우리의 인지능력과 직관에 얼마나 큰 결함이 생길 수 있는지를 보여줍니다.

무엇인가 보려고 집중하는 동안에는 다른 것을 보지 못할 수도 있습니다. 우리가 보려고 하는 것에만 집중한다는 것이 심각한 오류를 생산할 수 있습니다. 하나님께서 보여주시고자 하는 것이 무엇인지 여쭈어야 하고 그것을 보려고 해야 합니다.

2008년, 미얀마에 대형 사이클론이 발생하여 약 13만 명이 사망하는 참사가 일어났습니다. 한 달쯤 뒤에 미얀마 이라와티 삼각주 지역에 긴급 구호를 다녀왔습니다. 돌아오는 길에 선교사님의 부탁을 받아 지역아동센터를 짓기로 결정했습니다. 교회에 와서 전후 사정을 설명했더니 우리 교회 해외 선교국장님께서 협의도 없이 혼자 결정했다고 한 마디 하는 겁니다. 좋은 일을 하고 왔다는 기쁨도 잠시 마음이 상했습니다. "앞으로는 이런 일 없도록 주의하겠습니다. 선교지에 가서 감동이 있어도 교회로 돌아와서 당회를 거쳐 결정하겠습니다."라고 말씀드렸습니다.

바르게 보면 그분이 미얀마 지역아동센터 건립을 반대한 것이 아니라 과정의 문제를 제기한 겁니다. 무슨 말을 듣든지 무슨 일이 생기든지 바르게 보는 눈이 중요합니다. 건강한 제안을 바르게 보지 못한다면 건강하지 못한 눈을 가지고 있는 것입니다. 그분의 정확한 판단과 충언이 다른 일을 할 때도 가끔 부담이 되기도 했지만, 그분으로 인해 함께 가는 법을 배웠습니다. 이후로도 그분은 아름답게 협력해 주셨습니다. 다른 사람들이 무책임하게 손 놓고 방관하는 일들에 대해서 기꺼이 책임지고 임무를 완수하셨습니다. 바른 제안을 바르게 보지 못했다면 그것이 저의 한계가 되고 교회의 한계가 되었을 것입니다.

속도를 늦추고 보다

속도가 붙으면 주변을 볼 수 없습니다. 되돌아와서 다시 출발하기 십상입니다. 성공한 사람들에게 가장 후회되는 일 한 가지를 물어보면 주변을 보지 못한 채 앞만 보고 달렸다고 말합니다. 특히 가족을 돌보지 못한 것이 가장 후회된다고 했습니다.

은퇴를 앞둔 선배 목사님께서 "목회 성공을 위해 달렸는데, 가정도 돌보지 않고 열심히 했는데 남은 것은 아무 것도 없다."고 말씀하셨습니다. 본인은 목회도 인생도 실패했다는 겁니다. 말씀하시는 동안 눈 둘 곳을 찾느라 힘들었습니다. 교회에 나가지 않는 자녀도 있다고 했습니다. 은퇴를 하니 철저히 혼자가 되고 버림받았다는 생각이 든답니다. 나름 성공의 그림자로 괴로워하셨습니다.

성도들의 사업장 개업예배 때 꼭 드리는 부탁이 있습니다. "성공한 다음에 가정을 챙긴다고 하지 말고 가정을 챙기면서 가십시오. 좀 천천히 가십시오. 그것이 바른 길입니다. 잘못 가면 필경 되돌아 와서 다시 가야 합니다."

하나님은 우리의 삶에 규정 속도를 두셨습니다. '하나님과 함께 가는 속도_하나님의 속도' 입니다. 삶의 속도와 관련된 매뉴얼은 성서입니다. 매 순간, 매 시간, 매 상황마다 적정 속도는 다릅니다. 말씀을 읽고, 묵상하고 적용해야 합니다. 하나님보다 앞서거나 뒤처지면 하나님이 보여 주시는 것을 보지 못합니다. 과정 속에서 배워야 할 것, 보아야 할 것을 다 놓치면 가도 가는 것이 아닙니다.

돌쇠의 이야기가 생각납니다. 하루는 주인이 돌쇠를 불러 한양에 다녀와야겠다고 했습니다. 다음날 돌쇠를 찾았더니 한양으로 출발했다는 겁니다. 심부름의 목적과 이유도 모르고 출발한거죠. 힘들게 한양을 다녀온 돌쇠는 발이 부르튼 채로 다음날 주인의 편지를 들고 다시 출발해야만 했습니다.

"젊어서 출세하는 것은 저주다."라는 말이 있는데요. 로고스교회는 개척된 지 6년 만에 어린이교회 포함 재적신자 1천 명, 출석인원 700명을 넘겼습니다. 교단 내 개척 성공 사례로 강의를 하러 갈 때도 많았습니다. 남은 것은 피로함이었습니다.

지친 심신을 이끌고 안식년을 떠나게 되었습니다. 안식년 기간에 다양한 경험을 위해 많은 것을 시도했습니다. 토론토의 '교민연합집회' 등 많은 교회와 장소에서 집회를 인도하고, 코스타(KOSTA) 강사로 섬기면서 대중 집회에 대한 노하우도 쌓아 갔습니다. 책도 한 권 썼습니다. 열정적인 교회, 엄숙하고 경건한 교회 등을 방문했습니다. 송구영신 예배는 한 번뿐인 기회여서 한인교회와 캐네디언(Canadian) 교회를 오가며 드렸습니다.

안식년은 위기이자 기회였습니다. 로고스교회에 돌아와 보니 출석인원이 줄어 있었습니다. 재정도 마이너스였습니다. 돌아와 1년을 지나는 동안 점차 안정을 찾아가고 있었습니다. 그런데 개척 후 처음으로 세웠던 다섯 명의 안수집사 중 세 분이 교회를 떠났습니다. 우리 교회에서 동역자로 섬기다가 가까운 곳에 개척한 목사님을 따라갔습니다. 며칠 잠을 이루지 못했습니다.

"무엇을 보려고 하느냐?"

하나님께서 물으셨습니다. 저는 떠난 분들의 모순을 보려 했고, 개척 나간 목회자의 욕심과 잘못된 목회 윤리를 보려 했습니다. 이런 저런 말이 돌고 돌면서 교회가 좀 시끄러워졌습니다. 개척 나간 목사님에게 막달 월급도 주지 않고 보냈다는 말 같지 않은 말도 돌았습니다. 어느 샌가 저는 '공개적으로는 함께 개척할 사람을 지원받아 파송한다고 했으면서, 뒤로는 마지막 달 월급도 주지 않은 파렴치한 목사'가 되어 있었습니다. 루머가 아니라 개척 나간 목사의 입에서 나왔다는 것도 확실해졌습니다. 매월 5일 사례비를 지급하는데, 그분은 사임하고 난 후 다음달 5일에 사례비가 들어오지 않아서 그렇게 생각했던 겁니다. 정확하게 따지자면 그분이 오히려 21일치 사례비를 교회에 돌려주어야 했지만, 해석은 그의 자유였습니다.

우리 교회가 그분께 약속한 개척 전세금과 매달 월세를 보내지 말아야 한다고 말하는 중직자도 있었습니다. 개척 나간 분이 오셔서 공개 사과를 해야 한다는 분도 있었습니다. 모든 것을 덮기로 했습니다. 그분이 착각하신 것이라고 설득했습니다. 그러나 마음 한 곳에서는 '그 정도로 지원해 주었으면 실수로 마지막 달 사례비를 안 주었다 해도 넘겨야 할 일인데 준 것도 안 받았다고 하면… 불만이 있거나 섭섭했다면 목회자로서 내게 물었어야지.' 별별 생각이 다 들었습니다.

정신 차리고 이 사건을 통해 하나님은 내가 무엇을 보기 원하시는지 묵상했습니다. 큐티를 하는데 설익음이 보였습니다. 교만과 자기 의가 보였습니다. 그 일 후 3년 동안 외부 사역을 멈추었습니다. 유럽 코스타, 시카고 교민연합집회, 토론토 청년연합집회 등 섭외가 들어올 때 부드러운 거절을 했습니다. 쉬어도 교회에서 쉬고 놀아도 교회에서 놀았습니다. 책과 사람과 살았습니다. 자신의 부족함을 보려 했습니다. 하나님은 제가 1년의 안식년과 안식 후 1년 동안 성장하지 못하자 3년을 더 훈련하셨습니다. 그리고 하나님의 때에 다시 부흥을 허락하셨습니다.

안식은 멈춤입니다. 더 일하고자 하는 욕망을 멈추고 창조주 하나님께 마음을 드리는 시간입니다. 결단하고 삶의 속도를 늦추지 않으면 늦춰짐을 당하게 됩니다. 비자발적으로 늦추면 아픔이 따르지만 자발적으로 늦추면 행복합니다. 늦춰야만 바르게 볼 수 있는 것들이 있습니다. 시간의 속도를 인위적으로 조정하는 것이 아니라 마음의 중심을 하나님이 다스려야 합니다. 하나님의 임재를 사모하고 경험해야 합니다.

아버지의 눈으로 보다

진행을 맡고 있던 라디오 방송국에서 하루는 전화가 왔습니다. 어떤 분이 전화를 걸어 "저 같은 사람이 방송 진행을 하면 안 된다."고 이야기했다는 것입니다. 빠르게 여러 가지 생각이 나래를 폈습니다.

'교인일까?' '아는 사람일까? 그렇겠지, 모르는 사람이 전화할 리가 없겠지.'

항의 전화 내용과 사람이 궁금했지만 물어보지 않기로 했습니다. '알아서 좋을 것이 없다.'고 생각하고 있는 사이에, 피디가 기습적으로 이름을 댔습니다.

"혹시 000님 아세요? 목사님께서 부모님 재산 가로채 가지고 교회 개척해서 목회하고 있다고, 목사님이 나쁜 사람이라 했습니다."

물론 아는 분이었죠. 다름 아닌 친형이었습니다. 어머님이 돌아가시면서 과수원을 팔고 6남매에게 고루 나누어 주셨는데, 형은 그 모든 재산이 형의 것이라 생각했던 것입니다. 아버지는 돌아가시기 전에 인감을 떼어줄 테니 마지막 재산을 제 명의로 옮겨 놓으라 하셨습니다. 정중하고 조심스럽게 거절했습니다. 형제들에게 부모님의 마지막 재산을 아버지께 잘 보여서 차지하는 목사가 되고 싶지 않아서였습니다.

아버지께는 재산 대신 기도의 잔을 채워주시라고 부탁드렸습니다. 형제 중에 가장 가난하지만, 하나님의 복을 자손 대대로 크게 받는 사람 되겠다고 약속했습니다. 아버지께서 돌아가시고 본가를 팔 때 형님께서 인감을 떼어 달라고 했습니다. 동생과 함께 "형님, 이 재산 가지고 잘살아만 주십시오." 부탁드리며 그냥 떼어 드렸습니다. 이처럼 아버지가 제게 주시겠다는 것조차 양보했는데, 형에게 이 사실은 중요하지 않았습니다. 이미 상속받은 마지막 재산도 다 쓰고 난 터였거든요.

아버님은 임종 전에 형에 관해 한 가지 부탁을 남기셨습니다.
"안 목사! 형을 이해하시게."

사랑하라고 부탁하진 않으셨습니다. 따지고 보면 형도 피해자입니다. 딸 셋 낳고 어렵게 얻은 첫째 아들에 대한 편애의 결과입니다. 과한 편애가 경쟁력 없는 착한 아들을 만들었습니다. 술만 마시지 않으면 그보다 착한 사람도 없습니다. 방송사의 전화로 사흘 동안 창피했습니다. 마음이 불편 했지만 동생의 마음이 아닌 아버지의 마음으로 보기로 결단했습니다. 형을 사랑하게 해 달라고 기도하지는 않았습니다. 아버지의 마음을 구했습니다. 기도 해도 아버지의 마음이 생기지 않을 때는 아버지와의 약속을 생각했습 니다. 이해할 순 없어도 사랑할 순 있습니다. 예수의 이름으로.

육신의 아버지를 넘어 하나님 아버지의 마음을 구했습니다. '하나님의 긍휼'은 언약적인 긍휼입니다. 우리가 회개할 때 구원하시기로 약속하셨습 니다. 우리가 예수님을 닮는다는 것은 그분의 심장을 이식받는 것인데요. 동시에 언약적인 사랑으로 구원을 받았으므로 언약적인 사랑의 자리로 초 대 받은 것입니다. 하나님 아버지의 마음이면 사랑하지 못할 사람이 없습 니다. 아버지의 눈으로 보면 먼저 자신이 변하고 상대방이 변합니다. 지속 적이고 전폭적인 사랑에 변하지 않을 사람은 없습니다. 혹 변하지 않는다 해도 사랑을 실천한 자가 손해 볼 일은 없습니다.

니체(Friedrich Nietzsche)는 「우상의 황혼」에서 교육자의 도움을 필요로 하는 세 가지 과업에 대해 거론합니다. 인간은 보는 것을 배워야 하고, 생 각하는 것을 배워야 하며, 말하고 쓰는 것을 배워야 한다고 했습니다.

누가복음 15장에 '잃어버린 아들을 찾은 아버지의 비유'가 있습니다. 그들의 문화에서 아버지 살아생전에 재산을 달라고 하는 것, 재산을 분배 받아 사용하는 것은 아버지를 죽은 사람 취급하는 것입니다. 둘째 아들이 상속 받은 유산을 다 허비하고 집으로 돌아올 때 아버지는 문 밖에서 기다리고 있었습니다. 먼저 달려갑니다. 잔치를 베풉니다. 맏아들이 일터에서 돌아와서 항의합니다. 아버지가 그를 잔치의 자리에 초대하지만 응하지 않습니다.

　여기서 큰아들의 눈과 아버지의 눈은 분명한 대조를 이룹니다. 예수님을 영접했다는 것은 그분의 눈으로 세상을 보겠다는 신앙고백과 같은 것입니다. 둘째 아들의 가출로 위기를 맞은 가정이, 둘째 아들의 귀환으로 두 번째 위기를 맞습니다. 큰아들의 가출입니다. 이 비유가 아버지의 마음과 큰아들의 마음 중에 아버지의 마음을 구해야 한다는 메시지만 담고 있다고 생각하지 않습니다. 아버지의 마음은 탕자를 받아주는 것으로 끝나지 않고 큰아들을 설득하는 것까지입니다. 누가복음 15장, 잃어버린 아들을 되찾은 아버지의 비유에서 큰아들을 향한 아버지의 설득은 결과 없이 끝납니다. 영화로 치면 맥없는 결말입니다. 미완성 시나리오입니다. 미완성 시나리오를 읽으며 이런 생각을 해 봤습니다. 큰아들의 반응은 우리에게 주어진 숙제, 우리가 삶으로 완성해야 할 마지막 시나리오라고 말입니다.

"무엇을 보려고 하느냐?"

최고의 질문입니다. 최고의 질문을 배운 사람은 최고의 질문을 자신과
타인에게 던집니다. 최고의 질문을 배우지 못한 사람은 최악의 질문을
합니다.

"왜 그것밖에 못 보느냐?"
"언제나 제대로 볼 수 있겠느냐?"

하나님이 나를 괴롭게 한 것인가 내가 나를 괴롭게 한 것인가?
사람은 자기의 죄 때문에 악한 것보다
자기의 선 때문에 더 악해질 수 있다.
고통은 하나님이 확성기로 우리를 부르신 것이다.
고통을 어떻게 읽고 해석하는지를 보면
그 사람의 미래를 볼 수 있다.

chapter 10

내가 무슨 일로 너를 괴롭게 하였느냐

이르시기를
내 백성아 내가 무엇을 네게 행하였으며
무슨 일로 너를 괴롭게 하였느냐
너는 내게 증언하라
(미 6:3)

살면서 넘어야 할 가장 험한 산이 하나 있다면 고통의 산입니다. 고통을 예견할 수 있는 사람은 그리 많지 않습니다. 고통은 예고 없이 이유 없이 찾아오기도 합니다. 당면한 고통의 목적과 이유를 완벽하게 이해할 수도 없습니다. 이유를 안다고 해서 고통이 줄어드는 것도 아닙니다. 고통에 대한 잘못된 질문과 이해는 우리를 더 고통스럽게 합니다.

위대한 사람들은 고통이 없었던 사람들이 아니라 고통을 이겨낸 사람들입니다. 사람들은 흔히 그들의 성공담을 성급하게 적용하고자 고통의 책장들을 빠르게 넘겨버립니다. 그들과 우리의 공통점은 고통이 있다는 것이고 다른 점은 고통을 보는 다른 관점에 있습니다.

어리석은 사람은 고통 없는 삶의 결과를 원하고 지혜로운 사람은 고통의 과정을 결과로 봅니다. 하루하루 과정에 충실하며 어떤 고통이 찾아와도 담대하게 이겨냅니다. 고통의 문제는 이 세상에 있는 동안 반복적으로 찾아올 것입니다. 고통에 대한 올바른 질문만이 동일한 고통이 반복되지 않게 하는 첫걸음입니다.

힘든 일이 생겼을 때 하나님을 믿는 사람들도 무의식적으로 내뱉는 말이 있습니다.

"제가 왜 고통을 당하는 것입니까?"
"제게 왜 이런 고통을 허락하셨습니까?"
"하나님은 선하신 분인데 왜 우리를 고통스럽게 해야만 합니까?"
"하나님, 도대체 제게 왜 이러세요?"

고통은 누구에게나 있습니다. 고통보다 더 고통스러운 것은 고통을 고통으로 읽고 하나님께 버림받은 것으로 해석하는 것입니다. 고통을 훈련으로 읽고 아름다움을 위한 과정으로 해석한다면, 고통은 이미 고통이 아닙니다. 이렇게 질문한다면 얼마나 좋을까요.

"하나님 이 고통을 통해 제게 무엇을 말씀하고자 하시나요?"
"이 고통을 통해 저의 어떤 부분이 성장하기를 원하시나요?"
"제가 버릴 것은 무엇이고 당장 시작해야 할 것은 무엇인가요?"

'왜 나만 이 고난을 당해야 하는가?' 하는 불만스러운 마음으로 하나님께 묻는 자에게 하나님이 질문하십니다.

"무슨 일로 고통스러우냐?"

"내가 너를 괴롭게 했느냐? 네가 너를 괴롭게 했느냐?"

미가에게 주신 질문

미가는 이사야와 같은 시대인 BC 750-690년까지 요담, 아하스, 히스기야 세 왕들의 통치 기간에 활동한 선지자입니다. 하나님의 말씀을 받아 북이스라엘의 수도 사마리아와 남유다의 수도 예루살렘을 책망했습니다. 한 나라의 수도를 책망했다는 것은 왕과 백성을 책망하는 것입니다. 목숨을 걸어야 할 일이지요.

남유다 아하스 왕은 성전과 왕궁 곳간에 있는 금과 은을 자기 마음대로 앗수르 왕에게 제물로 바쳤습니다. 예루살렘에 앗수르 신을 수입하고 앗수르식 제단을 세우며 제사를 드렸습니다. 제사장에게 아침 번제, 저녁 번제, 왕의 번제, 소제와 국민의 번제 등을 모두 앗수르 제단에서 앗수르 신에게 제사로 드리라고 명했습니다. 미가는 민족의 타락을 보면서 다음과 같이 부르짖었습니다.

이러므로 내가 애통하며 애곡하고 벌거벗은 몸으로 행하며 들개 같이 애곡하고 타조 같이 애통하리니 이는 그 상처는 고칠 수 없고 그것이 유다까지도 이르고 내 백성의 성문 곧 예루살렘에도 미쳤음이니라(미 1:8-9)

재앙이 예루살렘 성문에 임했다는 표현은 하나님의 심판이 임박했음을 의미합니다. 하나님께서는 선지자를 통해 여러 차례 회개하고 돌아올 것을 말씀하셨지만 백성들은 거부합니다. 그들은 하나님이 누구신지 자신들의 존재 이유가 무엇인지 생각하지 않았습니다. 단지 자신들이 생각하고 만든 우상을 섬기며 그에 맞는 종교행위만을 할 뿐입니다.

미가서 6장은 세 가지 내용을 담고 있습니다. 첫째, 하나님의 변론의 호소(1-5절), 둘째, 하나님의 적극적인 요구(6-8절), 마지막은 하나님의 징계와 벌(9-16절)입니다. 하나님의 변론의 호소는 질문으로 이어집니다. 변론, 혹은 쟁변이라 번역된 단어는 법정 용어로 '강한 논쟁'을 의미합니다. 이스라엘 백성에게 죄를 멈추라고 강력하게 말씀하십니다. 이것은 법정에서 판결을 내리기 전 재판관의 마지막 호소, 마지막 기회로 볼 수 있습니다.

미가서 6장에 나타난 변호인단은 산과 땅으로 묘사되고 있습니다. 하나님의 은혜를 산과 땅은 기억하고 있다는 뜻입니다. 이스라엘 백성은 산이나 땅보다 못한 사람이 되고 말았습니다. 얼마나 답답했으면 하나님이 이렇게 말씀하셨을까요? 이스라엘 백성들은 질문하시는 하나님을 만납니다.

"지금까지 너희를 지키며 인도한 나의 은혜가 어디로 갔느냐?"
"애굽의 고통 가운데 너희를 인도한 이가 누구냐?"
"수많은 이방 족속의 침입에서 지켜준 이가 누구였더냐?"
"나의 은혜를 경험한 너희 이스라엘의 보답이 무엇이냐?"

하나님의 질문은 계속됩니다.

내가 무슨 일로 너를 괴롭게 하였느냐(미 6:3)

누구도 피할 수 없는 고통: 고통의 요인

'고통지수'란 국민들이 피부로 느끼는 경제적 삶의 질을 계량화해서 수치로 나타낸 것인데요. 미국 브루킹스 연구소의 경제학자 아서 오쿤(Arthur Okun)이 고안한 경제지표로서 기상 용어인 불쾌지수를 경제학에서 차용한 것입니다. 불쾌지수를 온도나 습도 등 기상 요인들을 고려해서 산출하듯이 고통지수는 인플레이션률, 실업률, 국민소득증가율 등 일반 국민들이 느끼는 경제적 체감도를 기반으로 산출합니다.

가난하지만 행복지수가 높은 나라가 있는 반면 고통지수가 낮아도 체감하는 고통이 높은 경우도 있습니다. 고통은 복합적인 요인을 가지고 있습니다. 고통은 물량적, 정량적으로 측정할 수 없습니다. 측정할 수 있다 해도 성장과정, 성격, 성향, 감정, 날씨, 관계, 스트레스 등 너무나 다양한 요소들에 의하여 결정되기에 복잡합니다.

성서에서 고통의 몇 가지 요인을 찾아볼 수 있습니다.

너희는 내 책망을 듣고 돌아 서거라. 보아라, 내가 내 영을 너희에게 보여주고, 내 말을 깨닫게 해주겠다. 그러나 너희는, 내가 불러도 들으려고 하지 않고, 내가 손을 내밀어도 거들떠보려고도 하지 않았다. 도리어 너희가 내 모든 충고를 무시하며 내 책망을 받아들이지 않았으니, 너희가 재앙을 만날 때에, 내가 비웃을 것이며, 너희에게 두려운 일이 닥칠 때에, 내가 조롱하겠다. 공포가 광풍처럼 너희를 덮치며, 재앙이 폭풍처럼 너희에게 밀려오며, 고난과 고통이 너희에게 밀어닥칠 때에, 그 때에야 나를 애타게 부르겠지만, 나는 대답하지 않겠고, 나를 애써 찾을 것이지만, 나를 만나지 못할 것이다. (잠 1:23-28 새번역)

성서에서 찾을 수 있는 고통 첫 번째 요인은 죄악입니다. 죄악은 부끄러움, 질병, 관계의 상실, 죽음으로 이어집니다. 하나님은 우리가 고통당할 때 부르짖어도 만나지 못할 것이라 하셨습니다. 하나님의 사랑에는 희생적인 사랑과 함께 공의의 사랑이 있습니다. 사랑하기 때문에 엄격하고 원하시는 도덕적인 수준에 이르러야 합니다. 하나님의 용서는 회개를 전제합니다. 하나님이 죄 범한 인간에게 주신 회개의 시간과 기회를 놓치고 개선의 의지가 사라질 때 심판하십니다. 다른 표현으로는 심판은 죄악의 잔이 찰 때입니다. 어리석은 인간은 고통을 싫어합니다. 고통을 피하려 합니다. 고통을 주신 하나님께 실망합니다. 그런 인생에 하나님은 질문하십니다.

"내가 너를 무슨 일로 괴롭게 하였느냐?"

"죄악 때문입니다. 하나님의 경고를 무시했기 때문입니다. 회개의 기회를 놓쳤습니다." 이렇게 고백한다면 회복을 시작하시지만 질문의 의도를 깨닫지 못하고 불만을 가진다면 질문은 계속됩니다.

"내가 너를 괴롭힌 것이냐?"
"너의 죄악이 너를 괴롭힌 것이냐?"
"너의 고통을 내가 기뻐할 것으로 보느냐?"

나의 책망을 듣고 돌이키라 보라 내가 나의 영을 너희에게 부어 주며 내 말을 너희에게 보이리라 내가 불렀으나 너희가 듣기 싫어하였고 내가 손을 폈으나 돌아보는 자가 없었고 도리어 나의 모든 교훈을 멸시하며 나의 책망을 받지 아니하였은즉 너희가 재앙을 만날 때에 내가 웃을 것이며 너희에게 두려움이 임할 때에 내가 비웃으리라(잠 1:23-26)

하나님은 우리가 돌아오기를 누구보다 바라십니다. 하나님이 주신 고통을 받아들이고 죄에서 돌이켜 회개하기를 간절히 기다리십니다. 회개하는 자에게 하나님의 영을 부어주겠다고 약속하셨습니다. 회개한 사람이 다시는 죄를 범하지 않을 것이라고 누구도 장담할 수 없습니다. 미래에도 여전히 타락할 가능성을 지닌 인간이 회개할 때 하나님은 영을 부어주십니다. 그만큼 우리의 회개를 기뻐하십니다.

고통의 두 번째 요인은 어리석음입니다. 하나님은 당신의 백성들에게 하늘 문을 열고 복 주시기를 원하십니다. 사람들은 어리석게도 하나님의 지혜를 쫓아 달려가기보다 잠깐의 순간적인 기쁨을 추구합니다.

"어수룩한 사람들아, 언제까지 어수룩한 것을 좋아하겠느냐? 비웃는 사람들아, 언제까지 비웃기를 즐기려느냐? 미련한 사람들아, 언제까지 지식을 미워하려느냐?" (잠 1:22 새번역)

'어수룩한 사람'으로 번역된 '페티'(פתי)는 '단순한, 순진한, 마음이 열린 사람'을 의미합니다. 순진한 사람은 가르침을 잘 받으며 무엇이든 믿는 경향이 있습니다. '미련한 사람'으로 번역된 '케실'(כסיל)은 지혜나 슬기로운 삶이 아닌 미성숙한 생활양식으로 이끌려 감을 의미합니다. 본문에서 '어수룩함'과 '미련함'은 함께 사용되어, 도덕적 결함에 빠져 있으면서도 자신을 합리화하는 사람을 뜻합니다.

도덕적 결함을 알고도 돌이키지 않는다는 것은 하나님의 존재를 부정하는 것과 같은데요. 어리석은 사람은 빠른 성공과 수익을 위해 하나님의 말씀과 도덕을 잠시 접어둡니다. "다들 그렇게 하잖아요." "어차피 이렇게 된 거 뭐!" 온갖 이유를 만들어 또 다른 어리석음을 잉태합니다.

어리석음의 또 다른 얼굴은 무지함인데요. 생각이 짧은 것을 의미합니다. 깊고 멀리 생각해야 하는데 쉽게 생각하고 말을 먼저 내뱉습니다. 세상이 생각하지 못한 것도 생각해야 하는데, 기본적인 이치도 모르면서 세상을 이기겠다고 하면 소도 웃을 일입니다. 가족들을 비롯해서 여러 사람을 고통스럽게 합니다.

어리석음의 또 하나의 단면은 대가를 지불하지 않으려는 마음인데요. 대가를 지불하지 않고 얻을 수 있는 것은 없습니다.

둘째가 중학교 3년 동안 과학영재학교에 목표를 두고 하루 평균 6시간씩 자며 공부했습니다. 원하는 학교에 어렵게 입학했는 데도 그것은 시작이었습니다. 여전히 6시간씩 자며 공부했습니다. 하루는 아들의 꿈이 궁금해졌습니다. 혹시 저를 이어 목사가 되는 꿈을 가지고 있는지, 아들 몰래 머금은 기대를 터뜨렸습니다.

"강민아, 목사가 되는 것 생각해 봤니?"

"목사는 어떻게 되는 거예요, 아빠?"

"너를 창조하신 목적을 알고자 하는 진실한 기도가 있다면 하나님의 확실한 사인이 있단다."

"그럼 전 아니에요. 하나님의 확실한 사인이 없어요."

"아직, 네 인생에 있어서 너를 창조하신 하나님의 뜻을 묻는 기도를 충분히 드린 것은 아니잖니?"

"네, 기도드릴게요. 그런데 싫어요. 혹시 제가 목사가 되었을 때 아빠가 새벽기도를 인도해 주신다면 생각해 볼게요. 그리고 제가 목사 되려면 이렇게 죽어라 공부 안해도 되잖아요."

좀 섭섭했습니다. 목사 될 거면 공부 많이 할 필요가 없다는 소리처럼 들렸습니다. 섭섭함을 숨기고 말했습니다.

"하나님이 만드신 자연, 과학, 그리고 인간을 연구하는 것보다 하나님을 연구하고 전하는 사람이 공부를 더 많이 해야 한단다. 누군가 '사람이 살면서 흘릴 눈물의 정량은 동일하다.'고 하더라. 네가 지금 공부할 때 받은 고통만큼 다른 고통을 줄여 주실 거야. 공부가 전부는 아니지만 공부하면서 생각이 깊어지고 지식과 지혜를 터득하면 무슨 일을 하든지 유익하단다."

더 이상은 아들에게 목사 되는 것을 기대하지 않고 묻지도 않습니다. 세상에 쉬운 것은 하나도 없습니다. 아들이 그것을 알게 되는 날 세상을 겸손하게 대할 것입니다. 남이 이룬 큰 성공은 다 쉬워 보이지만 자신이 이룬 작은 성공도 어려운 법입니다. 처음에 속히 이룬 성공이 있다면 겸손하게 받아들이고 힘들게 생각해야 합니다. 단순하게 받으면 마침내 복이 되지 않고 물안개처럼 사라지고 맙니다. 실패 앞에서도 단순하게 생각하면 실패는 계속해서 미소지으며 인생의 동반자가 될 것입니다.

처음에 속히 잡은 산업은 마침내 복이 되지 아니하느니라(잠 20:21)

고통의 세 번째 요인은 환경으로 인한 것입니다. 하나님은 환경의 변화까지 주도하십니다. 우리에게 유익하게 조정하기도 하지만 불리하도록 만들어 훈련하기도 하십니다. 자연환경, 인간관계, 새로운 법과 제도 등을 통해 고통이 찾아오기도 하는데요. 역으로 고통의 때가 가고 은혜의 때가 도래할 때에 환경의 변화가 수반되기도 합니다.

하나님은 인간에게 성서와 우주라는 두 가지 책을 주셨습니다. 우주에는 하나님의 법칙이 있습니다. 자연법칙이라고도, 하나님의 세계경영이라 말하기도 합니다. 하나님께서 말씀으로 천지를 만드셨듯이 초자연적인 법칙 등을 통해 우리에게 말씀하실 때도 있습니다.

갈수록 환경 파괴로 인한 고통은 커져 갈 것입니다. 하나님이 주신 자연을 파괴한 것에 대한 하나님의 경고입니다. 뜬금없이, 자연재해 입은 자들이 모두 하나님의 심판으로 정죄받았다는 것으로 확대 해석하는 분은 안 계시겠죠? 자연재해를 유발한 우리 모두의 책임과 자연을 통해 심판하시는 하나님을 잊지 말아야 한다는 말입니다.

고통의 네 번째 요인은 역사적인 고통입니다. 개인적인 고통의 차원을 넘어 인간의 욕심으로 인해 발생된 사회적이며 국가적인 고통을 의미합니다. 6.25 전쟁, IMF 사태, 세계 금융 위기 및 지구 곳곳에서 일어나는 수많은 전쟁 등이 있습니다.

호세아는 주전 750-725년까지 활동했는데요. 북왕국 이스라엘이 앗수르에 의하여 주전 722년에 멸망했습니다. 국가 멸망 3년 전, 백성들은 이미 여러 차례 회개를 촉구하는 말씀은 들었지만 돌이키지 않았습니다. 역사적인 고통이 얼마나 극심할 것인지 호세아의 기도를 보면 알 수 있습니다.

여호와여 그들에게 주소서 무엇을 주시려 하나이까 아이 배지 못하는 태와 젖 없는 유방을 주시옵소서(호 9:14)

심판을 거두어 달라는 기도가 아니었습니다. 피할 수 없는 심판이 임박한 상황에서 드릴 수 있는 최소한의 기도였습니다. 앞으로 태어날 아이들이 처할 상황을 생각하면 너무나 잔인하고 고통스러운 일이었습니다. '차라리 아이를 태어나지 않게 해달라'는 호세아의 기도를 통해 역사적인 고통의 무게를 짐작할 수 있습니다.

마지막으로 하나님의 영광을 위한 고통입니다. 예수님의 제자들은 질병으로 고통당하는 사람을 보면 부모의 죄 혹은 자신의 죄 때문이라는 두 가지 원인만 생각했던 것 같습니다. 예수님은 또 다른 이유가 있음을 말씀하십니다.

예수께서 대답하시되 이 사람이나 그 부모의 죄로 인한 것이 아니라 그에게서 하나님이 하시는 일을 나타내고자 하심이라(요 9:3)
예수께서 들으시고 이르시되 이 병은 죽을 병이 아니라 하나님의 영광을 위함이요 하나님의 아들이 이로 말미암아 영광을 받게 하려 함이라 하시더라(요 11:4)

하나님의 영광을 위해 죄 없는 인간을 고통 속에서 창조하시거나 고통을 주실 수 있냐고 반문할 수도 있습니다. 그것은 분명 하나님의 성품에 어긋나는 일입니다. 하나님이 폭군처럼 마음대로 하시는 것은 아닙니다. 하나님께는 변치 않고 선하시며 완전하신 통치 원칙이 있습니다. 우리에게 구구절절 설명할 의도도 필요도 없으신 분입니다. 고통 속에서도 하나님이 선하시다고 믿는 것은 우리에게 유익하다는 겁니다.
하나님의 영광이 우리 모두에게도 영광이 된다는 것을 이해해야 합니다. 고통을 통해서 이루어 나갈 사명이 있습니다. 당장은 고통처럼 보여도 하나님의 뜻을 이루는 전체 과정 중의 하나라는 것을 알아야 합니다. 고통을 위한 고통을 주시는 게 아니라는 것을 깨달을 때, 우리는 고통에 대해서도 감사할 수 있습니다. 고통은 우리를 하나님의 선으로 인도하십니다.

고통 가운데 있다면 위에서 정의한 다섯 가지 중 어떤 요인으로 인한 고통인지 찾아야 합니다. 요인을 모르면 고통을 주신 하나님의 목적을 알 수 없으므로 해결책도 찾을 수 없습니다. 고통이 어디에서 왔는지를 알아야 하나님 앞에서 바른 답을 찾을 수 있습니다. 우리가 하나님께 여쭈어야 할 때입니다.

고통의 목적

모든 은혜의 하나님 곧 그리스도 안에서 너희를 부르사 자기의 영원한 영광에 들어가게 하신 이가 잠깐 고난을 당한 너희를 친히 온전하게 하시며 굳건하게 하시며 강하게 하시며 터를 견고하게 하시리라(벧전 5:10-11)

고통의 첫 번째 목적은 우리를 온전하게 하기 위해서입니다. '온전케 하심'은 '카타르티조'(καταρτιζω)로 '수리하다, 실수와 죄로부터 바로 잡다'는 의미를 지닙니다. 온전함은 완전함이 아닙니다. 완전한 인간은 없지만 온전한 인간은 존재할 수 있습니다.

고통은 죄를 깨닫게 합니다. 우리의 죄악이 수면 위로 떠오르게 하여 미련함과 어리석음들을 벗겨냅니다. 고통은 죄악을 버리고 온전함을 향해 출발하도록 도와줍니다. 우리가 온전해져야 할 이유는 하나님께서 완전한 분이시기 때문인데요. 하나님의 완전한 형상을 닮아 창조되었기에 온전해지는 만큼 하나님과의 소통이 가능해집니다.

지인 중 모 대학 부총장을 지낸 분이 암 판정을 받았습니다. 치료를 시작하기 전에 저에게 주의할 것을 물어오셨습니다. 이미 생긴 암을 피할 수는 없지만 치료 과정 중에 발생하는 두려움을 이겨내야 암으로 인한 2차 피해를 입지 않을 수 있다고 말씀드렸습니다. 치료하는 과정을 하나님과 친밀감이 깊어질 수 있는 기회로 삼으시라고 말씀드렸습니다. 구체적인 방법으로는 새벽기도와 각종 교회 모임에 적극적으로 참여할 것, 말씀 묵상, 그리고 읽을 만한 책으로 「놓아버림」을 추천했습니다.

후일 그분께서 하나님과의 친밀감이 깊어졌다고 말씀하셨습니다. 권해드린 내용을 충실하게 이행하는 과정을 통해 신앙이 더욱 깊어진 것입니다. 고상한 인품과 지성의 거목이셨고, 하나님을 만난 분이셨지만 더 깊은 만남은 아직도 여전히 필요합니다.

'온전하다'는 개념과 함께 사용되는 형용사 '완전한'은 신약성경에 19회 나오며, 문맥에 따라 '완전한' 혹은 '성숙한'으로 번역됩니다. 여기서 '완전함'은 절대적인 의미의 완전함을 말하는 것은 아닙니다.

온전한 것이 올 때에는 부분적으로 하던 것이 폐하리라 내가 어렸을 때에는 말하는 것이 어린 아이와 같고 깨닫는 것이 어린 아이와 같고 생각하는 것이 어린 아이와 같다가 장성한 사람이 되어서는 어린 아이의 일을 버렸노라(고전 13:10-11)

온전함에 이르는 길을 어린아이와 대비시켜 어린아이의 일을 버리고 성숙해 가는 과정으로 보고 있는데요. 오랫동안 신앙생활을 해도 어린아이의 수준을 넘어서지 못하는 사람이 있습니다. 성숙한 사람이 되기 위해서는 이기적이지 않아야 합니다. 자기가 항상 옳은 것은 아니며 때로 틀릴 수도 있다는 것을 알아야 합니다. 배려할 줄 알고 양보할 줄 알아야 합니다. 삶에서 어떤 상황이 닥쳐와도 주님을 신뢰하고 사랑하고, 순종해야 합니다. 사랑할 만한 사람을 사랑하고 순종할 만한 일에만 순종하는 것은 마피아도 할 수 있습니다.

온전함이 필요한 이유가 있는데요. 하나님의 영광스러운 잔칫집 식탁에 초대 받았다고 생각해 보세요. 더럽고 냄새나는 모습으로 식탁에 자리할 수는 없겠죠. 집에서 키우는 애완견과 밖에서 집을 지키는 개는 요구되는 행동이나 관리 방식이 다릅니다. 하물며 하나님의 집에서 살아야 할 우리에게 요구되는 기준은 말할 것도 없습니다. 더러운 개를 집 안에 들이지 않는 것처럼, 온전하지 않은 자는 하나님과 교제할 수 없습니다. 하나님은 친밀한 교제를 위해 고통을 통해 우리의 죄를 깨닫게 하시고 온전하게 만들어 주십니다.

모든 은혜의 하나님 곧 그리스도 안에서 너희를 부르사 자기의 영원한 영광에 들어가게 하신 이가 잠깐 고난을 당한 너희를 친히 온전하게 하시며 **굳건하게 하시며 강하게 하시며 터를 견고하게 하시리라**(벧전 5:10-11)

고통의 두 번째 목적은 굳건하고 강하게 하시기 위함인데요. '굳건하다'는 '스테리조'(στηριζω)로 대리석과 같이 견고하게 되는 것을 의미합니다. 우리는 고통을 통해 견고한 기초 위에 설 수 있게 될 것입니다.

루이스(C. S. Lewis)는 「고통의 문제」에서 다음과 같이 말합니다.

"여러분이 잘못을 저질렀다면 그 원인을 제거해야 할 뿐 아니라 그 잘못 자체도 바로 잡을 필요가 있다. 또 죄를 지었다면 가능한 한 그 죄를 짓게 만든 유혹을 제거해야 할 뿐 아니라 돌이켜 그 죄 자체를 회개해야 한다. 즉 두 경우 모두 복구가 요구되는 것이다. 반면에 바로잡지 않은 잘못과 회개하지 않은 죄는 그 본성상 새로운 잘못과 새로운 죄를 끊임없이 흘려보내는 원천이 된다. 내가 잘못을 저질렀을 때 그 잘못은 나를 믿는 모든 이들에게 영향을 끼친다. 내가 공적으로 죄를 지을 때 목격자들은 그것을 묵과함으로써 공범이 되거나 정죄함으로써 사랑과 겸손을 잃을 위기에 처한다. 그러나 고난은 본질적으로 목격자들에게 나쁜 효과가 아니라 좋은 효과 즉, 연민을 불러일으킨다. 이처럼 하나님이 복합적인 선을 만드는 데 주로 사용하시는 그 악은 확실하게 소독되어 있는 악 또는 악에 일반적으로 나타나는 최악의 증식의 성향이 없는 악이다."

우리가 잘못하면 사랑하는 가족과 친구들까지 불행해지고 나아가 그들을 죄인으로 만들 수도 있습니다. 죄에는 영향력이 있는데요. 죄는 개인의 영성을 흔들고 가정을 파괴합니다. 하나님은 죄인을 고통이란 막대기로 흔들어 가늠해 보십니다. 지진에도 강도가 있듯이 사람마다 그 강도는 다르게 임하지만 고통을 이겨내게 함으로써 마음과 신앙 그리고 인격을 굳건하고 강하게 만드십니다.

경제적인 고통이 우리를 견고하게 할 수도 있습니다. 경제적인 고통을 기대할 필요는 없지만 가난이 주는 유익은 즐길 수 있습니다. 자녀들은 세상을 만만히 보지 않고 근검절약하며 사는 법을 배웁니다. 하나님 나라의 관점에서 경제적인 고통을 보는 법을 배운다면 가족애는 더욱 돈독해질 것입니다. 고통이 주는 유익을 안다고 고통을 환영할 필요는 없지만, 지혜로운 사람은 적당한 고난을 자원해서 몸에 담고 다닐 줄도 압니다. 자녀들이 학교를 졸업하고 세상이라는 정글에 나가기 전에 만만하게 보지 않도록 적절한 고통을 뿌려두는 것도 지혜입니다. 하나님의 복음을 전하기 위해 고통에 참여하는 것은 특권입니다.

모든 은혜의 하나님 곧 그리스도 안에서 너희를 부르사 자기의 영원한 영광에 들어가게 하신 이가 잠깐 고난을 당한 너희를 친히 온전하게 하시며 굳건하게 하시며 강하게 하시며 **터를 견고하게 하시리라**(벧전 5:10-11)

고통의 세 번째 목적은 터를 견고하게 하시기 위함입니다. 고통은 한 사람의 일생에 확고하고 튼튼한 기초를 만드는 과정인데요. 위에서 인용한 성서가 말하는 '고난'은 믿음과 복음에 합당한 삶을 살 때 찾아오는 고통을 의미합니다.

첫 번째 교회 개척 때에 겪은 고통의 경험은 두 번째 개척 때에 목회를 견고하게 할 수 있는 기반이 되었습니다. 경험된 고난으로 인해 사람을 의지하지 않고 하나님만을 굳건히 의지하는 법을 배웠습니다. 개척 초기, 부흥 없는 침묵기 속에서 본질과 씨름하며 하나님이 하늘 문을 여시고 영혼을 불어넣어 주신다는 확신도 배우며 경험했습니다.

고통이 오랜 시간 지속되면 믿음과 영적인 기초가 흔들리기도 합니다. 기초가 흔들릴 때 기초의 한계를 볼 수 있습니다. 큰 태풍이 지난 후 쓰러지지 않는 나무를 볼 수 있습니다. 견고하고 깊게 뿌리 내린 나무입니다.

뿌리를 볼 수는 없어도 알 수는 있습니다. 바람을 맞지 않는 나무가 없듯이 흔들리지 않고 살 수 있는 삶도 없습니다. 그리스도를 닮은 제자가 되려 하면 할수록 고난은 더욱 거세질 것입니다. 삶의 터가 시험 받지 않았다면 견고함의 수준을 알 수 없습니다. 터가 흔들리는 것은 견고함이 어느 정도인지 깨닫고, 무엇을 보완해야 할지 알게 하는 필수적인 과정이라고 이해하면 시련은 유익합니다.

고난이 찾아온다고 해서 저절로 터가 견고해지는 것은 아닙니다. 고난을 주신 하나님의 목적을 깨닫고 성장해야 합니다. 영적인 삶을 방해 하는 거품, 허세, 허영, 거짓과 교만의 불순물을 제거할 때 삶은 더 견고해집니다.

고든 맥도널드(Gordon MacDonald)는 미국 전역에 명성이 높은 목회자로서 선교단체 IVF 대표와 세계구호선교회 총재를 지내며 활발한 사역을 했습니다. 저서 「내면세계의 질서와 영적 성장」은 세계적인 베스트셀러가 되었습니다. 누가 봐도 하나님의 축복이 가득한 인생이었습니다. 그가 간통을 저질렀습니다. 미국을 대표하는 사역자의 외도는 특히 그를 신뢰하던 크리스천들에게 커다란 충격을 안겨주었습니다. 평생 쌓아올린 사역과 명예는 곤두박질쳤습니다. 그를 원하는 교회도, 사역지도 더 이상 없었습니다. 심지어 분노한 독자들은 그가 쓴 책들을 버리고 짓밟고 태워버렸습니다. 그가 한 라디오 프로그램에 초대되었을 때, 화난 청취자들이 '저런 더러운 인간을 왜 초대했느냐'며 방송국에 항의도 했습니다.

사람의 본성은 죄 가운데 있기에 마음의 키를 하나님이 잡지 않으시면 표류할 수밖에 없습니다. 성공적인 삶을 산다고 해서 누구도 안심할 수 없습니다. 성령이 충만한 사람도 타락할 가능성을 가지고 있는데요. 죄악은 성공과 실패의 자리를 가리지 않고 얼굴을 내밉니다. 죄악으로 영성의 바닥이 드러날 때 영적인 기초가 어느 정도였는지를 알게 합니다. 고든 맥도

널드는 영성의 바닥이 드러난 이후 깊은 회개 기간을 거쳐 다시 일어섰습니다. 아끼는 사람들과 가족들 모두가 3년 동안 그의 치료를 도왔습니다. 그 후 더욱 겸손하게 사역을 잘 감당하고 있습니다.

　죄악이 큰 곳에 은혜가 크다고 했습니다. 더 큰 은혜를 경험하기 위해 죄악에 빠지기를 바라는 어리석은 사람은 없을 것입니다. 고든처럼 극적인 반전을 경험한 자들도 있지만 돌아오지 못한 자도 많습니다. 죄악과 회복의 기간의 고통은 무엇과도 비교할 수 없습니다. 고든의 사례로 영적인 지도자의 타락을 두둔할 생각은 없습니다. 단지 애정 담긴 기도와 하나님의 회복과 치유를 기대하며 기다릴 수는 있습니다. 바닥을 드러낸 인생일지라도 하나님의 사랑으로 인해 회복되고 이전보다 더욱 견고해질 수 있음을 보여줍니다.

고통이 주는 선물

　1963년 9월 22일, 한 청년이 세 명의 친구들과 함께 스페인의 마야다혼다에서 마드리드까지 여행을 떠났습니다. 절친한 친구 사이인 그들은 밤늦게까지 함께 어울려 노는 것을 좋아했는데요. 그날 밤의 여행은 이들 인생에서 절대 잊지 못할 여행이 되었습니다.

　새벽 두 시, 청년과 친구들이 타고 있던 차는 교통사고를 당했습니다. 그가 마드리드에 위치한 엘로이곤잘로 병원에서 눈을 떴을 때, 더 이상 하반신을 움직일 수가 없었습니다. 어렸을 때부터 축구 신동으로 불리며 레알마드리드와 일찌감치 골키퍼 계약을 맺었던 그였습니다. 스페인 국가대표팀의 차기 골키퍼 1순위로 주목받던 축구 유망주의 꿈이 산산조각 나는 순간이었습니다. 의사는 적어도 18개월 동안 죽은 사람처럼 침대에 누워 있어야만 손상된 척추가 치유될 수 있으며 치료를 마친 뒤에도 걸을 수 있을지는 장담할 수 없다고 했습니다. 축구선수로서의 청년의 미래는 끝이 났습니다.

비록 교통사고가 척추를 망가뜨렸지만 그의 인생을 망가뜨리도록 허락하진 않았습니다. 병상에 누워 있던 18개월 동안 밤마다 라디오를 들으며 시를 썼습니다. 한 인간의 운명과 삶의 의미를 묻는 애달프고 감상적인 시들이었습니다. 그가 쓴 시를 읽어본 간호사는 기타를 건네며 노래로 만들어 보라 권했습니다. 그저 호기심으로 시작된 기타 연주는 시간이 흐르면서 취미 그 이상이 되었습니다.

1968년 7월 17일, 인생을 파멸시킬 뻔했던 교통사고가 일어난 지 5년 만에 그는 'La Vida Sigue Igual'(그래도 인생은 계속된다)이란 곡으로 베니돔 음악제에서 최우수상을 받습니다. 역사상 가장 많은 음반을 판매한 훌리오 이글레시아(Julio Iglesias)입니다.

지금, 한쪽 길이 막혀서 고통스러우신가요? 하나님은 다른 길을 준비하고 계십니다. 훗날 우리는 감사하며 그 고통을 지켜 볼 수 있을 것입니다. 고통이 주는 첫 번째 선물은 다른 길입니다.

도가니는 은을, 풀무는 금을 여호와는 마음을 연단하시느니라(잠 17:3)

하나님은 고통으로 우리의 마음을 연단하십니다. 마음의 순수성, 크기, 정직함, 성실함 등을 연단하시고 온전한지 달아 보신 후에 복을 주십니다. 하나님은 우리가 고통 속에서 힘들어 할 때 질문하십니다.

내가 무슨 일로 너를 괴롭게 하였느냐(미 6:3)

하나님이 무슨 일로 우리를 괴롭게 하셨나요? 그 괴로움이 하나님이 주신 괴로움인가요? 우리의 미련함과 어리석음, 죄악으로 인한 괴로움인가요? 성숙한 사람은 그 원인을 압니다. 미련한 사람은 원인을 찾지 못하고 하나님과 세상 탓을 합니다. 고통의 원인이 어디에 있는지 모른다면 하나님께 물어야 합니다. 말씀 듣는 중에, 기도 시간에, 사람을 통해서 말씀하십니다. 그래도 못 알아듣는다면 꿈이나 환상 같은 특별한 방법으로 깨닫게 하시기도 합니다. 하나님은 우리를 괴롭게 하는 일에는 관심 없으십니다. 심판 의지보다 사랑의 의지가 훨씬 강하기 때문입니다.

우리가 주님의 십자가를 지는 일, 그 일로 인한 고난에 참여한다면 기쁨과 은혜가 함께 있을 것입니다. 고통이 다르게 느껴지며, 좀 빠른 시기에 이겨낼수록 단단하고 견고한 사람으로 준비됩니다. 고통이 주는 두 번째 선물은 담대한 마음입니다.

4세기의 역사가이자 변증가인 유세비우스(Eusebius of Caesarea)는 「교회사」에서 12사도의 순교 내용을 다음과 같이 기록했습니다.

교회의 수장인 베드로는 로마에 가서 전도하다가 십자가에 거꾸로 매달려 순교했다. 안드레는 그리스에 가서 전도하다가 X자 십자가에 매달려 순교했다. 가장 먼저 순교한 것으로 기록되어 있는 세베대의 아들 야고보는 예루살렘에서 헤롯 아그립바 1세에게 칼로 목이 베여 순교했다. 알패오의 아들 야고보는 팔레스틴과 이집트, 시리아에서 복음을 전하다가 군중으로부터 곤봉과 방망이로 맞아 순교했다. 요한은 밧모섬에서 유배생활을 했고(계 1:9) 모진 박해를 받았다. 빌립은 도미티아누스 황제의 기독교 박해 때

소아시아 중서부 프리지아의 히에라폴리스에서 십자가형을 받아 순교했다. 바돌로메는 인도와 아르메니아에 가서 전도하다가 아스티야제스 왕에 의하여 참수를 당해 순교했다. 도마는 인도에 가서 복음을 선포하던 중에 창에 맞아 순교했다. 마태는 유대를 순회하다가 에티오피아에 가서 전도 중에 참수당했다고 기록되어 있다. 시몬은 시리아와 메소포타미아, 페르시아에서 복음을 선포하다가 페르시아에서 순교했다. 유다는 페르시아에서 활에 맞아 순교했고 가룟 유다대신 12사도에 들어온 제자 맛디아(행 1:21-26) 역시 카스피아 연안에서 박해를 받아 콜키스에서 돌에 맞고 참수당했다.

12제자들은 순교를 통해 복음을 전했습니다. 그들은 죽었지만 복음은 흥왕했습니다. 예수 그리스도를 믿는 자들이 죽음도 두려워하지 않는 것을 보고 세상은 충격을 받았습니다. 순교의 순간에 후회와 원망이 아닌 감사와 영광을 돌리는 모습을 보고 세상은 예수 그리스도를 인정하게 됩니다.

고통이 주는 세 번째 선물은 복음전파입니다. 우리가 고통을 예수님의 이름으로 이겨내면 하나님의 영광을 드러나고 복음이 전해집니다. 이제, 우리의 삶의 이야기, 고난 속에서 담대하고 흔들리지 않는 삶의 이야기가 이 시대에 새로운 이야기가 되어야 합니다. 고난은 제자들을 흩어지게 했고 흩어진 곳에 복음이 흥왕했습니다.

잠언은 하나님을 징계와 꾸지람하는 분으로 소개하고 있습니다(잠 3:11-12). 신약에서도 징계하는 분으로 등장하십니다. 구약과 신약의 징계의 공통점이 있습니다. 사랑하기 때문입니다. 사랑하시기에 다듬고 훈련하십니다. 고통은 우리가 하나님께 속해 있다는 것과 하나님께 사랑 받고 있다는 것을 입증해 줍니다. 우리를 가르치고 더 나은 사람으로 만들어 주기 때문에 유익합니다. 처음에는 달갑지 않지만 결국은 우리의 삶을 변화시킵니다.

독수리는 둥지를 만들 때 가시나무를 물어옵니다. 가시나무 둥지를 만들다 보면 발과 입이 피투성이가 되곤 합니다. 그 위를 연하고 부드러운 털로 덮고 알을 낳은 뒤 부화해서 새끼가 나오면 다 자랄 때까지 먹이를 줍니다. 새끼가 어느 정도 자라서 날 수 있게 되었다 싶으면, 자신의 날개에 새끼 독수리를 태우려 합니다. 무서워하며 타지 않으려는 새끼에게는 더 이상 먹이를 주지 않습니다. 배가 고픈 새끼 독수리 중에 용기 있는 한 마리가 어미의 등에 타면 숲속 깊은 바위로 데려가 먹이를 줍니다.

더 이상 어미 독수리는 둥지로 먹이를 가져오지 않습니다. 포근한 둥지에서 굶어 죽든지 용기를 내서 어미 등에 타든지 선택해야 합니다. 며칠을 반복한 다음 새끼 독수리들이 두려움 없이 어미 등에 탈 수 있게 되면, 바위 쪽으로 이동해 먹이를 먹게 한 다음 둥지를 헐어버립니다. 힘겹게 모아 놓았던 따뜻한 깃털도 다 버린 뒤 마지막으로 어미는 새끼들을 모두 태우고 하늘로 올라갑니다. 새끼들이 처음 경험해 보는 고도의 아찔함에 두려워할 때 어미는 날개를 접습니다.

갑자기 땅에 떨어질 상황이 되니 새끼들은 날개가 있었는지도 모르고 살다가 무의식중에 날개를 펴고 날게 됩니다. 날 수 있었는데 날지 않았던 것입니다. 아직 날개에 힘이 생기지 않은 새끼 독수리는 땅으로 곤두박질칩니다. 어미 독수리는 지켜보다가 땅에 떨어지기 직전에 낚아챕니다. 이렇게 날기를 배운 독수리들은 스스로 먹을 것을 구하며 자신만의 보금자리를 만들게 됩니다. 새끼가 어미가 되었을 때 새끼들에게 어미처럼 합니다.

하나님은 우리가 인생이란 하늘을 멋지게 날기를 바라신다고 믿습니다. 우리의 비상을 독려하십니다. 독수리가 자신의 새끼를 귀하게 여겨 훈련하는 것보다 더 귀하게 여기시기에 훈련 역시 혹독할 수 있습니다. 사랑하지 않아서가 아니라 사랑하기 때문에 고난을 주십니다. 어떤 날씨와 환경 속에서도 비행할 수 있는 능력을 키워주기 위해 훈련하십니다. 고통이 주는 네 번째 선물은 영적인 성장입니다.

헤럴드 러셀(Harold Russel)은 2차 대전 때 공수부대원으로 전투에 참가했다가 두 팔을 잃었습니다. 낙심한 러셀은 하나님을 원망합니다.

"하나님, 저는 이제 쓸모없는 사람이 되었습니다. 저를 왜 살려두시는 겁니까?"

울부짖다가 지쳐서 쓰러졌을 때 이런 음성이 들려왔습니다.

"사랑하는 내 아들 러셀아, 두 팔을 잃은 것이 마음 아프냐? 나는 너를 위해 내 아들 예수를 십자가에 못 박혀 죽게 했단다. 너는 살았고, 그래도 잃은 것보다 남은 것이 아직도 많지 않니?"

러셀은 가만히 자신을 돌아보았습니다. 예수님이 나 같은 죄인을 위해 죽음을 달게 받으셨음을 기억하는 순간 '하나님의 사랑하는 자녀' 라는 복을 받았다는 사실을 깨닫게 되었습니다. 러셀은 좌절을 걷어내고 의사를 찾아갑니다. 인공 의수를 달고 타이프 치는 것을 연습합니다. 「우리 생애 최고의 해」라는 책을 씁니다. 그는 2차 세계대전 이후 실의에 빠져 삶의 의욕을 상실한 사람들에게 소망을 주며 일약 베스트셀러가 되었습니다. 한 기자가 러셀에게 '성공의 비결이 무엇이냐' 고 묻자 이렇게 답합니다.

"나의 육체적인 장애가 도리어 내게 큰 축복이 되었습니다. 우리는 어려움을 당할 때, 잃어버린 것을 계산할 것이 아니라 하나님께로부터 받은 것을 생각해야 합니다. 우선 하나님의 자녀라는 사실을 기억하고 나에게 남아 있는 것들, 그 모든 것에 대한 하나님의 은혜에 감사하며 그것을 사용할 때에 하나님께서는 잃은 것들을 큰 열매로써 보상해 주시고, 더 많은 가능성을 우리 앞에 열어 주십니다."

어떤 고통이 우리에게 닥칠지는 알 수 없습니다. 이미 닥친 고난을 피할 수도 없습니다. 그러나 그 고난을 어떻게 해석할 것인지는 우리가 선택할 수 있습니다. 고통을 당했으나 미래를 올바르게 선택한다면 남은 시간을 아름답게 채울 수 있습니다. 헤럴드 러셀의 이야기처럼 우리의 고통스런 삶의 이야기는 하나님 나라를 확장시키는 재료가 됩니다.

헬렌 켈러는 말했습니다. "한쪽 문이 닫히면 다른 쪽 문이 열린다. 하지만 우리는 원망의 눈으로 닫힌 문만 바라보느라 우리를 향해 열려 있는 또 다른 문을 보지 못한다."

"내가 무슨 일로 너를 괴롭게 하였느냐?"

최고의 질문입니다. 최고의 질문을 배운 사람은 최고의 질문을 자신과 타인에게 던집니다. 최고의 질문을 배우지 못한 사람은 최악의 질문을 합니다.

"얼마나 더 힘들어야 깨닫겠니?"
"너는 왜 그리 힘들어 하느냐?"

자신을 보지 못하고 다른 사람을 보는 것보다 무서운 질병은 없다.
예수님을 보지 못하고 다른 사람을 먼저 본다면...
치료는 자신의 상태에 대한 바른 인식과
예수님께 대한 전적 의존으로만 가능하다.

chapter **11**

네가 낫고자 하느냐

예수께서 그 누운 것을 보시고
병이 벌써 오래된 줄 아시고 이르시되
네가 낫고자 하느냐
(요 5:6)

몸과 마음의 편안함과 행복을 추구하는 웰빙(well-being)의 시대를 지
나 치유가 요청되는 힐링(healing)의 시대로 접어들었습니다. 철학자 한병
철은 이 사회를 '자기 스스로를 착취하는 사회', '스스로 피해자이면서 동
시에 가해자인 사회'라 정의합니다. 성과 만능주의, 속도 지상주의가 낳은
수많은 폐단들에 더하여 긍정주의의 신화에 길들여져 저마다 스스로를 피
곤하게 만들고 있다는 진단입니다.

시대마다 그 시대를 대표하는 정신적인 질병들이 있습니다. 21세기
현대 사회를 대표하는 주요 질병들에는 우울증, 번아웃신드롬(burnout
syndrome), 주의력결핍과잉행동장애(ADHD), 과잉경쟁 등이 있습니다. 과
거는 나와 상대방 사이의 적대성이 근간을 이루며, '해서는 안 된다'는 규
율에 의해 이루어진 소위 '부정의 사회'였습니다. 오늘날은 부정성이 제거
된 사회, '할 수 있다'는 것이 최상의 가치가 된 '긍정의 사회'입니다. 긍

정의 사회에서는 성공만이 유일한 규율이며, 오로지 긍정의 정신(Yes, We can)만 강조될 뿐입니다. 성과만을 강조하는 사회에서 현대인들은 효율성에 의해 평가받고 있습니다. 성과가 나지 않으면 조직이 주는 압박과 함께 스스로를 견딜 수 없어 합니다. 상대성 평가란 잣대로 자신을 낙오자로 인식하게 합니다. 이것을 21세기 최악의 질병 '성공병' 이라 합니다.

인생이란

예루살렘 성전 양문 곁 베데스다 못가에 행각 다섯이 있었습니다(요 5장). 수많은 병자들이 모여 있었는데요. 물이 동할 때 먼저 들어가는 자가 낫게 된다는 속설을 믿었기 때문입니다. 그들이 앓았던 육체적인 질병보다 '확인되지 않는 속설' 을 믿는 정신적인 질병이 더 무서워 보이는데요. 지푸라기라도 잡는 심정은 이해가 갑니다. 수많은 병자 중에 38년 동안 지긋지긋하게 병을 앓은 한 사람이 등장합니다. 38년 동안 불치병을 앓았던 자에게 인생을 정의하라고 한다면 어떤 대답이 나올까요? 깊은 한숨과 절망, 어쩌면 사망에 가까운 언어들이 튀어나올 겁니다.

성서는 인생을 시험이라 정의합니다. 믿음, 사랑, 희생이라는 과목을 이수해야 하는데요. 환경의 시험을 이기는 것이 믿음이며, 사람으로 인한 시험을 이기는 것은 사랑입니다. 희생이란 시험을 이기는 것은 십자가입니다.

성서는 인생을 나그네 길이라고도 정의합니다. 나그네 길이란 인생의 유한함을 의미합니다. 돌아갈 곳이 있지만 이 땅에서는 마음 둘 곳도 없고 두어서도 안 되는 삶입니다. 나그네의 삶에서 소유는 거추장스러운 전리품이요 두고 가야 할 허상입니다.

마지막으로 성서는 인생을 청지기라 합니다. 소유권이 하나님께 있습니다. 충성스럽게 관리하고 열매를 남겨드려야 합니다. 인생이 시험이고 나그네 길이고 청지기의 삶이라는 것을 알게 될 때 자유를 배웁니다. "이 또한 지나가리라."는 말씀처럼 모든 고통에는 끝이 있습니다. 기뻐할 일도 잠시이고 슬픔도 잠시입니다.

재능에 대해 여러 견해가 있습니다. '불변이론가' 들은 사람들의 재능은 타고나는 것이며 노력과 무관하게 주어지는 것이라 주장합니다. '증진이론가' 들은 재능이란 노력하면 계발된다고 믿습니다. 불변이론 지지자는 도전 정신이 부족하고, 자신의 재능에 맞게 목표를 낮추지만 증진이론 지지자들은 가진 재능보다 높은 수준의 목표를 선호합니다. 성서는 증진이론을 말합니다. 위탁 받은 재능은 충성을 요구합니다. 다섯 달란트 받은 자가 다섯 달란트 남겼을 때 착하고 충성된 종이라 하셨습니다. 한 달란트 받은 종이 그 달란트를 땅에 묻어 두었을 때 악하고 게으른 종이라 꾸짖으시며 냉혹한 심판을 하셨습니다.

건강, 재능, 자녀, 물질, 직업 등 우리가 가진 모든 것은 위탁 받은 것입니다. 주재권을 하나님께 드리지 못하고 살아가는 것보다 무서운 질병은 없습니다. 위탁 받은 것을 발전시킬 책임이 우리에게 있습니다. 소유와 삶이 위탁 받은 것이라고 생각하면 시험을 대면하는 마음과 대하는 언어가 달라집니다. '시험 들었다' 는 표현보다는 '시험지 받았다' 고 생각합니다. 이 시험 문제를 풀어 하나님의 답을 찾는다고 생각하면 시험을 보는 관점이 달라집니다. 큰 시험을 큰 사람이 되는 필수과정으로 이해합니다.

"사는 것이 왜 이렇게 힘드냐?"

"인생이 왜 이렇게 피곤하냐?"

잘못된 질문입니다. 인생은 힘들고 피곤합니다. 흔들리고 도전 받습니다. 인생이 그런 것이라고 인정하고, 오히려 최고의 질문을 찾아야 합니다.

"하나님은 이 힘든 상황에서 무엇을 배우기를 원하실까?"
"무엇이 변화되기를 원하실까?"
"내게 무엇을 말씀하고자 하시는가?"

없는 것이 보이다

베데스다 연못 행각 안에 병자들이 누워 물의 움직임을 주시하고 있습니다. 예수님이 그 길을 지나시다가 38년 된 병자에게 질문하셨습니다.

"네가 낫고자 하느냐?"

낫기를 바라며 38년을 그곳에 누워 있던 병자에게 낫기를 원하는지 물으셨어요. 질문은 그를 향한 주님의 시험입니다. 그의 대답은 자신의 인생을 어떻게 이해하고 있는지 그 단면을 보여줍니다.

병자가 대답하되 주여 물이 움직일 때에 나를 못에 넣어 주는 사람이 없어 내가 가는 동안에 다른 사람이 먼저 내려가나이다(요 5:7)

자신을 못에 넣어 줄 사람이 없다고 합니다. 상처 입은 사람들은 이렇게 말하기 십상인데요. 상처 입은 자는 없는 것만 봅니다. 누구에게나 없는 것이 있고 있는 것이 있습니다. 건강한 사람은 있는 것을 보지만, 상처 입은 자들은 없는 것에 집중합니다.

로고스교회를 개척한 지 1년이 채 되지 않았을 때 였는데요. 두 가정이 교회를 떠난다고 했습니다. 자녀들까지 모두 8명이었습니다. 갑작스레 8명의 성도가 교회를 떠난다는 것은 엄청난 사건이었습니다. 목회 여정 중 처음 겪는 일로 잠이 오질 않았습니다. 떠나겠다는 그 가정과의 지난 만남을 복기해 봤습니다. 그분 소속 목장이 주일 점심식사 당번이었을 때의 일이 생각났습니다. 찬양대원만을 위한 반찬을 따로 준비했기에 '같은 장소에서 같은 것을 먹는 것이 교회'라고 조심스럽게 말씀드렸던 것이 상처가 되었던 것 같았습니다.

지금은 압니다. 그분들의 삶의 수준과 우리 교회의 문화가 맞지 않았던 것을 잘 압니다. 담임목사로서 저의 촌스러움과 설익음이 컸음을 확실히 압니다. 떠난 자를 뭐라 하기 전에 자신을 먼저 봐야 한다는 것을요. 정확히 압니다. 모든 원인은 내 안에 있었습니다.

그분들이 떠날 때 집사님 한 분이 일산의 모 백화점에서 만나자고 했어요. 이분도 '떠난다고 말씀…' 별별 생각이 다 듭니다. 그분을 만날 때까지 소설을 썼습니다. 아내와 함께 초라한 개척교회 목사 몰골로 나갔습니다.

"목사님 냉면 한 그릇 사 주십시오."
"그러세요."

침묵 속에서 식사를 마치고 남성복 매장으로 데려가셨습니다. 양복을 하나 고르라고 하셔서 저렴한 것으로 골랐습니다. 바지를 하나 더 주문하십니다. 계산이 끝난 뒤, 냉면을 사달라고 할 때보다 강한 어조로 한 마디 툭 쏘십니다.

"스트레스 받을 때는 쇼핑이 최고입니다. 떠난 사람 보지 마시고 남은 사람 보세요. 떠난 사람 때문에 남은 사람 괴롭게 하지 마시고, 남은 우리끼리 잘해봅시다. 저도 많은 사람 데리고 일해 봤지만, 사람 다 그렇고 그런 겁니다. 목사님, 목회 좀 잘하이소."

"저도 잘하고 싶어요."

그로부터 몇 개월 후 또 교회를 떠나는 분이 계셨습니다. 그분이 이번에도 백화점에서 만나자고 하십니다. 별별 생각이 다 듭니다. '이번에도 양복 사주시려나, 목회 잘하라고 응원해 주셨는데 이번에는 뭐라고 하시려나.' 백화점에서 만났고, 식사했고, 양복을 사주십니다. 이번에는 하시는 말씀이 조금 달랐습니다.

"스트레스 받을 때는 쇼핑이 최고입니다. 근데, 목사님! 목회 좀 잘하이소. 목사님 스트레스 관리하느라 돈 억수로 깨집니다."
"저도 잘하고 싶어요. 최선을 다하는 데도 떠나가는 걸 전들 어떻게 합니까?"
"그래도 지난번 할부는 끝내고 내보내셔야지…"

퉁퉁거리며 말씀하셨지만 사랑과 따뜻함을 머금었습니다. 똑같은 목사,

같은 설교, 같은 교회인데 어떤 사람은 떠나가고 어떤 사람은 남습니다. 어떤 사람은 떠나는 사람 보고 제 맘을 후벼파는 말을 하지만, 어떤 사람은 위로해줍니다. 아직도 개척교회에서 이런 상황에 고군분투하며 힘들어 하는 목사님들께 작은 위로가 되었으면 합니다. 혼자 겪는 일이 아닌 모든 개척자가 겪는 일입니다.

사람에게는 있는 것과 없는 것이 있는데요. 38년 된 병자에게도 있는 것과 없는 것이 있었습니다. 머물 수 있는 행각이 있었습니다. 행각 안에는 친구들이 있었죠. 오랜 동안 그를 떠나지 않았던 친구들입니다. 같은 병자들이지만 의지할 만하고 공감할 수 있는 친구들입니다. 지금은 예수님이 함께 계십니다. 그러나 아무 것도 그 누구도 보지 못합니다. 보아야 할 것을 보지 못하는 사람은 보지 말아야 할 것만 봅니다.

"이번 아픔을 통해 내가 성장해야 할 것이 무엇인가?"
"사람들이 떠나는 사건을 통해 하나님은 내게 무엇을 말씀하시나?"
"더 개선해야 할 것은 무엇인가?"
"설익은 부분은 무엇인가?"

자신을 보아야 합니다. 남에게 없는 것을 보는 것이 아니라 자신에게 없는 것을 보아야 합니다. 떠나는 사람과 그 사람의 단점만 본다면 정말 큰일입니다.

다른 사람이 보이다

인도나 태국에서 어린 야생 코끼리를 길들이는 특이한 방법이 있는데요. 코끼리를 유인해 우리에 가둔 후, 발에 굵은 쇠사슬을 채우고 나무 기둥에 묶어 놓습니다. 쇠사슬에 매인 어린 코끼리는 벗어나려고 발버둥칩니다. 자기 힘으로 쇠사슬과 나무 기둥을 벗어날 수 없다는 것을 인식하는 데 그리 오랜 시간이 필요치 않습니다. 몇 년 후, 코끼리는 충분히 말뚝을 뽑을 수 있는 힘이 생겼음에도 여전히 그곳에 묶여 있습니다. 자기 힘의 10%만 사용해도 얻을 자유를 결박당합니다. 몸무게의 10분의 1에도 미치지 못하는 주인에게 조종당합니다. 무의식중에 무기력을 학습했기 때문입니다.

동물들에게만 해당되는 이야기가 아닙니다. 인간 역시 무기력을 학습하게 되면 인생 낙오자로 살아갑니다. 수없이 도전하고 열심히 노력하다가도 어느 순간 자신 앞에 놓인 벽을 넘을 수 없다고 판단하게 되면 더 이상 의욕을 느끼지 못하고 결국 무기력한 존재로 살아갑니다.

물이 움직일 때 먼저 내려가서 치유 받은 동료를 축하해 줄 수 없는 것은 또 하나의 질병입니다. 앞선 사람들은 어디를 가든지 있습니다. 앞선 사람에게 배우려 하지 않고 미워한다면 어떠한 발전도 기대하기 어렵습니다. 그 사람이 먼저 내려갔다고 '탓' 하고 나면 그것으로 끝입니다.

심중에라도 왕을 저주하지 말며 침실에서라도 부자를 저주하지 말라 공중의 새가 그 소리를 전하고 날짐승이 그 일을 전파할 것임이니라(전 10:20)

내가 먼저 내려가기 위하여 무엇을 개선해야 할지 질문하지 않는 사람에게 기대할 것은 없습니다. 이번에 기회를 놓쳤다면 준비 부족을 점검해야 합니다. "오늘의 고통은 언젠가 잘못 보낸 시간의 결과물이다."라는 말을 늘 생각합니다. 물이 움직이는 다음 기회가 또 찾아올 것입니다. 먼저 내려간 사람들, 다른 사람을 원망하거나 자신의 신세를 한탄하기 이전에 다음 기회를 놓치지 않기 위해 준비해야 합니다.

무의식의 의식에 묶여 사는 코끼리, 상처에 묶여 사는 38년 된 아픈 사람, 자신을 보지 못하고 다른 사람이 보인다면 중병임을 인정해야 합니다.

일어나라

사회과학자 아서 비먼(Arthur Beaman) 연구팀은 '핼러윈 데이'(Halloween day)에 재미있는 실험을 했습니다. 사탕을 얻으러 다니는 아이들에게 실험자가 나와 테이블 근처에 사탕 바구니가 있으니 하나씩만 가져가라고 말하고 재빨리 아이들의 시선에서 사라집니다. 실험 결과 사탕을 하나 이상 가져간 아이들의 비율이 34% 였습니다.

이번에는 똑같은 상황을 설정해 놓고, 사탕 바구니가 놓여 있는 테이블 앞에 커다란 거울을 하나 가져다 놓았습니다. 어떤 결과가 나왔을까요? 사탕을 하나 이상 가져간 아이들의 비율이 8.9%로 줄어들었습니다. 거울 하나가 사람들의 심리에 미치는 영향력이 대단합니다.

세상에서 가장 설득력 있는 물건은 '거울'이라고 합니다. 거울은 스스로의 모습을 보여줌과 동시에 내가 상대방에게 어떻게 보일지 확인할 수 있게 해줍니다. 거울에 비친 자신의 모습만큼 자신에게 영향력을 행사하는 것이 또 있을까요. 외출할 때 거울에 전신을 비추고 확인하듯이 자신의 영성을 분별할 수 있는 마음의 거울이 필요합니다. 어떤 면이 밝은지, 아니면 어두운지, 영성의 창에 금이 간 곳은 없는지 거울을 통해 보아야 합니다. 거울은 하나님의 말씀이고 가족이며 친구입니다. 누구보다 객관적이고 냉정하게 보여줄 것입니다.

의외로 자신이 영적으로 병들어 누워 있다는 사실을 모르는 사람들이 많습니다. 더 나아가 자신이 누워 있을 수밖에 없는 이유를 찾아 열거하며 계속 누워 있도록 자신을 독려하는 사람도 있습니다. 예수님은 '일어나라'고 말씀하셨습니다. '일어날 수 있었다면 이렇게 38년을 누워 있었겠냐' 고 반문할지 모릅니다. 그러나 일어나 걸을 수 있는 자에게 일어나라고 하실 이유는 없습니다. 일어날 수 없으니 일어나라고 말씀 하신 것이죠.

비자발적으로 일으켜 세우는 것은 의미가 없습니다. 억지로 세워져도 며칠 지나면 다시 누울 것입니다. 38년 정도 앓고 나면 예수님이 앞에 계셔도 보이지 않나 봅니다. 바로 앞에 계신 영혼의 거울 앞에, 예수의 실존 앞에, 그분의 말씀 앞에서도 자신의 초라한 영적인 상태를 보지 못합니다. 건강한 자아상을 가진 사람이라면 "네가 낫기를 원하느냐?" 하고 물으셨을 때 "낫기를 원합니다. 주님 제가 어떻게 해야 고침을 받을 수 있을까요?" 이렇게 대답하고 여쭐 것입니다. 그는 쉽고 담백한 답을 하지 못했습니다. 상처가 깊으면 패배가 주인 노릇을 하기 때문입니다.

니체는 인간의 정신세계를 '낙타, 사자, 어린아이' 세 가지 유형으로 설명합니다. 낙타는 자신에게 주어진 짐을 지며 주인의 명령에 복종해 힘겹게 살아가는 사람입니다. 사자는 포효하는 모습처럼 항상 자기만을 위해 주도적으로 살아갑니다. 어린아이는 실패도 포기도 한계도 모르고 항상 꿈을 꾸며 창조적으로 살아가죠. 38년 된 병자는 낙타와 같은 인생인데요. 자신에게 짐 지워진 병마에 굴복하며 우울함과 패배의식 속에서 희망을 잃고 노여움을 머금고 살아가고 있습니다.

누구든지 변화를 원한다면 먼저 자신이 겪고 있는 아픔이나 문제, 환경 등을 다른 사람 탓으로 돌리는 것을 중단해야 합니다. 나의 불행이 남의 탓이라면 그것은 내 삶의 통제권을 두 번씩이나 다른 사람에게 넘겨주는 것과 같습니다. 첫 번째는 고통스러운 현실에 넘겨주는 것이고, 두 번째는 우리가 원망하는 사람에게 넘겨주는 것과 같습니다.

자리를 들고 걸어가라

「심리학 나 좀 구해줘」에서 폴커 키츠(Voker Kitz)와 마누엘 투쉬(Manuel Tusch)는 우리 두뇌는 처음에 얻은 정보를 나중에 얻은 정보보다 더 잘 기억하는 경향이 있다고 합니다. 일명 '초두효과'(Primacy Effect)라는 것인데요. 어떤 사람을 소개할 때, "그 사람은 질투심이 많고 비판적이며 부지런하고 똑똑하다."고 말하는 것과 "그 사람은 똑똑하고 부지런하며 질투심이 많고 비판적이다."라고 말하는 것은 내용면에서 같은 이야기입니다만 '질투심이 많다'는 표현을 먼저 들었을 때와 '똑똑하다'는 말을 먼저 들었을 때의 평가 점수에는 차이가 있습니다. 무의식의 세계 속에서 사람들은 처음 듣고 본 것에 대해 좀더 큰 영향을 받기 때문입니다.

38년 된 병자는 예수님을 만났지만, 만나기 이전의 자기 이해로 인해 예수님을 보지 못합니다. 과거가 현재를 지배하고 있습니다. 과거에 자신을 매몰시키고 예수님을 만나기 이전의 초두효과에 자신을 가두어 버린 것입니다.

'안면피드백이론'을 보면 기분이 좋아야 웃음이 나오는 것이 아니라 억지로라도 웃는 표정을 지으면 우리 뇌에서 실제로 웃을 때와 비슷한 화학

반응이 일어나 기분이 좋아진다고 합니다. 기분 좋은 상상과 억지 웃음 만으로도 웃음이 주는 묘약을 먹을 수 있습니다. 심리학자들이 말하는 이런 '자기 충족적 예언'과 '플라세보 효과'도 영향이 있지만 '믿음 효과'는 훨씬 더 강력합니다. 삶의 고통스런 문제의 뿌리를 치유하기 때문입니다.

빅터 프랭클(Viktor E. Frankl)은 「의미요법」에서 인지, 동기, 정서, 행동이 인간을 움직이게 한다고 했습니다. 네 개의 엔진이 통합적인 마음 전환을 통해 고통이 회복된다고 주장합니다. 하지만 고통의 회복과 완전한 치유는 좀 다른 문제입니다. 인간은 이성적 존재이면서 동시에 영적인 존재이기에, 창조자를 인격적으로 만나야 치료되고 온전한 회복이 이루어집니다. 만드신 분만이 피조물의 모든 것을 완전히 알고 있으므로 온전하게 치료할 수 있습니다. 고장난 사람은 나를 만드신 그분을 의지하고 그분께 모든 것을 내어드려야 합니다. 인지 심리학자들은 인지, 동기, 정서, 행동의 전환을 요구하지만, 성서는 믿음의 전환을 요구합니다. 성서는 구원에 이르는 믿음 인도서입니다. 하나님의 역사는 믿음으로 계속됩니다. 이스라엘 백성들이 요단강을 건널 때 강물이 먼저 갈라지고 길을 내서 건넌 게 아닙니다. 물길이 갈라지기 전에 먼저 발을 담그라 명하셨습니다. 첫 발을 내디뎠을 때 물이 갈라졌습니다.

예수께서 이르시되 일어나 네 자리를 들고 걸어가라 하시니 그 사람이 곧 나아서 자리를 들고 걸어가니라(요 5:8-9)

사람마다 자신이 털고 일어서야 할 자리는 다릅니다. 누군가에게 그것은 38년의 무기력일 수 있습니다. 누군가에게는 죄악, 게으름, 부정적인 생각, 잘못된 습관, 편견, 상처, 자존심 일 수 있습니다.

믿음으로 이런 것들을 털고 일어나기가 쉬운 것은 아닙니다. 말씀 앞에 서야 합니다. 기도로 나아가야 합니다. 기도는 하나님께 일방적으로 외치는 시간이 아니라 하나님의 음성을 듣는 시간입니다. 기도 시간에 이렇게 여쭈어야 합니다. "하나님 제가 들어야 할 말씀이 무엇인지 말씀하소서. 듣겠나이다." 사람들과 함께 해야 합니다. 신뢰할 만한 사람, 존경을 받는 사람들과 함께 하며 질문해야 합니다. "당신이 보기에 제가 버려야 할 것이 무엇인지요?" 그 외에도 하나님은 상황, 교회, 사건과 사고, 그리고 역사를 통해서 말씀하십니다. 지금 행해야 합니다. 예수님이 안식일에 손 마른 사람을 고치셨습니다. 서슬이 시퍼런 눈으로 바리새인들이 꼬투리 잡으려고 예수님을 따라다니고 있었습니다. 한 사람이 안식일에 심장마비를 일으킨 긴박한 상황도 아닙니다. 손 마른 사람입니다. 다음날 치료해도 될 일이었지만 그날 그 자리에서 치료하셨습니다. 예수님이 말씀하신 그 자리에서 순종하고 일어나지 않는다면 영원히 일어나지 못할 수 있습니다. 일어나야 합니다. 지금 여기에서.

예수님의 음성이 질문으로 들립니다. 우리가 듣고 싶어 하는 그분의 음성은 내가 원하는 것을 주시겠다는 '답'인 경우가 많습니다. 내가 만들어 놓은 길을 하나님의 뜻으로 인정 받고 싶어 하는 것은 아닌지 먼저 자신에게 질문해야 합니다.

"네가 은혜 받기를 원하느냐?"
"네가 복 받기를 원하느냐?"

단지 "네"라고만 대답하면 되는 그런 질문을 기다리는 것은 아닌지요.

탕자의 비유에 보면 아버지에게 재산을 요구하는 둘째 아들이 나옵니다. 아버지는 순순히 재산을 내어줍니다. 물려받은 재산을 유흥비로 탕진한 뒤에야 자신이 짐승만도 못한 존재였음을 깨닫습니다.

그가 돼지 먹는 쥐엄 열매로 배를 채우고자 하되 주는 자가 없는지라 이에 스스로 돌이켜 이르되 내 아버지에게는 양식이 풍족한 품꾼이 얼마나 많은가 나는 여기서 주려 죽는구나(눅 15:16-17)

돼지는 쥐엄 열매로 배를 채울 수 있지만 둘째 아들은 돼지가 먹는 열매로도 배를 채우지 못했습니다. 비유는 아버지를 떠난 아들은 짐승보다 못한 삶을 사는 자로 설명합니다. 짐승보다 못한 존재임을 깨닫고 '오늘 돌이켜야 될 것이 무엇인가?' 생각합니다. "이에 스스로 돌이켜." 탕자는 마음을 돌이켰습니다. 다음은 실행 단계입니다. 히브리서 기자는 믿음은 '바라는 것들의 실상'이라고 했습니다. 이미 이루어진 것을 믿고 살아간다는 것입니다. 믿음은 행동입니다.

이에 일어나서 아버지께로 돌아가니라 아직도 거리가 먼데 아버지가 그를 보고 측은히 여겨 달려가 목을 안고 입을 맞추니(눅 15:20)

일어났습니다. 자리를 들고 일어나야 합니다. 아들이 행동할 때에도 행동하지 않을 때에도 아버지는 행동하셨습니다. 이미 멀리 나와서 기다리고 계십니다. '아직도 거리가 먼데' 아들을 먼저 알아본 아버지가 먼저 달려갑니다. 아들이 재산을 가지고 집을 나감으로 문화적으로 아들에게 죽임당한 아버지, 기다리는 아버지, 체면도 모두 다 버린 아버지, 아버지이지만 아버지가 아닌 그분이 예수 그리스도이십니다. 아들에 의해 돼지보다 못한 자리에 내려가지만 돼지보다 못한 아들을 아들의 자리로 끌어올리십니다.

38년을 앓고, 남은 것이라곤 붙어 있는 숨 하나인 인생에게도 질문하신 후 자리를 들고 걸어가라 하십니다.

"당신은 제가 할 수 없는 일을 하라 하십니다."
"그것은 불가능합니다."
"자릴 들고 걸어갈 것 같았으면 38년을 이렇게 누워 있지 않았겠죠."

이렇게 대답했다면 38년 된 병자는 치유 받지 못했을 것입니다.

깊게 만나라

그분을 만난다는 것은 앎에서 시작합니다. '안다'(기노스코 γινοσκω)는 것은 인격을 경험하는 것인데요. 지식적인 만남이 있고, 체험적인 만남이 있습니다. 즉, '경험된 앎, 함께 지내는 삶'을 의미합니다.

너희는 이 세대를 본받지 말고 오직 마음을 새롭게 함으로 변화를 받아 하나님의 선하시고 기뻐하시고 온전하신 뜻이 무엇인지 분별하도록 하라(롬 12:2)

친밀감 있는 교제를 나누기 위해서는 깊은 만남이 필요합니다. 깊게 만나기 위해서는 깊게 알아야 하며 그분의 선하고 온전하신 뜻을 분별해야 합니다. '분별하다'는 단어는 '도키마조'(δοκιμαζω)입니다. 이 단어는 금속의 순수성, 동전이 가짜인지 진짜인지를 시험할 때 사용했습니다. 순수성이나 함량을 시험할 때에는 세 단계가 필요합니다.

첫 번째는 확신입니다. 확신이 없는 물건을 시험할 필요는 없습니다. 확신이 필요하지만 확신만 가지고는 안 됩니다. 두 번째 단계는 증명입니다. 금속의 순도와 함량을 재는 기구가 공인 받은 것인지, 결과값이 바른 것인지 검증이 필요합니다. 답이란 확신을 넘어 증명해야 하는 것이죠. 마지막 단계는 인정입니다. 시험해 보는 기구와 검증을 거쳤다고 해도 결과를 인정하고 받아들이지 않는다면 소용이 없습니다. 공식적인 기관과 공동체로부터의 인정, 즉 공증입니다.

마음의 확신을 과신해서는 안 됩니다. 검증하고 또 검증하는 신중함이 필요합니다. 예수님의 뜻을 구별하는 것도 확신과 증명을 넘어 말씀과 공동체의 인정을 받아야 합니다. 올바르게 분별을 하려는 사람에게 요구되는 자격이 있습니다. 첫째, 이 세대를 본받지 않아야 합니다. 죄악을 거부하고, 세상의 가치와 기준을 거부하는 것입니다. 세상과 자신을 비교하여 상대적인 의로움을 주장하지 않습니다. 절대적인 의를 추구하며 온전한 그리스도인이 되기를 포기하지 않습니다. 둘째, 마음을 새롭게 하여 변화되어야 합니다. '마음의 새로움에 의해서 변화를 받는 것'으로 직역할 수 있습니다. '마음'은 로마서 1장 28절에서 '에피그노세이'(επιγνωσει)라는 단어로 쓰였습니다. '그노시스'(γνωσις)는 단순한 지식이고 '에피그노세이'는 경험에 의해 하나님을 더욱 깊이 인식하는 인격적인 만남을 의미합니다. 하나님을 지식적으로 아는 것이 아니라 영적인 교제를 통해 은혜와 사랑을 경험하는 친밀감입니다.

로마서 12장 2절의 '마음'은 '누스'(νoos)인데 가장 근접한 의미가 '인격'입니다. 예수 그리스도를 만남으로 '새로운 인격'을 얻은 것을 의미합니다. 변화를 받아야 하는 목적은 하나님의 선하신 뜻, 온전하신 뜻이 무엇인지 분별하기 위해서입니다. 예수 그리스도의 인격을 닮기 전에 교회 일, 혹은 하나님의 일을 하면 안 된다고 말할 수는 없지만 잘 된 일이라고 할 수도 없습니다. 인격적으로 그분을 만나기 전에 종교생활의 기쁨을 먼저 누리면 훗날 독이 됩니다. 구원의 확신과 그분을 향한 사랑이 먼저여야 합니다. 마음이 예수 그리스도로 가득 차고 그 자리에서 인격적인 변화가 일어나야 그분을 깊게 만났다고 할 수 있습니다.

구원의 확신을 가지고 있다 할지라도 속사람의 강건함은 매일 경험해야 합니다. 속사람이 강건하기 위해서는 첫째, 생각으로 그리스도를 영접해야 합니다. 환영하고 사모해야 합니다. 둘째, 하나님을 만나는 시간을 늘려야 합니다. 관계의 친밀감은 시간이 필요합니다. 그리고 예수님이 세우신 공동체와 사람을 섬겨야 합니다. 섬김으로 더 온전해집니다.

섬김은 인내와 사랑이 필요합니다. 섬기다 보면 모진 말로 공격을 받을 수도 있고 동기를 의심받기도 합니다. 그것은 피할 수 없는 현실입니다. 하지만 섬김의 현장에서 겪는 아픔과 상처 속에서 예수님을 더 깊게 만날 수 있습니다. 십자가는 섬김 중에 받은 우리의 상처를 치유합니다. 상처를 통해 더 깊게 십자가를 경험합니다.

상처와 아픔 속에서 예수님을 만나는 다른 방법은 그가 우리에게 베푸신 기적을 묵상하고 그 이유를 잊지 않는 것인데요. 기적을 베풀어서 치유하신 그분의 목적이 무엇인지 생각해야 합니다. 예수님을 만나는 것은 일회적인 사건으로 끝나서는 안 됩니다. 기적은 매일매일 필요합니다. 특별한 기적만이 아니라 오늘 내가 지구상에 존재하고 있는 것이 신비요 기적입니다.

지금 내가 여기 서 있는 것은 전적으로 하나님의 은혜이며 섭리입니다. 모든 상황 속에서 예수님을 만날 수 있습니다. 기적의 현장에서 사람을 통해 일하고 계신 주님을 보았다면 자신의 아픔과 고통을 보는 관점이 달라져야 합니다. 자신을 보는 관점이 달라지면 세상을 보는 관점도 달라집니다.

일어나십시오. 핑계, 앓아누워 있고 싶은 마음, 아무것도 하기 싫은 마음, 우울하고 싶은 마음으로부터 일어나야 합니다. 우울함도 유혹이고 감정의 동굴 속으로 숨어버리고 싶은 것도 유혹입니다. 가장 쉬운 것을 선택하는 유혹입니다.

침상을 태우라

떨치고 일어날 때는 침상을 들고 일어나야 합니다. 돌아갈 침상을 태우는 것이 지혜 중의 지혜입니다.

호메로스(Homeros)의 「오디세이아」에서 오디세우스는 트로이 전쟁 이후 저주를 받아 10년간 바다를 표류하게 됩니다. 그가 본국으로 돌아오면서 겪는 온갖 어려움들은 우리가 인생을 살아가면서 통과해야 하는 유혹과 시련을 말해주고 있습니다. 12장에서는 세이렌(Seiren)의 바다를 건너는 내용이 소개되고 있는데요. 세이렌 자매는 노래(혹은 연주)로 사공들의 넋을 빼앗고 섬으로 끌어들인 다음 암초나 얕은 물로 유인해서 배를 난파시킵니다. 오디세우스는 자신의 몸을 돛대에 묶고 병사들의 귀는 밀랍으로 막습니다. 자신이 풀어달라고 몸부림치면 더 결박해 달라고 미리 부탁합니다.

그는 누구도 건너지 못한 세이렌의 바다를 통과합니다. 몸을 묶지 않고 귀를 막지 않고 자신을 결박하지 않고서는 세이렌의 바다를 통과할 수 없다는 것을 알고 있었습니다.

지금까지 만난 위대한 사람들은 자기 결박의 대가들이었습니다. 자기 결박을 불편해 하지 않음은 물론 더 나아가 그것을 즐깁니다. 자기 결박으로 인한 고통보다 보상이 더 크다는 것을 알고 있습니다.

'침상을 들고 일어나 걸으라' 고 하신 것은 돌아갈 퇴로를 차단하라고 하신 것입니다. 새로운 삶에서 과거의 침상은 미래의 발목을 잡는 상처일 뿐입니다. 과거와 단절하고 침상을 태우는 자는 누워 있을 수 없습니다. 과거, 우울함, 익숙함, 죄악, 안정, 38년 동안 누워 있던 자리로 되 돌아갈 침상을 태워야 합니다. 이런 저런 유혹을 받을 수밖에 없는 것이 인생인데요. 평범함과 위대함의 차이의 출발은 사소합니다. 침상을 태움으로써 자신을 결박하는 것입니다.

독서는 긴급하지 않고 중요한 일입니다만 항상 급한 일에 우선순위가 밀렸습니다. 굳게 다짐하며 책을 구입해도 목표치의 50%도 달성하기 어려웠습니다. 독서를 해도 지속적인 성장이 어려운데 독서하지 않는다면 변화와 성장은 기대할 수 없습니다. 독서클럽을 만들었습니다. 매주 화요일 오전 6시 30분, 로고스교회 카페는 리더들의 열띤 독서 현장으로 바뀝니다.

독서클럽은 저를 위한 자기 결박 계약입니다. 독서클럽의 리더는 토론을 주도해야 하기에 책을 안 읽을 수가 없습니다. 성도를 위한 독서클럽이지만 누구보다 저를 위한 독서클럽이 되었습니다. 책을 읽지 않았을 땐 벌금을 냅니다. 독서클럽을 시작한 지 벌써 10년이 되었습니다.

과거로 돌아가고자 하는 본능을 제거하기 위해 마음속으로 수없이 절제를 외친다고 될 일이 아닙니다. 다짐이나 외침이 잠시 효과는 있을 수 있지만, 팽팽하던 고무줄이 더 이상 압력을 못 이겨 끊어지는 것처럼 한순간에 무너질 수 있습니다. 효과적인 예방은 침상을 들고 걸어가는 것입니다. 그 자리에 두면 다시금 돌아오기 쉽습니다. 최고의 방법은 믿음의 결단을 내리고 침상을, 돌아갈 자리를 태우는 것입니다.

"네가 낫고자 하느냐?"

최고의 질문입니다. 최고의 질문을 배운 사람은 최고의 질문을 자신과 타인에게 던집니다. 최고의 질문을 배우지 못한 사람은 최악의 질문을 합니다.

"왜 그렇게 오랫동안 아팠느냐?"
"몸이 병들더니 마음도 병들었구나?"

미래를 원하지 않고 오늘을 산다면
미래는 원하지 않아도 그의 것이다.
하나님의 사람은 소유를 찾지 않고 임재를 구한다.
하나님은 우리의 물질이 아닌 마음을 원하신다.
하나님을 원하는 자는 그분께 어떤 것도 아까워하지 않는다.

기브온에서 밤에
여호와께서 솔로몬의 꿈에 나타나시니라
하나님이 이르시되
내가 네게 무엇을 줄꼬 너는 구하라
(왕상 3:5)

성도들의 가정을 방문하면 그들의 관심사를 한눈에 알 수 있습니다. 한 성도는 단독주택에 사는데 옥상까지 분재로 가득했습니다. 하루에 두어 시간은 분재와 함께 하는 듯했고, 몇 천만 원을 호가하는 것도 있다고 자랑했습니다. 방문을 마치고 나오면서 "사람도 좀 키우시죠."라고 했더니, "사람은 배신을 하지만 분재는 배신하지 않습니다."는 답만 돌아왔습니다.

오늘 무엇에 헌신했는지를 보면 10년 후의 미래를 예측할 수 있습니다. 지금 무엇이 마음에 자리하고 있는지 보여주면 10년 후에 무엇을 하고 있을 지 말해줄 수 있습니다. 무엇에 관심을 기울이고 무엇을 얻길 소망하는지에 따라 미래의 모습이 달라집니다.

선지자 엘리사의 마음의 고향은 수넴 여인의 집이었습니다. 엘리사가 수넴에 이르렀을 때 잘 대접했던 터라 그곳을 지날 때마다 그 집에 들렀습니다. 쉬운 일이 아닙니다. 경제적인 여유뿐 아니라 섬김의 태도와 마음도 있어야 하고, 남편도 이해해 주어야 가능한 일입니다. 수넴 여인은 남편에게 엘리사를 소개합니다.

이 사람은 하나님의 거룩한 사람인 줄을 내가 아노니(왕하 4:9b)

여인과 남편은 엘리사를 위해 통 큰 배려를 합니다. 작은 방을 담 위에 만들고 침상과 책상, 의자와 촛대를 둡니다. 그들의 섬김에 감동한 엘리사가 질문합니다.

엘리사가 자기 사환에게 이르되 너는 그에게 이르라 네가 이같이 우리를 위하여 세심한 배려를 하는도다 내가 너를 위하여 무엇을 하랴 왕에게나 사령관에게 무슨 구할 것이 있느냐 하니(왕하 4:13a)

여인은 담백하게 대답합니다. "나는 내 백성 중에 거주하나이다." 더 원하는 것이 없었습니다. 남편의 명예, 더 많은 재물도 구하지 않았답니다. 자식이 없었지만 자녀를 구하지도 않았고 다만 그의 백성과 함께 있기를 구했습니다. 지금의 삶에 만족했습니다. 그의 마음이 무엇으로 가득한지 알 수 있는 대목입니다.

마음을 알다

인간이 동물과 다른 점은 바로 '이성'이 있다는 건데요. 서양에서는 활동을 지배하는 능력으로 '마음' 을 연구해 왔습니다. 이분법적 사고로 마음을 신체에서 분리하는 자들도 있지만 성서에서 영성이 신체와 연결되어 있듯이 마음과 육체도 연결되어 있습니다.

"마음이란 무엇인가?"

마음을 아는 것은 인간에 대한 가장 핵심적인 질문인데요. 심신관계의 논의와 인지과학의 논의 등과도 관련되는 복합적인 연구주제입니다. 현상학을 중심으로 보자면 '마음' 의 판정기준은 '지향성' 입니다. 하나님은 사람의 마음의 '지향성' 에 관한 질문을 하셨습니다. 우리가 마음에서 무언가를 의식할 때 그 의식은 '그 무언가' 를 지향하고 있는 것인데요. 지향성의 유사어로는 '의도' 라는 단어를 많이 사용합니다.

인간의 마음을 알기가 어려운 것은 '의도의 왜곡화' 가 가능하기 때문입니다. 무의식의 의식을 연구하려는 이유도 인간의 마음을 더 정확하게 알고자 하는 노력에서 비롯된 것입니다. 마음의 문제에는 인지 가능성에 대한 고민도 있습니다. 인지과학, 뇌과학도 끊임없이 인간의 마음을 탐구하고 있지만 '마음이 무엇인가' 에 대한 대답을 단번에 하기는 어렵습니다. 어쩌면 마음이란 실체가 없는 것일 수도 있습니다. 멀리서 보면 존재하지만 가까이 가면 찾을 수 없는 무지개처럼 말이죠. 그래서 마음에 관한 연구는 영원히 계속될 수밖에 없습니다.

마음을 무엇이라 단언할 수는 없지만 다음과 같은 방법으로 연구되고 있습니다. 첫째, 행동훈련을 통해 뇌에 영향을 주고, 그 결과가 뇌에 어떻게 나타나는지 측정해 보는 것입니다. 학자들은 행동훈련을 통해 삶이 변화될 수 있다고는 하지만 외형적인 행동이 변했다고 해서 삶의 내용까지 변한다고 할 수는 없을 것 같습니다. 하나님은 행동이 아닌 마음의 동기를 먼저 보시기 때문이죠.

둘째, 직접적으로 신경계에 개입하는 방식인데요. 이미 신경세포를 이식한다든지 약이나 호르몬 요법 등을 통해 뇌에 직접적인 변화를 주는 연구가 활발하게 진행되고 있습니다. 마음의 고통이나 우울증, 두려움 등을 줄여주기 위하여 신경계에 개입하려고 시도하고 있는데요. 직접적으로 신경계에 개입하는 방식은 반대합니다. 인간에게 죄악에 대한 고통은 필요합니다. 우울증이나 두려움도 필요합니다. 그것을 이겨내는 정신적이고 영적인 노력을 통해 인간은 성장하고 면역력이 활성화됩니다.

셋째, 유전자 조작을 통한 접근입니다. 유전자 돌연변이를 밝혀내면 손상된 유전자를 치료하거나 교체하는 방식을 택할 수 있습니다. 인지적 결함으로 나타나는 난독증을 해결하기 위해 직접 뇌나 유전자를 가지고 실험하여 신경기능 향상을 연구하기도 합니다. 유전자 조작으로 인간이 놀라운 결과물을 이룰 수도 있겠지만 예상치 못한 위험이 있을 수도 있습니다. 창조의 질서를 과학의 힘으로 파괴하면 인간에게는 더 큰 재앙이 찾아옵니다.

마음의 변화를 연구하는 성서적인 방법은 바울의 서신서에서 찾을 수 있습니다.

이름을 주신 아버지 앞에 무릎을 꿇고 비노니 그의 영광의 풍성함을 따라 그의 성령으로 말미암아 너희 속사람을 능력으로 강건하게 하시오며(엡 3:15-16)

속사람이 능력으로 강건해지는 것을 마음의 변화로 봅니다. 사도 바울은 에베소에 보낸 편지에서 그들의 마음의 너비와 깊이가 어떤지를 깨달아 하나님의 성령이 그들에게 충만하시기를 기도했습니다.

마음의 변화를 연구하기 위해 기도를 연구한 학자가 있습니다. 미국 펜실베니아 토마스 제퍼슨 의과대학 연구소장인 앤드류 뉴버그(Andrew Newberg)는 기억력 장애를 겪는 노인에게 하루 12분씩 8주 동안 명상 연습을 시킨 뒤 뇌를 자기공명영상(MRI)으로 촬영했습니다. 실험 결과 뇌가 긍정적인 방향으로 극적 변화를 일으켰음을 발견했습니다. 기도 또한 명상과 같이 뇌 건강에 도움을 주는 것으로 확인됐습니다. 그는 2001년 「신은 왜 우리 곁을 떠나지 않는가」(Why God won't go Away)에서 기도의 절정에 이르렀을 때 두정엽 일부에서 기능이 현저히 저하되고, 전두엽 오른쪽에서 활동이 증가된 것을 확인했습니다.

전두엽은 인간을 인간답게 만들어 줍니다. 지각, 판단, 결정, 통합의 역할을 하는 곳입니다. 그는 "우리가 하나님과 기도하고 대화하도록 뇌가 설계됐다고 밖에 설명되지 않는다."고 말했습니다. 오프라 윈프리에 의해 2012년 필독서로 선정된 「신은 어떻게 당신의 뇌를 바꾸는가」(How God Changes Your Brain)에서도 뉴버그는 동일한 주장을 펼치고 있습니다.

마음의 변화를 가져온다는 믿음을 가지고 기도하면 좋습니다. 이것은 과학이 증명합니다. 우리가 마음의 변화를 위해 기도할 때 성령의 임재를 경험합니다. 기도를 하는 것도 중요하지만 몰입기도는 더 중요합니다. 몰입을 위해서는 훈련과 믿음이 전제되어야 하고 그럴 때 마음의 변화가 이루어집니다.

마음을 이끄는 것

"무엇이 당신의 삶을 이끌고 있는가?"

마음의 지향성을 묻는 질문입니다. 생리적인 욕구에 이끌려 사는 사람이 있습니다. 1차적인 욕구를 채우려는 것은 자연적인 현상입니다. 다만 만족함을 모르는 것과 과한 것이 죄입니다. 제레미 리프킨(Jeremy Rifkin)은 '엔트로피'(entropy)라는 개념을 최초로 제시하며 에너지 낭비가 가져올 재앙을 경고했습니다. 인간이 자연에서 얻는 에너지는 언제나 물질계의 엔트로피가 증가하는 방향으로 일어나는 것을 '엔트로피 증가의 법칙'이라고 합니다. 우주의 전체 에너지의 양은 일정합니다. 인간이 자연계에서 에너지를 얻으면 전체 엔트로피는 증가합니다. 1차적 욕구인 의식주의 소비도 엔트로피를 증가하게 합니다. 인류는 새로운 시대의 혁명을 대가 없이 맞이할 수 없습니다. 자신과 인류를 위해 생리적인 욕구를 절제해야 합니다. 과함은 부족함만 못합니다. 하나님 나라의 가치를 추구하는 높은 이상을 가진 사람만이 욕구가 이끄는 삶에서 벗어날 수 있습니다.

어떤 이들은 열등감에 이끌려 살아갑니다. 유행에 민감하게 반응하며 명품으로 치장하면 명품인생이 되는 줄 압니다. 열등감은 자신을 태우고 자녀를 어긋난 길로 인도하며 공동체를 파괴합니다. 열등감은 냉소, 적응력 부족, 자존감 부족, 무가치해 하는 느낌 등으로 표출되며 스스로를 파멸과 고립으로 인도하지만 정작 자신은 모릅니다. 비교의식 속에서 자기를 죽이며 살아갑니다. 열등감은 종종 도피와 공격적인 성향으로 새 옷을 입고 등장하기도 합니다. 열등감이 꼭 부정적으로만 작용하는 것은 아닙니다. 하나님이 임재하실 마음의 공간이 될 수도 있습니다. 하나님과의 인격적 만남 가운데 부족한 부분을 인정하고 적극적으로 대처하면 놀라운 가능성이 됩니다. 열등감이 없는 사람은 없지만 극복한 사람은 하나님의 용사가 됩니다.

인정 받고 싶은 욕구에 이끌려 사는 이들도 많습니다. 나이에 맞지 않게 행동하는 것은 인정 받지 못한 삶을 살았다는 증거인데요. 인정 받는 것은 행복한 일이지만 사람들의 인정만으로는 완전하지 않습니다. 하나님을 경험하고 인정 받는다고 느끼면 새로운 인생이 시작됩니다. 과거의 인정 받지 못한 삶을 새로운 사랑으로 채워갑니다. 영원히 목마르지 않는 사랑, 그분의 채워주심으로 성숙해갑니다.

돈이 이끄는 삶을 사는 분이 있습니다. 재산 규모로 사람을 평가하고, 외모로 사람을 보는 경우입니다. 돈의 노예가 되어 돈이 힘이라고 생각하는 사람이죠. 돈이 없으면 불편할 수는 있지만 불행해서는 안 됩니다. 마음속에 하나님의 목적과 그분의 영광을 구하기 위한 영적인 전쟁을 치르며 날마다 그분의 기쁨을 구하는 삶을 살아가다 보면 돈은 전리품으로 주어집니다.

명예에 이끌려 사는 사람이 있습니다. 성공의 결과물에만 매달리는 사람은 결코 큰 일을 이룰 수 없습니다. 성공해도 무너지기 일쑤입니다. 짐콜린스는 최고의 리더십을 가진 리더는 '실패하면 거울을 보고 성공하면 창을 본다'고 했습니다. 실패는 자신의 책임으로 돌리고 성공은 구성원들에게 돌린다는 뜻입니다. 명예는 만들어지는 것이 아니라 주어집니다. 자신을 낮추고 날마다 더 크고 깊고 넓은 섬김의 자리에 서 있으면 하나님께서 세워주십니다.

예수님도 시험 받으셨습니다. 사탄은 40일 금식기도가 끝나기 무섭게 예수님을 이곳저곳으로 끌고 다니며 시험했는데요. 예수님이 시험을 이기지 못하고 성전 꼭대기에서 뛰어 내리셨다면 어떻게 되었을까요? 전세계가 주목했을 텐데요. 어쩌면 그 방법이 훨씬 쉬운 길이었을 수도 있습니다. 바리새인, 서기관, 그리고 유대교 지도자들의 공격도 급격히 줄었을 것입니다.

예수님은 남들이 알아주는 능력을 과시하거나 유명해지는 길이 아닌 죽음의 길을 선택하셨습니다. 세상이 알 수 없는 지혜로 부활의 길을 선택하셨습니다. 원하셨던 것은 명예나 영광이 아닌 대속적 죽음이었습니다. 높아짐이 아닌 낮아짐을 선택하신 그분의 마음에는 온통 한 영혼을 구원하고자 함이 가득 찼습니다.

하나님은 오늘도 우리의 마음속에 무엇이 있는지를 물으십니다. 그가 원하는 것은 그의 인생이 됩니다.

마음을 시험하신다

토론토에서 안식년을 보낼 때 지인으로부터 들은 유머입니다. 목사님 한 분이 골프를 너무나 좋아해 교인들 몰래 주일 오후에 골프를 치러 다니셨답니다. 사모님께서 안타까운 마음에 남편이 주일날 골프를 치지 않게 해달라고 기도했습니다. 하나님은 기도에 응답하셨습니다. 그 주일 목사님께서 골프를 치다가 홀인원을 했습니다. 사실을 알게 된 아내가 하나님께 항의를 했죠. "골프를 못 치게 발목을 부러뜨린 것도 아니고 홀인원을 허락하심은 너무하신 것 아닙니까!" 하나님께서 말씀하십니다. "주일날 목사가 골프 치다가 홀인원 한 사실을 말하지 못해서 속이 탈 것이다. 이것이 너의 기도에 대한 내 응답이다."

일생에 한 번 나올까 말까 한 홀인원을 한 목사는 자랑도 못하고 끙끙 앓다가 병에 걸렸습니다. 그 후, 철저히 회개하고 치유 받은 뒤로 다시는 주일날 골프를 치지 않았답니다. 그에게 홀인원은 복이 아니라 벌이었습니다. 하나님의 응답은 우리가 원하는 대로 임하지 않을 수도 있습니다. 종종 우리에게 원하는 것을 물으시지만 그 질문이 시험이라는 것을 알아야 합니다.

도가니는 은을, 풀무는 금을 연단하거니와 여호와는 마음을 연단하시느니라 (잠 17:3)

시대마다 하나님의 사람으로 쓰임 받은 자는 자신만의 카드가 한 장씩 있습니다. 하나님의 명령에 대한 순종과 자발적인 헌신이란 카드입니다. 하나님께서 아브라함에게 이삭을 요구하셨을 때 그는 크고 묵직한 칼을 들었습니다. 짐승의 목을 단번에 내리칠 수 있는 그런 칼이었죠. 창세기 22장은 이렇게 시작합니다. "그 일 후에 하나님이 아브라함을 시험하시려고." 하나님은 아브라함의 마음을 시험하셨습니다.

노아는 오랜 시간 순종으로 방주를 지었으며, 모세는 자신의 생명을 드려 백성을 구원하고자 40년 동안 고생했습니다. 엘리야는 갈멜산에서 이단 숭배자들과 목숨 건 담판을 벌여야 했고, 다윗은 큰 골짜기의 전투에서 골리앗을 이긴 것 말고도 매순간 삶의 주권을 하나님께 드려야 했습니다. 이들은 하나님의 영광을 위해 가장 귀한 것을 드림으로써 시험을 통과했다는 공통점이 있습니다.

솔로몬은 하나님이 기억하실 만한 일천번제를 드렸습니다. 일천번제의 본질은 하나님을 향한 사랑의 마음을 제물로 드린 것입니다. 마음의 성실함과 크기입니다. 하나님은 솔로몬의 일천번제를 받으시고 감동하셨지만 시험하십니다.

그 날 밤에 기브온에서, 주님께서 꿈에 솔로몬에게 나타나셨다. 하나님께서 말씀하시기를 "내가 너에게 무엇을 주기를 바라느냐? 나에게 구하여라" 하셨다.(왕상 3:5, 새번역)

솔로몬의 대답이 이어집니다.

주님의 종은, 주님께서 선택하신 백성, 곧 그 수를 셀 수도 없고 계산을 할 수도 없을 만큼 큰 백성 가운데 하나일 뿐입니다. 그러므로 주님의 종에게 지혜로운 마음을 주셔서, 주의 백성을 재판하고, 선과 악을 분별할 수 있게 해주시기를 바랍니다. 이렇게 많은 주님의 백성을 누가 재판할 수 있겠습니까? (왕상 3:8-9, 새번역)

솔로몬은 '듣는 마음'을 구합니다. 하나님은 장수, 부, 자기 원수의 생명을 요구하지 않았다고 칭찬하십니다. 솔로몬의 마음을 보시고 그가 구하지 않은 것까지 주십니다.

하나님이 솔로몬에게 지혜와 총명을 심히 많이 주시고 또 넓은 마음을 주시되 바닷가의 모래 같이 하시니(왕상 4:29)

일천번제를 받으신 하나님이시지만 솔로몬에게 조건 없이 복을 주시지는 않으셨습니다. 그의 관심사를 물어 마음을 시험해 보셨습니다. 솔로몬이 더 이상 필요 없을 만큼 충분한 부를 소유해서 듣는 마음을 구한 것이 아닙니다. 솔로몬의 마음이 하나님의 백성에게 있었기 때문에 그들을 섬기기 위한 지혜를 구했던 것입니다. 하나님이 기뻐하시는 것을 구한 솔로몬에게 하나님은 구하지 않은 세 가지와 함께 '넓은 마음'을 주셨습니다. 헤아릴 수 없는 넓고도 깊은 마음이었습니다. 마음은 하나님이 임재하실 공간이고 축복의 그릇입니다.

솔로몬이 만일 지혜가 아닌 하나님의 직통 계시를 구했다면 어땠을까요? 그 권위와 위엄은 상상을 초월했을 텐데요. 그것을 구하지 않고 잘 들을 수 있는 마음과 올바르게 판단할 수 있는 지혜를 구했습니다. 특별 인도가 아닌 지혜의 인도를 구함으로 역사상 하나뿐인 강력한 왕이 아닌 지혜로운 한 왕이기를 구한 것입니다.

세상에서 가장 지혜로운 사람이라 할지라도 동기가 순수하지 못하면 그 지혜가 어떻게 쓰일지 누구도 알 수 없습니다. 마음이 더러운 사람이 지혜를 가지면 사람을 죽이는 데 사용할 수도 있습니다. 지식이 지혜는 아니지만 지혜는 지식을 포함합니다. 지혜는 경험과 지식을 통해 얻어진 통찰력인데요. 지혜는 상황에 따라서 올바르게 대처하는 능력입니다. 잠언에서는 대화 중에 경청하는 사람이 지혜롭고, 말 많은 사람은 미련하다고 합니다. 싸움과 다툼의 현장에서는 인내와 온유함이 지혜요, 판결 마당에서는 정의와 공의가 지혜입니다. 지혜는 모든 것입니다.

하나님께서 왕들 중에 솔로몬 같은 자가 없을 것이라고 한 번 더 힘주어 말씀하십니다. 단, 조건이 붙습니다. '하나님의 길로 행하며 하나님의 법도와 명령을 지켜야 한다'는 것이었죠. 영원한 보너스도 영원한 저주도 없습니다. 축복에도 조건이 따른다는 것을 알아야 합니다. '다윗언약'은 다윗의 혈통에서 왕을 내시겠다는 약속이었습니다. 하나님이 그 약속을 지키셨지만 솔로몬이 죽고 이스라엘은 분열합니다. 남북으로 나누어졌다가 북이스라엘은 앗수르에 의해, 남유다는 바벨론에 의해 멸망합니다. 다윗의 혈통은 더 이상 왕권을 행사하지 못했습니다.

짧은 시간에 성도들의 지향점은 '신년기도제목'을 살피면 알 수 있는데요. 몇 년째 송구영신예배를 마치면 성도들의 기도제목을 가지고 기도원에 올라갑니다. 기도하다 보면 성도들의 기도제목은 크게 세 가지로 정리됩니다. 건강, 물질, 성공(자녀나 사업)입니다. 가끔 회사를 위한 기도나 1년에 300명 전도를 구하는 기도, 교회 부흥을 구하는 기도가 있기는 합니다. 하나님이 어떤 기도를 기뻐하실지 대략 알 것 같습니다.

신앙생활 초기에는 어린아이와 같은 기도도 기뻐하십니다. 오랜 시간이 흐른 뒤에도 기도의 내용이 같다면 그 사람을 어떻게 쓰시겠습니까? 하나님의 기쁨을 구하는 자에게는 응답과 보너스가 있습니다. 혼자만의 유익을 구하지 않는 기도라면 하나님께서 보너스까지 주실 것입니다. 개인을 넘어 공동체를 향한 기도라면 영향력을 주실 것입니다. 하나님은 오늘도 우리의 마음을 달아 보십니다. 마음의 크기, 성실함, 동기, 견고함을 시험하시고 검증된 사람을 쓰십니다.

마음의 상태

모든 지킬 만한 것 중에 더욱 네 마음을 지키라 생명의 근원이 이에서 남이니라(잠 4:23)

마음의 성향을 다음과 같이 구분할 수 있습니다.

첫째, 순수함입니다. 동기의 순수함을 의미합니다. 동기의 순수함은 하나님의 주권과 성령을 의지하지 않을 때 흐려집니다. 탁해지려는 우리의 마음을 늘 말씀과 기도로 씻어 내야 합니다.

둘째, 성실함입니다. 성실함은 기도의 응답이 지연될 때 시험 받습니다. 고 3인 아들이 시험 한 달을 남겨 놓고 컴퓨터 게임을 하지 않겠다고 선언했습니다. 며칠 지나더니 게임을 하지 않으니 공부가 더 안 된 답니다. 게임을 조금씩 하면서 공부를 하는 게 나을 것 같다고 이야기합니다. 아내가 말했습니다.

"엄마가 너를 위해 100일 새벽기도를 작정했단다. 그런데 말이다 금요일 새벽기도부터 하루 종일 일정을 소화하고 저녁 기도회까지 마치면 몸이 녹초가 된단다. 토요일 새벽기도까지 하면 죽을 것 같더라. 토요일은 정한 시간에 일어나 집에서 잠깐 기도할까 생각했지만 처음 마음은 그게 아니었거든. 처음 마음을 지키는 것이 하나님 앞에서의 성실함이란다. 너도 너와의 약속, 첫 마음을 지켰으면 좋겠구나."

아들은 알겠다고 대답했지만 그렇게 하는 것 같진 않았습니다. 무슨 마음을 먹든지, 어떤 일을 하든지 성실함에 관한 시험을 받는데요. 성실함이란 마음 근력이 약해지면 애초의 결단이 흔들리기 때문에 의지력을 구하고 마음을 지켜야 합니다. 언약적 사랑을 묵상하는 성숙한 사람은 변함없는 의무감으로 자신을 무장하고 기도로 성실함을 키워갑니다.

셋째, 마음에는 너비가 있습니다. 순수하고 성실하지만 마음의 크기가 작다면 큰 일을 이룰 수 없습니다. 하나님은 지혜를 구하는 솔로몬의 순수함과 성실함을 보시고 크고 넓은 마음을 주셨는데요. 마음의 크기를 키우기 위해서는 하나님의 위대한 창조의 세계를 보아야 합니다. 예수님도 대가를 지불하고 십자가를 지셨습니다. 무슨 일을 하든지 희생의 크기를 키워야 합니다. 우리에게 가치 없는 것은 하나님께도 가치가 없습니다. 십일조로 마음의 성실함을 훈련하십시오. 온전하고 깨끗한 십일조를 드리지 못할 이유는 천 가지도 넘습니다.

'마이너스 삶인데 이자는 못 내고 십일조를 드리면 그 모습을 보고 시험 든 사람은 누가 책임질 것이냐? 나중에 모아서 하면 된다. 십일조는 구약의 원칙이다.' 이것은 사탄의 유혹입니다. 세금을 떼기 전의 십일조인가 세금 떼고 난 후의 십일조인가를 묻는 분도 계십니다. 이래도 되고 저래도 된다면 마음의 크기를 시험 받는다고 생각해보세요. 물질과 하나님을 겸하여 섬길 수 없습니다. 물질이 있는 곳에 마음이 있습니다. 마음이 있는 곳에 하나님께서 계십니다. 십일조를 넘어선 드림을 기쁨으로 생각할 때, 하나님은 그가 넘치게 드린 물질이 아니라 마음을 받으십니다. 하나님은 마음의 그릇을 보십니다.

마음의 혁신

발달심리학자 비고츠키(Lev S. Vygotsky)는 아동의 인지발달을 연구함에 있어 비계(scaffolding) 이론을 들어 설명합니다. 비계란 본래 '건물을 건축하거나 수리할 때 인부들이 재료를 운반하며 오르내릴 수 있도록 건물 주변에 세우는 장대'입니다. 교수-학습에서 교사나 유능한 동료와 상호

작용하는 동안의 도움, 지원에 대한 은유적 표현입니다.

비고츠키의 이론에 따르면 성공적인 비계는 내면화됩니다. 비계는 외부로부터 와야 하는 것이지만 그것은 결국 자기 자신의 마음속 대화에 의해 다루어져야 한답니다. 어릴 때에는 변화를 꾀하기 쉽지만 나이 들수록 마음의 변화는 어려워집니다.

둘째 아이가 고등학교 1학년 때 국제정보올림피아드 국가대표 상비군으로 뽑혔습니다. 2주 동안 모 대학교 기숙사에서 합숙훈련을 했는데요. 다른 학생들보다 1년 늦게 합류했어요. 어린 나이에 새로운 만남에 대한 부담이 컸던 모양입니다. 기숙사에 짐을 내려주고 오리엔테이션 장소로 데리고 갔습니다. 강당에 들어가는 것을 보고 돌아서는데 발걸음이 떨어지지 않았어요. 머뭇거리며 서성이는데 아이가 나왔습니다.

"아빠 아직 안 가셨네요."
"그래, 이상하게 발길이 떨어지지 않네. 좀 그렇지?"
"네. 좀 그래요."

1층 로비 빈자리에 앉았습니다. 아무 말도 없이 그냥 앉아 있었습니다. 잠시 후, 강당으로 모이라는 안내가 있었습니다. 아들의 손을 잡고 이렇게 물었습니다.

"살다보면 새로움과 생소함 앞에 선단다. 새로움에 마주하기를 두려워하면 성장할 수 없단다. 룸메이트도 바꿀 수 없고, 지금 집으로도 갈 수 없고, 1년 늦게 합류한 사실도 변하지 않지만 변할 수 있는 것은 네 마음뿐이야. 하나님이 네게 '새로운 친구를 사귈 기회'를 주신 것이라고 생각할 수 있겠니?"

아들은 "네"라고 짧게 대답했습니다. 작은 목소리로 기도해주었습니다. 생소함이 주는 부담감을 아들과 나누었고 새로움을 보는 관점을 기회로 바꾸어주고 돌아서는 제 걸음은 한결 가벼웠습니다.

생소함에 대한 두려움을 기회로 본다는 것은 마음의 혁신입니다. 작은 일이든 큰 일이든 마음의 혁신은 쉬운 일이 아닙니다. 세상만사 마음먹기에 달렸다지만 마음을 조절하기가 그리 쉬운 일이 아닙니다. 수도사들이 수년 동안 도를 닦지만, 세상에 내려온 그날 밤 닦은 도를 시험해 보려다 그 자리에서 무너졌다는 이야기가 있습니다. 마음이 진리를 찾고 세상을 이길 훈련을 한다지만 인생의 가장 어려운 숙제가 마음의 혁신이 아닌가 싶습니다.

또 넓은 마음을 주시되 바닷가의 모래 같이 하시니(왕상 4:29b)

크고 넓은 마음은 선물의 영역과 노력의 영역으로 나눌 수 있습니다. 태어날 때부터 순수하고 넓고 성실한 마음을 가졌다면 하나님의 선물이자 부모의 영향력입니다. 태어날 때 마음의 크기와 상태를 선택할 수 있는 사람은 없습니다. 가능한 것은 우리의 마음이 단련되어 긍정적인 쪽으로 변화되기를 선택하는 겁니다. 아름답고, 크고, 넓고, 성실한 마음을 선물로 받았다면 좋겠지만 후회하고 부러워한다고 해서 달라지지는 않습니다. 아들러(Alfred Adler)는 바꿀 수 없는 것은 포기하고 바꿀 수 있는 것을 바꾸려는 용기가 필요하다고 했습니다. 이미 굳은 마음의 상태를 바꾸기가 쉬운 일은 아니지만 우리는 스스로의 마음을 아름답고 넓게 혁신할 수 있습니다.

달라스 윌라드는 「마음의 혁신」에서 "우리는 마음으로 산다. 우리 삶을 조정하고 관리하는 부분은 육체가 아니다. 당신 안에는 심령(spirit)이 있다. 그 심령은 어떤 식으로든 개발돼 왔고 특정한 성품을 입고 있다."고 했습니다. 그렇습니다. 우리의 마음은 개발될 수 있고 그렇게 해야 합니다.

어떤 이들은 사람이 마음을 바꾸는 것이 죽기보다 어렵다고 합니다. 상대적으로 마음을 바꾸어야 할 필요성이 더 큰 사람의 마음 바꾸기가 더 어렵다는 것은 딜레마입니다. 마음을 대대적으로 바꾸어야 한다는 것은 그만큼 마음이 고장나 있다는 뜻입니다. 마음의 대대적인 혁신이 필요하다는 것은 이미 늦었다는 말일 수도 있습니다. 마음은 매일 조금씩 혁신해야 합니다.

그렇다면 어떻게 마음을 바꿀 수 있을지 마음의 변화를 가져오는 몇 가지 요인을 생각해보겠습니다.

첫째, 문화적인 충격과 경험인데요. 문화적인 충격을 받으면 갈등을 겪습니다. 성숙한 사람은 기회로 받아들이고 그렇지 않은 사람은 충격으로 받아들입니다. 타문화권으로 며칠 간 여행도 도움이 되겠지만 다양한 사람들과의 교제와 생활이 더 중요합니다. 다름을 틀림으로 규정하지 않으려면 타문화를 경험해야 합니다. 타문화에 대한 경험은 가치관을 넓혀주고 선입견을 없애줍니다. 이것은 마음의 변화를 위한 필요충분조건입니다. 17세기 중반 유럽, 특히 영국 상류층 자제들은 세계 곳곳을 여행하는 그랜드투어가 유행했는데요. 그들은 각 국가의 유적과 문화 유산을 직접 체험하여 세계의 정치와 사회 경제를 이해하고 높은 소양과 지적 체험을 쌓고자 했습니다. 타문화를 직접 경험하기 위해 그랜드투어를 떠날 수는 없어도 일상에서 작은 체험은 가능합니다. 우리나라에서도 다양한 문화권의 사람들을 만날 수 있습니다. 다양한 문화권에 살고 있는 우리의 이웃들을 향해 대화와 관심, 만남을 이어가는 제도적인 장치를 마련하면 좋습니다. 다양한 문화권의 직원을 채용하고 그들을 통해 배우며 함께 하는 작은 노력으로도 마음의 변화는 가능합니다.

"몇 개의 문화권을 경험했습니까?"
"타문화권을 경험하며 무엇을 배웠습니까?"

둘째, 위대한 사람을 만나야 합니다. 아리스토텔레스는 수사학에서 내용보다는 사람이 중요하다고 했습니다. 그 사람이 어떤 사람인가에 따라서 내용이 전달되는 힘이 달라집니다. 존경하는 사람을 만나면 그의 말에는 능력이 있습니다. 같은 말이라도 누가 하느냐에 따라 효과가 다릅니다. 닮고 싶은 사람이 말하면 마음을 바꾸기가 쉬워집니다. 누군가의 마음이 바뀌기를 원한다면 그가 존경하는 사람을 만나게 하면 좋습니다. 지금 자녀들에게 존경하는 사람이 누구인지 물어보세요. 그가 이 세상 사람이 아니라면 책을 구해주시고 살아 있는 사람이라면 그의 집 근처로 이사라도 할 용기가 필요합니다. 질문하는 부모가 자녀들에게 가장 존경 받는 사람이라면 크게 기뻐하셔도 됩니다.

"네가 세상에서 가장 존경하는 사람은 누구니?"
"너는 언제든지 만날 수 있는 존경하는 사람이 있니?"

셋째, 상실로 인한 혁신입니다. 큰 사고나 사건을 겪으면 삶을 바라보는 관점이 바뀝니다. 더 가치 있는 것을 찾게 됩니다. 20세기 정신의학자이자 호스피스 운동의 선구자 엘리자베스 퀴블러 로스(Elizabeth Kubler Ross)는 죽음보다 삶이 더 어렵고 힘든 싸움이며 오히려 죽음만큼 쉬운 일은 없다고 말합니다. 죽음이 없다면 어떻게 삶을 소중히 여길 수 있으며, 미움이 없다면 궁극의 목표가 사랑임을 어떻게 깨달을 수 있겠냐고 합니다. "사랑하는 사람을 잃었다면 충분히 아파하십시오. 사랑하는 사람이 멀어진다면 잘 보내주십시오."라고 그는 권합니다. 좋은 이별은 성숙한 사람의 특징인데요. 사람들은 건강, 재산, 명예 등 많은 것을 상실하며 살아갑니다. 그럴 때 마음의 혁신이 이루어집니다.

큰 것을 상실하고 아파하며 변하는 마음이 아니라 깨달음으로도 변혁은 가능합니다. 사고나 사건을 경험해도 그 일을 통해 무엇을 말씀하시는지 깨닫지 못한다면 무의미하죠. 마음에서 버려야 할 것, 세워가야 할 것, 수용해야 할 것, 감사해야 할 것, 용서해야 할 것들을 끊임없이 점검해야 합니다. 소유가 아닌 존재의 가치를 알아야 합니다. 소유한 것 중에 확고하게 자기의 것이라고 할 만한 게 없다는 것을 깨달을 때, 사고나 사건으로 인한 상실이 아닌 상실 이전의 깨달음으로도 혁신은 가능합니다.

"당신이 잃은 것은 무엇입니까?"
"잃은 것을 통해 얻은 것은 무엇입니까?"

넷째, 의식적인 노력에 의해 변합니다. 의식은 환경이나 성장과정에서 만나는 사람에 의해 오랜 시간을 두고 형성됩니다. 주인의 수고와 노력에 따라 달라지는 정원처럼 색다른 아름다움으로 다시 태어납니다. 마음의 변화가 쉽고도 어려운 것은 눈으로 볼 수 없고 측량할 수 없기 때문입니다.

보이지 않으니 동기부여가 어렵고, 지속적인 노력과 성장을 쉽게 포기하게 합니다. 측량할 수 없기에 구체화 할 수도, 피드백을 받을 수도 없습니다.

마음의 혁신으로 인한 보상은 빠른 시간 내에 가시화되지 않기 때문에 포기하기 십상입니다. 마음의 혁신을 하지 않는다고 해서 당장 불이익이 생기는 것도 아니기에 더욱 의지적인 결단이 필요합니다.

"당신 마음의 혁신을 의지적으로 결단하셨습니까?"
"의지적인 결단의 열매를 위해 무엇을 어떻게 할 것입니까?"

마지막으로 성령 체험입니다. 성서는 사람의 마음과 삶이 변하는 가장 강력한 방법을 성령 체험이라고 합니다. 하나님을 만나는 체험은 급진적인 삶의 변화를 가져옵니다. 삶의 변화는 우선 마음의 변화를 전제로 합니다. 일회적인 체험이 아닌 지속적인 만남과 점진적인 성령 체험이 이어져야 합니다.

성령이 충만하다는 것은 내 안에 하나님의 성품이 나타나고 있으며 성령의 기름 부으심이 있는 것을 의미합니다. 기름 부으심이란 주의 일을 행하기 위해 주의 권능이 나타나는 것을 의미합니다. 예수님이 약속하신 보혜사 성령이 오셨고 모두 왕 같은 제사장이 되었기 때문에 누구든지 사모하는 자는 기름 부으심을 받을 수 있습니다.

성서의 가르침을 중심으로 마음의 혁신에 대한 성령의 역사를 좀더 생각해보겠습니다. 성령은 '진리의 영' (요 14:17)이라고 성서가 밝힙니다. 성령은 말씀입니다. 말씀이 들리고, 생각나고, 깨닫게 되고, 적용하게 하는 것이 성령이 하시는 일입니다. 성령은 '보혜사' (요 14:16)입니다. 보혜사는

'위로자'란 뜻입니다. 성령의 은사는 방언, 방언 통역, 예언, 영 분별, 신유, 지혜와 지식의 말씀, 믿음, 사랑입니다. 성령의 열매는 사랑, 희락, 화평, 인내, 자비, 양선, 충성, 온유, 절제입니다. 사랑은 성령의 은사이며 열매입니다. 성령의 열매를 담는 그릇이 마음입니다.

성령 충만은 죄를 회개하는 것에서 출발합니다. 성령 충만이 죄를 짓지 않는 온전한 삶을 항상 유지하는 것이라고 말할 수는 없습니다. 언제든지 죄를 지을 가능성이 있지만, 죄를 회개하며 새로운 삶을 살아가려는 의지적인 결단과 변화가 필요합니다. 회개 역시 믿음과 은혜로 주어집니다. 모든 죄악으로부터 성령의 도우심으로 승리할 수 있는 것을 믿는 것이죠.

성령님을 인정하고 임재를 사모할 때 체험할 수 있습니다. 성령 충만은 성령 강림의 역사에 따른 결과로, 온전히 우리의 삶의 주권을 말씀에 의탁하여 그리스도의 영의 인도함을 받습니다. 일회적인 경험이 아니라 지속적인 임재를 구하는 기도는 매일 계속되어야 합니다.

성결교회 대부흥강사셨던 이성봉 목사는 한쪽 주먹을 꼭 쥐고 걸어 다녔습니다. '성령을 놓지 않기 위해서'였다고 합니다. 임재를 사모하고 그분을 초청해야 합니다.

성령 충만은 믿음으로 받습니다. 성령의 임재를 믿는 사람만이 임재를 경험할 수 있습니다. 성령의 은사를 달라고 구해야 하지만, 주심을 믿는 순간 은사를 받습니다. 은사를 구하는 기도는 있지만 믿음이 없다면 경험할 수 없습니다.

성령 충만은 순종하는 자에게 주어집니다. 회개하는 자에게, 사모하고 구하는 자에게, 믿음이 있는 자에게 성령이 임하지만 말씀에 순종하지 않으면 체험할 수 없습니다.

성령 체험에 대한 오해 중 하나는 성령 충만한 사람은 흔들려서는 안 된다는 생각입니다. 성령 체험을 했다고 해서 항상 기쁨이 넘치고, 모든 일이 잘 풀리는 것은 아닙니다. 마음이 하나님께만 고정되고, 하나님의 은총으로 넘쳐나는 것도 아닙니다. 경험해보지 못한 고통과 괴로움에 노출되기도 합니다. 죄라고 생각하지 않았던 것이 죄로 인식되기도 합니다. 거룩한 삶을 향한 거룩한 부담감도 가지게 됩니다. 사탄은 우리가 바른 길로 가고 있을 때 시험합니다. 흔들리지 않고 피는 꽃이 없듯이 흔들리지 않고 세워지는 마음도 없습니다.

이런 흔들림과 시험의 과정을 통해 자신의 내면에 남아 있는 죄악과 상처의 찌꺼기들이 수면 위로 떠오를 때 치유가 가능합니다. 치유의 묘약은 예수 그리스도 그분입니다. 내 마음에 무엇을 담고 있습니까? 무엇을 담길 원하십니까? 하나님의 눈으로 마음을 혁신하십시오.

"무엇을 원하느냐?"

최고의 질문입니다. 최고의 질문을 배운 사람은 최고의 질문을 자신과 타인에게 던집니다. 최고의 질문을 배우지 못한 사람은 최악의 질문을 합니다.

"무엇을 바라고 그렇게 했느냐?"
"더 원하는 게 무엇이냐?"

두 아이는 목사의 자녀로 태어나는 것도, 교회를 두 번 개척하는 목사를 아빠로 둔 것도 선택할 수 없었습니다. 아파트에 살고 싶다는 소원은 기대할 수 없는 사치였고, 초등학생 때 월 3만 원 하는 학습지조차 시켜주지 못했습니다.

큰아이는 초등학교 졸업식 날 상장 면제 혜택을 받았습니다. 졸업식장을 빠져 나오면서 축 쳐진 아내의 어깨에 손을 올리고 "마음을 비웁시다. 공부가 아니면 하나님이 다른 은사를 주셨을 것입니다."라고 위로했습니다. 졸업 파티를 하러 자장면 집으로 향하는데 아내는 한 마디도 하지 않았습니다.

몇 달 후, 중학교 입학 배치고사 성적을 알게 되었는데요. 평균 74점. 신앙만 좋으면 무엇을 하든지 언젠가는 폭발할 것을 믿고 있었습니다. 가난한 개척교회 목사 부부는 두 아이가 어릴 때부터 없는 것을 보지 않고 할 수 있는 것들을 찾기 시작했습니다.

첫 번째는 '희생적인 사랑'입니다. 아이들의 무리한 요구 앞에서는 부드럽게 거절했습니다. 정당한 요구 앞에서는 순교적 영성으로 희생했습니다.

두 번째는 '사랑의 터치'(스킨십)를 실천하는 것인데요. 밤마다 자녀들과 레슬링 경기를 벌였습니다. 아내는 아나운서가 되어 생중계를 했습니다. 적절한 규칙을 지키면서 아이들과 침대를 링으로 알고 부딪치고 뒹구는 가운데 충분한 교감을 나누었습니다.

세 번째로 '성경동화'를 꾸준히 들려주었습니다. 레슬링이 끝나면 샤워를 하고 좌우에 한 녀석씩 꼭 품고 성경 이야기를 들려주었습니다. 토요일이면 한 주간의 범위 내에 있는 내용으로 퀴즈를 풀며 기억 저장 창고를 열게 했습니다. 퀴즈에서 승자가 되려고 집중하는 아이들의 모습은 지금도 눈에 선합니다. 누가 이기든지 결과에 승복하고, 서로 격려하고 축하해 주는 법을 가르쳤습니다.

네 번째로 '안수기도'입니다. 새벽기도 갈 때에 아이들 침대 맡에 무릎을 꿇고 머리에 손을 얹고 안수기도를 해 주었습니다. 가장 맑고 깨끗한 시간의 축복기도는 아이들의 영혼을 맑게 했습니다. 잠결에 느끼는 사랑의 안수기도는 특별한 사람, 사랑 받는 사람이란 확신을 주었다고 믿습니다. 조심스럽고 가지런히 이불을 덮어주고 볼에 뽀뽀를 해 주고 황제 앞에서 물러나듯 뒷걸음으로 방문을 닫고 나갔습니다.

다섯 번째는 잠들기 전에 '매일 질문'을 통해 아이들이 하나님의 자녀임을 인식하게 도왔습니다.

"신원아 너는 누구니?"

"위대한 사람이요."

"누가 너를 위대하다고 했지?"

"하나님이요."

"그래 오늘 하루를 위대한 사람으로 살았니?"

"네."

"위대한 사람으로 산다는 것은 어떻게 사는 것이니?"

마지막 질문에는 쉽게 대답하지 못했습니다. 아마 어른들에게도 쉬운 질문은 아닐 것 같습니다.

큰애가 중학교 1학년 때 종합반 학원에 보냈습니다. 수학 성적이 33명 중에서 32등이었습니다. 공부하라는 잔소리 대신 질문했습니다.

"왜 공부를 해야 하니?"

"훌륭한 사람 되게요."

중학교 2학년 때 질문은 같았지만 대답이 달라졌습니다.

"전 공부 좀 해야 돼요. 공부를 해본 기억이 없거든요. 엄마 아빠가 저를 너무 편하게 해 주신 것 같아요. 그런데 왜 그렇게 공부를 안 시키셨어요?"

"스스로 하는 것만이 효과가 있기에 기다렸단다. 너보다 앞서지 않으려고 기다렸지."

점점 성적이 오르더니 중학교 3학년 때에는 전교 1등을 했습니다. 넘치는 축하와 함께 말해주었습니다.

"전교 1등은 한 번만 하거라. 항상 1등 하려고 하면 인생이 너무 피곤해진단다. 적당히 하란 말은 아니란다. 좀 어려운 말이지만 1등이 목표가 되지 말고 네 자신에게 최선을 다했으면 좋겠다. 공부는 수업시간에 집중력을 높이는 싸움이란다. 시험 기간에는 시험에 대한 예의를 갖추는 거야. 공부는 학생이 하나님께 드리는 삶의 예배란다."

큰애는 성적 우수자로 모 외고에 입학했습니다. 제도가 바뀌어 외고 입학을 위해 수학 성적이 필요하지 않았습니다. 입학 후, 첫 번째 중간고사 수학 성적이 430명 가운데 308등이었습니다. 그 녀석은 "수학이 내 인생의 발목을 잡네." 하며 눈시울을 붉혔습니다.

"수학을 못한 거니? 수학 공부를 안한 거니?"

잠시 생각해 보더니 수학 공부를 안한 것 같다고 했습니다. 고등학교 2학년이 되더니 마음이 급해졌나 봅니다. 여름방학이 되자 과외를 시켜달라고 했습니다. 그해 여름방학에 하루 8시간씩 수학 공부를 했습니다.

일주일에 두 번씩 과외를 시켰는데 선생님이 이런 학생은 처음 본다며 놀라워했습니다. 아이가 선생님의 설명을 듣는 것이 아니라 미리 공부를 해 놓고 모르는 것만 찍어서 물어 보았답니다. 가난이 준 선물을 받은 아이입니다. 과외비 본전은 꼭 뽑고 싶어 했습니다.

여름방학이 빠르게 지나고 어느덧 고등학교 2학년 2학기 중간고사 하루 전날 밤이 되었습니다. 녀석이 투덜거리기에 그 이유를 물었습니다. '시험 첫 날 첫 번째 과목이 수학'이라며 날카롭게 반응합니다. 첫 과목을 망치면 다른 시험도 덩달아 망칠 것 같아서 두려웠던 모양입니다. 학교까지 약 40분, 입학한 지 2년만에 처음으로 학교까지 함께 했습니다. 학교 주변 빈터에 차를 세웠습니다.

"넌 아빠가 개척해서 가난할 때 초등학교를 다녔단다. 기억할지 모르겠지만 한글도 깨우치지 못하고 입학해서 담임선생님께서 한글은 집에서 가르쳐서 보내라고 전화까지 했더구나. 네가 글의 필요를 느낄 때까지 기다렸던 게야. 고등학교 첫 시험 수학 성적이 전교 308등, 넌 수학을 못했지만 지난 방학 때 수학에 충분한 대가를 지불했다. 수학을 두려워하니 어제부터 지금까지 예민해져 있는 거야. 강하고 담대하라. 하나님이 너와 함께 하실 것이다. 세상에 나가면 수학보다 더 센 놈이 너를 기다리고 있단다. 그것을 '시험'이라고 한다. 물질, 명예, 성, 관계, 배우자, 자녀, 시어머니 등 수두룩 빽빽하단다. 이번에 수학을 정복하고 나면, 너는 인생의 다른 시험을 이길 용기를 얻을 것이다. 하나님이 너에게 능력을 주실 것이다."

짧은 격려에 이어 머리에 손을 얹고 안수기도를 해 주었습니다.

"하나님 구원해 주신 은혜 감사합니다. 하나님의 귀한 보물 신원이를 우리 가정에 허락하여 주셔서 감사합니다. 가난한 개척교회 목사의 딸로 태어나 이렇게 예쁘게 자라게 하시니 더욱 감사합니다. 아빠가 너무나 가난해 수학 공부에 도움을 주지 못했습니다. 수학이 신원이의 발목을 잡았는데 이번 방학 때 사점을 넘나드는 공부를 했습니다. 그러나 신원이에게 두려운 마음이 있습니다. 강하고 담대한 마음을 주십시오. 신원이는 하나님의 딸입니다. 하나님의 이름을 높여드릴 보물입니다. 수학 전교 308등이 오늘 시험으로 엄청난 결과를 기대하지는 않겠습니다. 어떤 성적이 나와도 감사하겠습니다. 수학에 자신감을 가질 수 있을 정도만 허락해 주십시오. 이번 여름방학, 땀 흘린 것만큼만 거두게 해 주십시오. 예수님의 이름으로 기도합니다. 아멘!"

기도하는 동안 녀석도 울고 저도 울었습니다. 일주일 뒤 성적표를 가져왔습니다. 수학 전교 1등. 99(1), 99점을 받았고 99점 받은 학생이 한 명이란 표시입니다. 모든 영광을 하나님께 돌립니다.

전교 308등의 큰딸을 1등이 되도록 한 것은 바로 질문이었습니다. 하나님께서 우리에게 건네신 질문을 또 질문하고, 생각을 생각하며 아이 앞에 질문하는 아버지로 섰습니다.

많은 사람들이 하나님의 음성을 듣기 위해 지구촌 구석구석, 우주까지라도 나갈 태세지만, 하나님께서는 답이 아닌 질문을 주십니다. 그 질문 안에 답이 있기 때문입니다.

이 책에서 다룬 12가지 질문은 성서 안에 있는 질문들의 일부입니다. 하나님은 질문의 창조자이며 구원자이십니다. 죄악으로부터 구원을 이루시고 질문을 통해 관점의 구원을 이루십니다. 잠재된 것을 끌어내십니다. 비본질과 어리석음으로부터 구원하십니다.

예수님은 최고의 교육자요 훈련자로서 질문을 활용하셨습니다. 하나님이 창조하신 모든 것을 10%도 활용하지 못하고 살아가는 사람들에게 질문을 통해 가능성을 이끌어 내십니다. 질문은 잘못된 행동의 결과를 반추하여 그 가운데 생각할 수 있는 사람이 되어가도록 합니다. 십자가는 우리를 죄에서 구원합니다. 바른 질문은 우리를 어리석음에서 구원합니다.

위대하신 분의 질문이기에 문자 그대로만 보지 않고 그분의 깊은 뜻을 생각합니다. 우리의 삶 곳곳에서, 보편적인 삶의 현장에서 하나님은 최고의 질문을 던지십니다. 결정적인 사건이나 계기가 생길 때도 있지만, 매순간 우리가 깨어 있을 때마다 하나님은 질문으로 찾아오십니다.

삶의 자리가 모두 다르기에 하나님의 질문을 바르게 듣고 깊게 읽으며 적용하는 것은 우리에게 남겨진 숙제입니다. 시작질문으로부터 연결질문, 심화질문, 확인질문, 구체적인 질문 앞에 설 때마다 하나님의 음성을 듣습니다. 하나님이 우리에게 무슨 질문을 하셨는지 마음으로 들었다면 다른 누군가에게 그분처럼 질문할 수 있습니다. 그것이 하나님을 닮아가는 삶입니다. 하나님을 만난 자는 최고의 질문을 합니다.

모든 영광 하나님께!

참고문헌

Alain de Botton, 정영목 역, 「불안」, 은행나무, 2012.

Alvin Toffler, 원창엽 역, 「제3의 물결」, 홍신문화사, 2006.

Andy Andrews, 이종인 역, 「폰더씨의 위대한 하루」, 세종서적, 2011.

Andrew J. Sutter, 남상진 역, 「더 룰: The Rule」, 북스넛, 2008.

Andrew B. Newburg, 이충호 역, 「신은 왜 우리 곁을 떠나지 않는가」, 한울림, 2001.

Andrew B. Newburg 외 1인, *How God Changes Your Brain,* Random House, 2013.

Arnold J. Toynbee, 박광순 역, 「역사와 연구」, 범우사, 1998.

Blake Mycoskie, 노진선 역, 「탐스 스토리」, 세종서적, 2012.

Christopher Chabris 외 1명, 김명철 역, 「보이지 않는 고릴라」, 김영사, 2011.

Clive Staples Lewis, 이종태 역, 「고통의 문제」, 홍성사, 2002.

Dallas Willard, 윤종석 역, 「마음의 혁신」, 복있는사람, 2009.

_____, 윤종석 역, 「잊혀진 제자도」, 복있는사람, 2007.

Ed Diener 외 1명, 오혜경 역, 「모나리자 미소의 법칙」, 21세기북스, 2009.

Emoto Masaru, 홍성민 역, 「물은 답을 알고 있다」, 더난출판사, 2008.

Eusebius Pamphili, 엄성옥 역, 「교회사」, 은성, 1990.

Friedrich Nietzsche, 박찬국 역, 「우상의 황혼」, 아카넷, 2015.

Howard Gardner, 문용린 역, 「다중지능」, 웅진지식하우스, 2007.

_____, 이현욱 역, 「체인징 마인드」, 재인, 2005.

Jim Collins, 이무열 역, 「좋은 기업을 넘어 위대한 기업」, 김영사, 2001.

_____, 김명철 역, 「위대한 기업은 다 어디로 갔을까」, 김영사, 2010.

John Bevere, 우수명 역, 「관계」, 터치북스, 2013.

John Stott, 김명희 역, 「제자도」, 한국기독학생회출판부, 2010.

Kyle Idleman, 정성묵 역, 「팬인가 제자인가」, 두란노, 2012.

Lev Nikolayevich Tolstoy, 이종진 역, 「사람은 무엇으로 사는가」, 창작과비평사, 2003.

Michael Useem, 안진환 역, 「고 포인트」, 한국경제신문사, 2010.

Malcolm Gladwell, 노정태 역, 「아웃라이어」, 김영사, 2009.

Marshall B. Rosenberg, 캐서린 한 역, 「비폭력대화」, 한국NVC센터, 2011.

Martin Buber, 김천배 역, 「나와 너」, 대한기독교서회, 2000.

Max Lucado, 채경석 역, 「내게 남은 날이 일주일밖에 없다면」, 좋은씨앗, 2005.

Norman Vincent Peale, 이갑만 역, 「적극적 사고방식」, 세종서적, 2001.

                , 배응준 역, 「생각의 힘」, 규장문화사, 2003.

Richard Wiseman, 박세연 역, 「Rip it up_립잇업」, 웅진지식하우스, 2013.

Rick Warren, 고성삼 역, 「목적이 이끄는 삶」, 디모데, 2010.

Samuel Smiles, 정준희 역, 「인격론」, 21세기북스, 2005.

Viktor E. Frankl, 이시형 역, 「죽음의 수용소에서」, 청아출판사, 2012.

Voker Kitz 외 1명, 김희상 역, 「심리학 나 좀 구해줘」, 갤리온, 2013.

고재학, 「부모라면 유대인처럼」, 예담프랜드, 2010.

김난도 외 3명, 「트렌드코리아 2013」, 미래의 창, 2012.

김남인, 「태도의 차이」, 어크로스, 2013.

김민주, 「하인리히 법칙」, 토네이도, 2008.

김성호, 「답을 내는 조직」, 쌤앤파커스, 2012.

김원호, 「권리포기」, 예수전도단, 2003.

김주환, 「회복탄력성」, 위즈덤하우스, 2011.

조훈현, 「조훈현, 고수의 생각법」, 인플루엔셜, 2015.

허태균, 「가끔은 제정신」, 쌤앤파커스, 2012.

지식 비타민, www.1234way.com

최고의 질문

ⓒ2015, 안성우

초판 1쇄 발행 2015년 11월 27일
초판 2쇄 발행 2018년 4월 20일

발행인 안 성 우
지은이 안 성 우

책임편집 강지희 | **편집지도** 신성준 | **교정감독** 홍준수 | **교정** 이은림 안신원 이순규 | **디자인** 노재순
인쇄 예원프린팅 | **제본** 대흥제책

펴낸곳 도서출판 피플스북스
출판 등록 2015년 8월 13일(제 396-2015-000160 호)
주소 경기도 고양시 일산동구 일산로 286번길 36
이메일 peoplesbooks@hanmail.net
문의전화 031)978-3211 | **팩스** 031)906-3214

ISBN 979-11-956336-0-9 03230

피플스북스 서체 안 성 우